Princípio educativo
e práticas extensionistas
do Programa Olhos
no Futuro

Danúsia Arantes Ferreira
Roberta Ceriani
Luiz Carlos Pereira da Silva
(org.)

Princípio educativo e práticas extensionistas do Programa Olhos no Futuro

EDITORA UNICAMP

SISTEMA DE BIBLIOTECAS DA UNICAMP
DIVISÃO DE TRATAMENTO DA INFORMAÇÃO
Bibliotecária: Gardênia Garcia Benossi – CRB-8ª / 8644

P935 Princípio educativo e práticas extensionistas do Programa Olhos no Futuro / organizadores: Danúsia Arantes Ferreira, Roberta Ceriani e Luiz Carlos Pereira da Silva – Campinas, SP : Editora da Unicamp, 2025.

1. Extensão universitária. 2. Sustentabilidade. 3. Abordagem interdisciplinar do conhecimento. 4. Protagonismo juvenil. 5. Educação libertadora. I. Ferreira, Danúsia Arantes, 1971-. II. Ceriani, Roberta, 1976-. III. Silva, Luiz Carlos Pereira da, 1972-. IV. Título.

CDD – 378.175
– 338.927
– 370.1
– 371.8
– 370.112

ISBN: 978-85-268-1791-3

Opiniões, hipóteses e conclusões ou recomendações expressas neste livro são de responsabilidade dos autores e não necessariamente refletem a visão da Editora da Unicamp.

Foi feito o depósito legal.

Direitos reservados a

Editora da Unicamp
Rua Sérgio Buarque de Holanda, 421 – 3º andar
Campus Unicamp
CEP 13083-859 – Campinas – SP – Brasil
Tel.: (19) 3521-7718 / 7728
www.editoraunicamp.com.br – vendas@editora.unicamp.br

Série EXTENSÃO UNIVERSITÁRIA

A Série Extensão Universitária está voltada à divulgação das contribuições, teóricas e metodológicas, das iniciativas de caráter extensionista da Universidade Estadual de Campinas. As obras tratam de tecnologias, programas, conhecimentos e metodologias referentes a várias áreas de atuação acadêmica e profissional de grande interesse social. Tratam também da divulgação, da formação e da inovação científica, bem como da capacidade de diálogo e de trabalho conjunto da Universidade com a sociedade.

Agradecimentos

À comunidade da Escola Estadual Telêmaco Paioli Melges, por acreditar na nossa proposta e no nosso trabalho e por caminhar conosco na construção das ações extensionistas do Programa Olhos no Futuro e de sonhos.

Às/aos estudantes extensionistas, pesquisadoras/es, professoras/es, pelo engajamento nos projetos e nas jornadas que alavancamos juntas/os e por semearem a esperança de mãos entrelaçadas.

À Paola Susana Mendoza Champi, pela criação da personagem Jenny, fundamental na comunicação do Programa Olhos no Futuro. Ao jornalista Antônio Inácio dos Santos de Paula, pelas entrevistas da seção IV, que deram voz às parcerias que fizeram parte do Programa Olhos no Futuro.

Às instituições e aos órgãos públicos que financiaram o Programa Olhos no Futuro: Centro Paulista de Estudos da Transição Energética (CPTEn) – Proc. Fapesp n. 21/11380-5, Conselho Nacional de Desenvolvimento Científico e Tecnológico (CNPq), Escritório Campus Sustentável da Unicamp, Ministério Público do Trabalho (MPT) da 15ª Região em Campinas, Pró-Reitoria de Extensão, Esporte e Cultura (Proeec) da Unicamp, Pró-Reitoria de Graduação (PRG) da Unicamp, Serviço de Apoio ao Estudante (SAE), Pró-Reitoria de Pesquisa (PRP) da Unicamp.

Educar e educar-se, na prática da liberdade, não é estender algo desde a "sede do saber" até a "sede da ignorância" para "salvar", com este saber, os que habitam nesta. Ao contrário, educar e educar-se, na prática da liberdade, é tarefa daqueles que sabem que pouco sabem – por isso sabem que sabem algo e podem assim chegar a saber mais – em diálogo com aqueles que, quase sempre, pensam que nada sabem, para que estes, transformando seu pensar que nada sabem em saber que pouco sabem, possam igualmente saber mais.

Paulo Freire. *Extensão ou comunicação?*, 1968.

Sumário

Prefácio 15

Apresentação 17

Seção I – A construção do Programa Olhos no Futuro

1 – O Programa Olhos no Futuro
Danúsia Arantes Ferreira, Dulce Cornetet dos Santos Pomilio, João Guilherme Ito Cypriano, Luiz Carlos Pereira da Silva, Roberta Ceriani 23

2 – Abordagem teórico-prática do Programa Olhos no Futuro: pesquisa como princípio educativo, interdisciplinaridade e curricularização da extensão
Danúsia Arantes Ferreira, Roberta Ceriani, Luiz Carlos Pereira da Silva, Ivani Catarina Arantes Fazenda 45

3 – Objetivos de Desenvolvimento Sustentável no contexto da transição energética: agenda da universidade-escola
Danúsia Arantes Ferreira, Thalita dos Santos Dalbelo, Luiz Carlos Pereira da Silva 69

4 – Divulgação científica na escola: efeitos de sustentabilidade e cidadania no social
Antônio Inácio dos Santos de Paula 93

Seção II – Projetos do Programa Olhos no Futuro e Jornada Olhos no Futuro

5 – CANAlise: da cana-de-açúcar ao etanol – caminhos para aprendizagem e enlaces dos ODS 4, 7 e 8
Roberta Ceriani, Aline Carvalho da Costa, Danúsia Arantes Ferreira 123

6 – Desembalando: Educação Alimentar e Nutricional no Ensino Básico no contexto do desenvolvimento sustentável
Beatriz Naomi Panzarin Aoki, Ericsem Pereira, Klicia Araujo Sampaio, Guilherme José Maximo 143

7 – Energizar: a educação energética para a transformação social
João Guilherme Ito Cypriano, Dara Signoreti de Freitas, Leandro José Cesini da Silva, Vinícius Vieira e Silva, Danúsia Arantes Ferreira, Luiz Carlos Pereira da Silva 165

8 – Da pobreza à dignidade: potencialidades dos saberes antropológicos sobre menstruação na escola
Clarissa Reche Nunes da Costa, Naedja Cristiane Vieira Costa, Michelle Perez dos Santos, Daniela Tonelli Manica 185

9 – Nosso Busão: curso de formação de cidadãs/os orientado para o desenvolvimento sustentável aplicado ao uso de ônibus
Hugo Muniz Bolognesi, Alyson da Luz Pereira Rodrigues, Wedja da Silva Clementino, Mozart Otávio Guedes Maia, Ângela Soares, Suely Arias, Daniel de Araujo Rodrigues, Guilherme Bonome Soares da Silva, Daniela Godoy Falco, Marlene Godoy Falco, Sônia Regina da Cal Seixas, Carla Kazue Nakao Cavaliero 207

10 – ReciclaMente
Beatriz de Aragão Sadalla, Flávia Consoni, Júlia Moreira Costa, Danúsia Arantes Ferreira 227

11 – SustentavelMente: água, solo e reaproveitamento de resíduos
Rafael Minazaki Pereira, Leda Matheus da Silva, Bárbara Teruel, Danúsia Arantes Ferreira 249

12 – Jornada Olhos no Futuro
Danúsia Arantes Ferreira, Roberta Ceriani, João Guilherme Ito Cypriano, Luiz Carlos Pereira da Silva 267

Seção III - Ampliação do Programa Olhos no Futuro

13 - Extensão e resiliência social: o caso do Projeto Alento
Muriel de Oliveira Gavira, Ana Maria Nunes Gimenez, Caroline Dário Capitani 283

14 - Desigualdade e violência pelo olhar de crianças: contribuições da extensão universitária
Rubens Bedrikow, Helenice Yemi Nakamura 305

15 - Caminhos para a internacionalização do Programa Olhos no Futuro
Roberta Silva Machado, Patricia Capelini Borelli, Patrícia Nogueira Rinaldi, Rúbia Marcussi Pontes 319

16 - Extensão universitária e a formação para uma mentalidade de sustentabilidade ecojusta: ambiência para internacionalização com a Universidade de Coimbra
Dulce Cornetet dos Santos Pomilio, Danúsia Arantes Ferreira, Carlos Francisco de Sousa Reis, Ivani Catarina Arantes Fazenda 337

Seção IV - Entrevistas concedidas ao jornalista Antônio Inácio dos Santos de Paula

De Olhos no Futuro com o Campus Sustentável - Entrevista com Luiz Carlos Pereira da Silva 361

De Olhos no Futuro com a Escola Estadual Telêmaco Paioli Melges - Entrevista com Mario Ferreira Sarraipa 369

De Olhos no Futuro com a Pró-Reitoria de Extensão, Esporte e Cultura (Proeec) - Entrevista com Fernando Antonio Santos Coelho 375

De Olhos no Futuro com a Diretoria Executiva de Direitos Humanos (Dedh) - Entrevista com Silvia Maria Santiago 379

De Olhos no Futuro com o Centro Paulista de Estudos da Transição Energética (CPTEn) - Entrevista com Carla Kazue Nakao Cavaliero 383

Prefácio

O Programa Olhos no Futuro, abordado neste livro, exemplifica de modo incontestável como o alinhamento aos 17 Objetivos de Desenvolvimento Sustentável (ODS), definidos na Agenda 2030 da Organização das Nações Unidas (ONU), é capaz de ampliar a contribuição das universidades públicas para a construção de um mundo melhor para as próximas gerações. Como o leitor e a leitora poderão constatar nas páginas a seguir, os ODS estão no cerne do Programa concebido em 2018 com o objetivo de aproximar a Unicamp da comunidade que a cerca por meio da condução de projetos extensionistas direcionados a crianças e adolescentes em idade escolar.

Uma das maiores virtudes dos ODS reside no fato de eles revelarem a complexidade dos desafios característicos do século XXI, cujo enfrentamento depende, obrigatoriamente, do estabelecimento de cooperações entre diferentes atores e setores da sociedade. Estruturado em torno dos ODS 4, 7, 8 e 17 – a saber, "Educação de qualidade", "Energia limpa e acessível", "Trabalho decente e crescimento econômico" e "Parcerias e meios de implementação", respectivamente –, o Programa Olhos no Futuro deve parte de seu sucesso à parceria firmada com a Escola Estadual Telêmaco Paioli Melges (EE Telêmaco), situada em Campinas (SP), bem como ao apoio financeiro inicial recebido do Ministério Público do Trabalho (MPT) da 15ª Região. Também é fundamental mencionar a participação de mais de metade das unidades de ensino, pesquisa e extensão da Universidade, responsáveis por conferir à iniciativa o seu necessário viés multidisciplinar.

O sucesso, porém, não veio imediatamente. No período de seis anos desde a criação do Programa, foi necessário superar numerosos obstáculos impostos pela pandemia de covid-19 até que o Olhos no Futuro pudesse consolidar-se como um dos programas institucionais de extensão da Unicamp. Os autores fazem questão de ressaltar a importância do envolvimento dos integrantes do Programa nesse processo, entre os quais há docentes, pesquisadores e estudantes de graduação e de pós-graduação das mais variadas origens e áreas de formação.

O círculo virtuoso aqui descrito, no qual a comunidade acadêmica se mobiliza, de forma colaborativa e multidisciplinar, para atender às demandas mais urgentes da sociedade por meio do ensino, da pesquisa e da extensão, retrata com perfeição o papel que a universidade pública deve desempenhar no mundo contemporâneo. Iniciativas como o Olhos no Futuro são motivo de orgulho para a Unicamp, que não tem medido esforços nos últimos anos para incorporar os 17 ODS da ONU ao conjunto de suas atividades. Que o relato a seguir sirva de exemplo e inspiração para a implementação de programas similares em outras universidades de todo o país. Boa leitura!

Antonio José de Almeida Meirelles

Apresentação

Este livro apresenta o Programa Olhos no Futuro desde a sua concepção, em 2018, até a sua consolidação como um programa interdisciplinar de extensão da Unicamp. Nele há uma busca por respostas para alguns questionamentos que permeiam o compromisso social da universidade pública. Seria possível integrar a pauta dos direitos humanos e dos Objetivos de Desenvolvimento Sustentável (ODS) no planejamento e na execução de projetos de extensão? Como as áreas de ensino e pesquisa na Universidade podem contribuir para potencializar a tríade e a melhor formação das/os estudantes, incluindo os temas emergentes da Agenda 2030 da Organização das Nações Unidas? Como promover uma integração dialógica e transformadora entre a Universidade e a comunidade externa a ela? Como as práticas e as vivências da extensão universitária podem contribuir efetivamente para formar as/os "agentes de transformação" dentro e fora da Universidade?

Em cada capítulo, o/a leitor/a poderá desfrutar das particularidades das diferentes modalidades das ações extensionistas do Programa, a partir da escrita cuidadosa de suas equipes de trabalho, formadas por pessoas diversas e com formação diversa, o que enriquece ainda mais a obra.

O livro está organizado em quatro seções. A seção I, "A construção do Programa Olhos no Futuro", traz um histórico, partindo da idealização de um conjunto de projetos extensionistas, abarcado em diferentes unidades da Unicamp, com o propósito de ir ao encontro da demanda da sustentabilidade ambiental, social e econômica. Também são contextualizadas e discutidas a importância de promover a compreensão e a ação crítica da temática do desenvolvimento sustentável, em atenção à Agenda 2030 da ONU, aos seus 17 ODS e aos meios de implementação para crianças, adolescentes e jovens, dentro e fora da Universidade, e a forma de contribuir para o desenvolvimento das metas dos ODS e para a transição energética em prol da efetiva participação da Unicamp na Agenda 2030, dentro e fora do seu território. Nessa seção também são abordados criticamente os princípios do Programa Olhos no Futuro: o ensino pela pesquisa, a interdisciplinaridade e a promoção da tríade pesquisa-ensino-extensão, além do importante papel da divulgação científica para a comunidade universitária e para a sociedade mais ampla.

Na seção II, "Projetos do Programa Olhos no Futuro e Jornada Olhos no Futuro", estão detalhados sete projetos que compõem o Programa – CANAlise, Desembalando, Energizar, Menstruação e Antropologia, Nosso Busão, ReciclaMente e SustentavelMente, além da Jornada Olhos no Futuro, um evento de periodicidade semestral que traz a escola pública para vivenciar a universidade pública. Já a seção III, "Ampliação do Programa Olhos no Futuro", apresenta novas parcerias que vêm sendo desenvolvidas no âmbito do Programa, inclusive no processo de sua internacionalização.

Por fim, a seção IV, "Entrevistas concedidas ao jornalista Antônio Inácio dos Santos de Paula", traz entrevistas com Luiz Carlos Pereira da Silva, professor da Faculdade de Engenharia Elétrica e de Computação da Unicamp, coordenador do Escritório Campus Sustentável e diretor do Centro Paulista de Estudos da Transição

Energética (CPTEn); com Mario Ferreira Sarraipa, diretor da Escola Estadual Telêmaco Paioli Melges; com Fernando Antonio Santos Coelho, pró-reitor de Extensão da Unicamp; com Silvia Maria Santiago, diretora da Diretoria Executiva de Direitos Humanos e professora; e com Carla Kazue Nakao Cavaliero, professora da Faculdade de Engenharia Mecânica da Unicamp e pesquisadora principal no eixo V do CPTEn – Educação, formação e capacitação para a sustentabilidade socioambiental.

O Programa Olhos no Futuro tem a personagem Jenny, desenvolvida pela multiartista e pesquisadora Paola Champi, como

> [...] uma estratégia de comunicação que representa identidades e grupos sociais de resistência, em prol da construção de conhecimento democrático e igualitário. Jenny é uma mulher preta, de periferia, que estuda na Unicamp e, como integrante do Escritório Campus Sustentável, participa ativamente na divulgação de suas ações e suas produções para a sociedade como um todo. Portanto, Jenny é uma ferramenta de *design* que se desloca transmidiaticamente em diversas produções do Campus Sustentável.

A obra que aqui se apresenta procura trazer claramente as inter-relações entre as diferentes áreas do conhecimento e levar o/a leitor/a a refletir acerca das práticas extensionistas e de seu papel na promoção do empoderamento de crianças, adolescentes e jovens de escola pública, na promoção da justiça social e na própria formação acadêmica e profissional das/os estudantes da Universidade.

Caso tenha interesse, o/a leitor/a poderá encontrar material de apoio e de divulgação científica do Programa Olhos no Futuro nos *sites* da Pró-Reitoria de Extensão, Esporte e Cultura da Unicamp, na aba do Programa Olhos no Futuro (https://www.proeec.unicamp.br/olhos-no-futuro/), do Centro Paulista de Estudos da Transição Energética (https://cpten.unicamp.br/) e do Escritório Campus

Sustentável (https://www.campus-sustentavel.unicamp.br/), como também nos respectivos perfis do Instagram (@cpten.unicamp e @campussustentavelunicamp) e no Canal Campus Sustentável do YouTube.

Desejamos que a leitura desta obra seja uma experiência transformadora!

SEÇÃO I

A CONSTRUÇÃO DO PROGRAMA OLHOS NO FUTURO

1
O Programa Olhos no Futuro

Danúsia Arantes Ferreira, Dulce Cornetet dos Santos Pomilio, João Guilherme Ito Cypriano, Luiz Carlos Pereira da Silva, Roberta Ceriani

1. Breve histórico

O Programa Interdisciplinar de Ensino-Pesquisa-Extensão "Olhos no Futuro", aqui chamado de Programa Olhos no Futuro, está inserido no contexto do desenvolvimento sustentável, aquele "capaz de satisfazer as necessidades atuais sem que se comprometa a capacidade das futuras gerações de satisfazerem as suas necessidades". Sua atuação busca promover, principalmente, a tríade ensino-pesquisa-extensão, identificando, nos avanços dos desafios vividos na Universidade, o sentido da integração dessa tríade, e articular uma jornada inovadora para as exigências da recente curricularização da extensão universitária. A organização dessa iniciativa se deu a partir de estudos e pesquisas sobre a Agenda 2030, com seus 17 Objetivos de Desenvolvimento Sustentável (ODS) e suas 169 metas, adotada formalmente em setembro de 2015 pelos 193 Estados-membros da Organização das Nações Unidas (ONU). A equipe se dedicou à leitura crítica desse compromisso assumido, tendo como principal objetivo buscar resposta para a seguinte indagação: como o desenvolvimento dos currículos das unidades acadêmicas da Universidade Estadual de Campinas (Unicamp), que integram o Programa Olhos no Futuro, pode contribuir com propostas inovadoras para a implementação efetiva das metas dos ODS? Assim, a equipe tem procurado refletir e identificar, a partir da abordagem ação-reflexão-ação, pontos convergentes, desafios e motivações para a experimentação, buscando a promoção das articulações sistêmicas e interdisciplinares nos eixos ensino-pesquisa-extensão.

O Programa Olhos no Futuro iniciou-se em 2018, quando tinha sido recém-criado o Observatório de Direitos Humanos na Unicamp. Na época, ainda não havia a Diretoria Executiva de Direitos Humanos (Dedh), criada no ano seguinte pela Deliberação Consu-A-004/2019. Marcelo Knobel, então reitor da Unicamp, solicitou ao Observatório que as áreas das Engenharias também fossem incorporadas à ampla discussão dos direitos humanos realizada na Universidade. Assim, a coordenadora, professora Néri de Barros Almeida (Instituto de Filosofia e Ciências Humanas – IFCH), e o vice-coordenador, professor Luís Renato Vedovato (Faculdade de Ciências Aplicadas – FCA), entraram em contato com o professor Luiz Carlos Pereira da Silva (Faculdade de Engenharia Elétrica e Computação – Feec), coordenador do Escritório Campus Sustentável da Unicamp, para articular a participação das Engenharias nessa temática.

Aliada a essa demanda do Observatório, havia também, por parte de professoras/es das Engenharias, uma certa frustração relacionada à percepção do desconhecimento mais amplo da Agenda 2030 da ONU pelo corpo discente da Unicamp. Essa observação evidenciava a necessidade de trabalhar com a temática da Agenda 2030 e da sustentabilidade em suas três dimensões – social, econômica e ambiental –, antes mesmo do acesso ao ensino superior, ou seja, ainda na educação básica com crianças e adolescentes. Assim, ao chegarem à Universidade, essa pauta já faria parte das bagagens das/os universitárias/os. Ainda, graduandas/os extensionistas teriam a oportunidade de aprender sobre essa pauta no trabalho com as escolas. Essa foi uma motivação que mobilizou professoras/es para o engajamento. Ademais, a carreira docente é sempre permeada por novos desafios, pelo aprendizado contínuo e pela busca de um maior envolvimento com colegas de outras unidades, o que pode ser aqui reconhecido como um desafio e ao mesmo tempo um fator de sucesso ao longo da jornada de concepção do Programa Olhos no Futuro. Assim, o professor Luiz Carlos assumiu a coordenação da equipe de trabalho com protagonismo e liderança, buscando integrar professoras/es e pesquisadoras/es da Unicamp, com o objetivo de promover diálogo e reflexões sobre os seguintes questionamentos:

- Seria possível integrar a pauta dos direitos humanos e dos ODS ao planejamento e à execução de projetos de extensão?
- Como as nossas áreas de ensino e pesquisa podem contribuir para a melhor formação das/os estudantes tendo em vista os temas emergentes da Agenda 2030?
- Como promover uma integração dialógica e transformadora entre a Universidade e a comunidade externa a ela?

Nesse ambiente de integração entre professoras/es e pesquisadoras/es, pautado na aprendizagem colaborativa, na interdisciplinaridade e no ensino pela pesquisa, foi concebida a primeira etapa do conjunto de projetos do Programa Olhos no Futuro.[1] A adesão foi rápida e, já em 2019, foram articuladas oito faculdades e institutos da Unicamp, tendo a liberdade para elencar o(s) ODS mais alinhado(s) com o seu interesse, com o intuito de trabalhar com escolas públicas em territórios de vulnerabilidade social. Assim, a partir de contato prévio feito com a então coordenadora pedagógica Cinthia Cristina dos

[1] Ferreira *et al.*, 2022.

Santos, da Escola Estadual Telêmaco Paioli Melges (EE Telêmaco), essa instituição foi escolhida para as primeiras ações do Programa.

O recurso inicial do projeto foi oriundo do Observatório de Direitos Humanos da Unicamp, e posteriormente da Dedh, tendo a professora Silvia Maria Santiago como diretora executiva de Direitos Humanos. Esse recurso foi proveniente do Ministério Público do Trabalho (MPT) da 15ª Região em Campinas, pela pessoa do então procurador José Pedro dos Reis. Uma vez que os recursos do MPT são oriundos de indenizações trabalhistas decorrentes de termos, ações e acordos judiciais e de multas em razão do descumprimento de Termos de Ajustamento de Conduta (TAC), foi estabelecido como princípio para a estruturação de todos os projetos o esforço conjunto para a integração com o ODS 8 ("Trabalho decente e crescimento econômico"). Os demais ODS escolhidos como eixos articuladores do Programa Olhos no Futuro e que, assim, permeiam os projetos envolvidos são: o ODS 7 ("Energia limpa e acessível"), central na Agenda 2030 e promotor dos demais ODS (Figura 1.1); o ODS 4 ("Educação de qualidade"), como princípio educativo fundamental para os avanços da Agenda 2030, para o direito de acesso e permanência nos ambientes educativos, tendo seus percursos formativos até a universidade; e o ODS 17 ("Parcerias e meios de implementação"), fundamental para a mobilização e a troca de conhecimentos, recursos e tecnologias entre os atores da sociedade.

As unidades da Unicamp que participaram da concepção e do planejamento do Programa Olhos no Futuro em seu início foram: Faculdade de Engenharia Elétrica e de Computação (Feec), Faculdade de Engenharia Química (FEQ), Faculdade de Engenharia Agrícola (Feagri), Faculdade de Engenharia de Alimentos (FEA), Faculdade de Engenharia Mecânica (FEM), Faculdade de Educação (FE), Instituto de Geociências (IG) e Instituto de Artes (IA).

Figura 1.1 – A centralidade do ODS 7 na promoção dos demais ODS. Fonte: Adaptado de Ferreira *et al.*, 2022.

1. Erradicação da pobreza
2. Fome zero e agricultura sustentável
3. Saúde e bem-estar
4. Educação de qualidade
5. Igualdade de gênero
6. Água limpa e saneamento
7. Energia limpa e acessível
8. Trabalho decente e crescimento econômico
9. Inovação e infraestrutura
10. Redução das desigualdades
11. Cidades e comunidades sustentáveis
12. Consumo e produção responsáveis
13. Ação contra a mudança global do clima
14. Vida na água
15. Vida terrestre
16. Paz, justiça e instituições eficazes
17. Parcerias e meios de implementação

Ao final de 2019, a equipe, composta de professoras/es, estudantes de graduação e de pós-graduação, pesquisadoras/es, bolsistas e voluntárias/os, estava articulada para o início das atividades na EE Telêmaco no primeiro semestre de 2020. Mas, com a pandemia de covid-19, as atividades foram interrompidas, e o engajamento da equipe foi direcionado para o aprimoramento da fundamentação teórica e da produção de material didático, para atividades remotas e publicações. Certamente, durante o período pandêmico de restrições de circulação, houve perdas no processo de articulação entre Universidade e escola, o que prejudicou o planejamento das ações previstas para 2020, além da desvinculação de alguns participantes do Programa e mudanças na equipe. Ainda em 2020, Danúsia Arantes Ferreira, então pós-doutoranda na Feec, passou a exercer a coordenação executiva e pedagógica do Programa, sob a coordenação geral de Luiz Carlos P. Silva. No segundo semestre de 2021, o Programa Olhos no Futuro ofereceu, de forma remota, a disciplina

"Direitos Humanos, Tecnologia e Sustentabilidade" (AM020) para estudantes de graduação da Unicamp, numa retomada das suas atividades para a comunidade universitária. Essa ação envolveu 101 estudantes matriculadas/os das cinco áreas de conhecimento – Ciências Biológicas e Profissionais da Saúde (6), Ciências Exatas e da Terra (13), Artes (6), Engenharias (37), Ciências Humanas (11) e estudantes especiais (28), evidenciando a emergência da temática abordada e o interesse das/os estudantes da Universidade. Em 2022, após o retorno das atividades presenciais, tanto na EE Telêmaco como na Unicamp, foi necessário um novo esforço para o restabelecimento dos vínculos mútuos e a implantação das ações do Programa na escola. A EE Telêmaco se constituiu em um laboratório vivo para o Programa Olhos no Futuro, tanto no seu espaço físico como com seus estudantes no *campus* Zeferino Vaz da Unicamp, tendo sido criada assim a Jornada Olhos no Futuro, inclusive com participação da Universidade de Portas Abertas (UPA) da Unicamp. Nesse ano também, as/os docentes da equipe do Programa iniciaram a captação de recursos para o desenvolvimento de projetos e oficinas via editais da Pró-Reitoria de Extensão, Esporte e Cultura (Proeec) e da Pró-Reitoria de Pesquisa (PRP) da Unicamp, como o Ciência e Arte nas Férias (CAF), além da concessão de bolsas do Programa Institucional de Bolsas de Iniciação Científica (Pibic), do Programa Institucional de Bolsas de Iniciação Científica para o Ensino Médio (Pibic-EM), de demanda social (Bolsa de Auxílio Social – BAS e Bolsa Auxílio Estudo e Formação – Baef) do Serviço de Apoio ao Estudante (SAE) e do Programa de Auxílio a Projetos Institucionais (Papi). Em 2022, o Programa Olhos no Futuro passou a fazer parte do eixo temático V – Educação, Formação e Capacitação para a Sustentabilidade Socioambiental – do Centro Paulista de Estudos da Transição Energética (CPTEn), cujo diretor/pesquisador responsável também é o professor Luiz Carlos Pereira da Silva.

Para a equipe do Programa Olhos no Futuro, 2023 foi um ano bastante intenso, com a ampliação das parcerias internas e externas. Em 2024, o Programa passou a contar com a participação de 14 unidades da Unicamp, tendo sido incorporadas a Faculdade de Ciências Médicas (FCM)/Projeto Extensão com Populações Vulneráveis, a Faculdade de Ciências Aplicadas (FCA)/Projeto Alento, a Faculdade de Engenharia Elétrica e Computação (Feec)/Projeto Escola 4.0, o Instituto de Filosofia e Ciências Humanas (IFCH), a Faculdade de Engenharia Civil, Arquitetura e Urbanismo (Fecfau), o Laboratório de Estudos Avançados em Jornalismo (LabJor), assim como as parcerias internacionais com a Universidade de Coimbra, na sua Faculdade de Psicologia e Ciências da Educação, e com a Universidade de Oxford, no Departamento de Desenvolvimento Internacional. Ademais, o Programa Olhos no Futuro foi cadastrado no Impacto Acadêmico das Nações Unidas (Unai), que busca alinhar instituições de Ensino Superior e de pesquisa com os princípios da ONU e é um espaço tanto para publicações recorrentes ao longo do ano quanto para uma agenda de eventos que são organizados conjuntamente, o que caminha em direção à internacionalização do Programa. Por outro lado, atendendo à demanda da curricularização da extensão na Unicamp, o Programa Olhos no Futuro ofereceu, no segundo semestre de 2023, a disciplina EX027 (Educação e interdisciplinaridade de Olhos no Futuro: caminhos para curricularização da extensão e possibilidades de implementação dos Objetivos de Desenvolvimento Sustentável), e, no primeiro semestre de 2024, a disciplina EX052 (Educação e interdisciplinaridade: planejamento e prática de projetos de extensão universitária).

Assim, o Programa Olhos no Futuro chegou em 2025 como um dos programas de extensão institucionais da Unicamp, com o desafio da expansão da internacionalização e de novas parcerias com institutos e faculdades da Universidade e com a proposição da Jornada Olhos no Futuro como uma atividade do Programa na agenda oficial da Unicamp.

Há uma grande diversidade de pessoas na constituição da comunidade do Programa Olhos no Futuro, o que o torna um ambiente de trabalho diverso, aberto, de muito respeito a todas/os.

Evidencia-se neste breve histórico que o ODS 17 ("Parcerias e meios de implementação") foi fundamental para a consolidação do Programa Olhos no Futuro, no enfrentamento dos desafios da pandemia e da dificuldade com recursos financeiros, na manutenção dos vínculos com a escola e das parcerias internas e externas à Unicamp. De fato, o fortalecimento e a prosperidade do Programa Olhos no Futuro se deram a partir da realização de uma série de projetos interdisciplinares com estudantes da Escola Estadual Telêmaco Paioli Melges (EE Telêmaco) – a comunidade externa parceira –, situada na Vila San Martin, na cidade de Campinas, tanto no espaço escolar como no próprio *campus* Zeferino Vaz da Unicamp, como um laboratório vivo. Ademais, estudantes de outras escolas públicas também se envolveram em ações extensionistas e de pesquisa dos projetos do Programa, em oficinas promovidas na UPA e no CAF, e em projetos vinculados ao Pibic-EM. É a partir dessas experiências que as/os estudantes envolvidas/os aprendem e capilarizam conhecimentos e vivências nas comunidades escolar e externa, consolidando a indissociabilidade ensino-pesquisa-extensão, enquanto colaboram com o processo de transformação da comunidade ao contribuir para a implementação dos ODS e de suas metas.

2. Objetivo Geral

O Programa Olhos no Futuro tem por objetivo promover a compreensão e a ação crítica referente aos 17 Objetivos de

Desenvolvimento Sustentável (ODS) da Agenda 2030 da ONU – em particular, os ODS 4 ("Educação de qualidade"), 7 ("Energia limpa e acessível"), 8 ("Trabalho decente e desenvolvimento econômico") e 17 ("Parcerias e meios de implementação"), contextualizados para crianças e adolescentes em idade escolar – e também ser um espaço oportuno de aprendizagem colaborativa, para que a comunidade da Unicamp experiencie a educação interdisciplinar na prática cotidiana interna e externa do compromisso social da universidade pública.

Dessa forma, busca implantar o conceito de multiplicadoras/es do conhecimento na sociedade, chamadas/os de "agentes de transformação", com o desenvolvimento de metodologias interdisciplinares de ensino-aprendizagem. A construção interdisciplinar do Programa em termos conceituais, técnicos e metodológicos propicia, gradativamente, a sua formalização para a disseminação local, regional e até nacional. Assim, o Programa Olhos no Futuro fomenta a aproximação da Universidade e de outros setores da sociedade por meio do processo de ensino-pesquisa-extensão, promovendo o ensino com a pesquisa como princípio para curricularização da extensão, na temática do desenvolvimento sustentável. Essa união permite ampliar a visão crítica das/os estudantes envolvidas/os acerca do uso de ferramentas do método científico, permeando um futuro diferenciado para elas/es e para a comunidade do seu entorno, de forma a buscar melhorias na qualidade de vida das/os envolvidas/os.

3. Objetivos específicos

Para atingir o objetivo geral, e considerando a consolidação de parcerias preconizadas no ODS 17, são propostos os seguintes objetivos específicos:

- Desenvolver estudos, pesquisas interdisciplinares e produção de conhecimento, integrando as diferentes ciências que compõem e participam da concepção e do desenvolvimento do Programa Olhos no Futuro;

- Fomentar a elaboração e o desenvolvimento das ações de extensão nas suas diversas modalidades: projetos, cursos, oficinas, eventos (congressos, seminários, ciclos de debates, exposições, espetáculos, eventos esportivos, festivais, entre outros), produções midiáticas, prestações de serviços;
- Criar metodologias de ensino-aprendizagem que promovam a implementação dos ODS nas disciplinas da base curricular escolar, como complementação extracurricular para o Ensino Fundamental II e o Ensino Médio, e que possam ser replicadas para outras escolas;
- Formar as/os "agentes de transformação", como multiplicadoras/es do conhecimento acerca do desenvolvimento sustentável e da Agenda 2030, particularmente dos ODS 4, 7, 8 e 17 na sociedade;
- Oferecer disciplina(s) de caráter extensionista na matriz curricular da Unicamp;
- Promover ações na Universidade de Portas Abertas, no Ciência e Arte nas Férias e/ou no Programa Institucional de Bolsas de Iniciação Científica para o Ensino Médio;
- Promover a integração e a formação continuada de docentes e pesquisadoras/es envolvidas/os no Programa Olhos no Futuro, como espaço de reflexão-ação-reflexão da tríade ensino-pesquisa-extensão e da disseminação da comunicação e da divulgação científica dos resultados alcançados;
- Desenvolver pesquisas e ações de capacitação alinhadas aos objetivos do eixo V – Educação, formação e capacitação para a sustentabilidade socioambiental, do CPTEn, um Centro de Ciências para o Desenvolvimento da Fapesp.

4. Abordagem conceitual

A abordagem conceitual do Programa Olhos no Futuro privilegia o diálogo integrador dos princípios educativos que fomentam a educação interdisciplinar como um processo construtivo para o alcance da transdisciplinaridade na educação. Japiassu[2] argumenta que, independentemente das motivações daqueles que defendem a interdisciplinaridade, ela se apresenta como uma oposição sistemática a um tipo tradicional de organização do saber, o que constitui um convite a lutar contra a multiplicação desordenada das especialidades e das linguagens particulares nas ciências. Assim como, para Fazenda,[3]

> [...] tão importante quanto o produto de uma ação exercida é o processo, e mais que o processo, é necessário pesquisar o movimento desenhado pela ação exercida. Somente ao pesquisar os movimentos das ações exercidas, será possível delinear seus contornos e perfis.

Nesse arcabouço, destacam-se também as contribuições de Pedro Demo, ao fundamentar a pesquisa como princípio educativo:

> Pesquisa como princípio científico e educativo faz parte de todo processo emancipatório, no qual se constrói o sujeito histórico autossuficiente, crítico e autocrítico, participante e capaz de reagir contra a situação de objeto e de não cultivar o outro como objeto. Pesquisa como diálogo é processo cotidiano integrante do ritmo de vida, produto e motivo de interesses sociais em confronto, base da aprendizagem que não se restrinja a mera reprodução; na acepção mais simples, pode significar conhecer, saber, informar-se para sobreviver, para enfrentar a vida de modo consciente.[4]

[2] Japiassu, 1976, p. 54.

[3] Fazenda, 2013, p. 23.

[4] Demo, 2006, pp. 42-43.

Para o autor, "conhecimento é instrumento, não esgota jamais [a] educação, e, por ser a alavanca decisiva da inovação, não substitui o compromisso ético; antes, por este deve orientar-se".[5]

Ademais, Paulo Freire[6] apresenta relevante contribuição para a concepção do Programa Olhos no Futuro, ao fundamentar a educação problematizadora, na qual a formação de sujeitos está intrinsecamente conectada às suas histórias e a seus contextos sociais e se dá pela relação dialógica entre estudantes e professoras/es no processo de ensino e aprendizagem, com autonomia e respeito.

Segundo Ferreira:[7]

> [...] urge integrar e religar os saberes que são, na sua maioria, estruturados em disciplinas e quadros conceituais que permitem a aproximação com os grandes problemas que desafiam a humanidade. Porém, muito além de um simples religar e valorizar os conhecimentos multi e interdisciplinares, faz-se necessário promover o desenvolvimento sistêmico de ensino-pesquisa-extensão, conectando a mentalidade para o transdisciplinar considerando as possibilidades nos espaços formais e não formais da educação.

Nessa mesma direção, a autora afirma que,

> por mais utópico que pareça, torna-se imprescindível a substituição da falsa segurança e rotina que a disciplinaridade isolada promove, dando lugar ao sonho transdisciplinar como amálgama ao pensamento científico globalizante em busca de unidade dos saberes para a resolução de problemas complexos.[8]

O construto da interdisciplinaridade do Programa está embasado também nas contribuições de Edgar Morin, salientadas por Japiassu:[9]

5 Demo, 1996, p. 87.
6 Freire, 2005.
7 Ferreira, 2018, p. 22.
8 *Idem, ibidem.*
9 Japiassu, 2006, p. 3.

Ora, como nos vem alertando E. Morin, o problema crucial em nosso tempo é o da necessidade de um pensamento capaz de enfrentar o desafio da complexidade do real, quer dizer, de apreender as ligações, interações e implicações mútuas, os fenômenos multidimensionais, as realidades ao mesmo tempo solidárias e conflitivas à democracia: sistema que alimenta antagonismos e, ao mesmo tempo, os regula.

Para o autor, há

> [...] inadequação cada vez mais ampla, profunda e grave entre os saberes separados, fragmentados, compartimentados entre disciplinas e, por outro lado, realidades ou problemas cada mais polidisciplinares, transversais, multidimensionais, transnacionais, globais, planetários".[10]

A inter-relação das várias ciências presentes na concepção teórico--prática instiga a inquietude, a ousadia e a transgressão, elementos próprios das descobertas. Conforme aponta Ferreira:[11]

> Uma nova consciência há de se formar com o objetivo de afastar a interdisciplinaridade da panaceia e *slogan*, promovendo a atitude que pressupõe reciprocidade, mutualidade em detrimento à concepção fragmentária, conforme orientam autores e estudiosos dessa temática, dentre estes, Ivani Fazenda.

A integração ensino-pesquisa-extensão no ambiente universitário requer uma melhor colaboração entre as ciências e, especialmente, a interação dos atores imbuídos do compromisso de contribuir com processos formativos sistêmicos. Japiassu[12] pergunta:

[10] Morin, 2003, p. 13.

[11] Ferreira, 2018, p. 23.

[12] Japiassu, 2006, p. 3.

> O que devemos fazer quando, diante da extraordinária complexidade do mundo atual, constatamos que nosso pensamento se encontra preso às cegueiras e miopias que caracterizam nossas universidades divididas em departamentos sem comunicação?

Nesse sentido, a epistemologia da interdisciplinaridade apresenta-se como espinha dorsal do Programa e propõe a metodologia da ação interdisciplinar (MAI) como uma abordagem para o construto do ensino pela pesquisa como princípio para a curricularização da extensão universitária.

5. Abordagem metodológica

A execução do Programa Olhos no Futuro se dá mediante o desenvolvimento conjunto de estudos, pesquisas e material teórico-didático para apresentação dos ODS no currículo escolar de forma interdisciplinar e lúdica. Cada projeto que compõe o Olhos no Futuro possui autonomia para elaborar seu próprio material e adotar sua forma de abordagem, estando sempre alinhado aos objetivos do Programa. O Olhos no Futuro prevê o acompanhamento e a produção de atividades pelas/os pesquisadoras/es bolsistas – graduandas/os, mestrandas/os e doutorandas/os – envolvendo professoras/es da(s) escola(s) e da Universidade. As ações extensionistas do Programa utilizam, sempre que possível, práticas e experimentos com materiais simples, recicláveis, baratos e de fácil acesso. Além disso, criam uma rede de monitoras/es capacitadas/os a ser replicadoras/es das atividades e realizar a formação de novas/os multiplicadoas/es dos ODS em outros espaços para além do ambiente escolar, como o *campus* Zeferino Vaz da Unicamp, como um laboratório vivo, ou mesmo a moradia estudantil, a Escola Estadual Físico Sérgio Pereira Porto e as unidades da Divisão de Educação Infantil e Complementar (DEdIC).

6. Integração das pessoas no Programa Olhos no Futuro

Em 2025, a equipe do Programa Olhos no Futuro contou com a presença de cerca de 60 pessoas participando de suas múltiplas ações extensionistas, sendo 17 professoras/es e pesquisadoras/es da Unicamp, além de pós-doutorandas/os, estudantes de pós-graduação em nível de doutorado e mestrado, graduandas/os e pesquisadoras/es convidadas/os.

O Olhos no Futuro tem na sua coordenação geral o professor Luiz Carlos Pereira da Silva (Feec/Unicamp), diretor do CPTEn e coordenador do Escritório Campus Sustentável – Unicamp. A professora Danúsia Arantes Ferreira, pós-doutoranda (Feec/Unicamp), e a professora Roberta Ceriani (FEQ/Unicamp) estão na coordenação executiva e pedagógica do Programa.

Na seção II deste livro, "Projetos do Programa Olhos no Futuro e a Jornada Olhos no Futuro", os projetos ilustrados na Figura 1.2 pela personagem Jenny e listados a seguir em ordem alfabética são abordados em capítulos, elencando os ODS da Agenda 2030 contemplados e contextualizando sua abordagem nas atividades extensionistas:

- CANAlise – coordenação: professoras Roberta Ceriani e Aline Carvalho da Costa; unidade principal: Faculdade de Engenharia Química (FEQ);
- Desembalando – coordenação: professor Guilherme J. Maximo e professora Klicia A. Sampaio; unidade principal: Faculdade de Engenharia de Alimentos (FEA);
- Energizar – coordenação: professor Luiz Carlos Pereira da Silva e professora Danúsia Arantes Ferreira; unidade principal: Faculdade de Engenharia Elétrica e de Computação (Feec);
- Menstruação e Antropologia: multiplicando possibilidades para alcançar dignidade – coordenação: professora Daniela

Tonelli Manica; unidade principal: Laboratório de Estudos Avançados em Jornalismo (LabJor) e Núcleo de Desenvolvimento da Criatividade (Nucredi);

- Nosso Busão – coordenação: professora Carla Kazue Nakao Cavaliero; unidade principal: Faculdade de Engenharia Mecânica (FEM);
- ReciclaMente – coordenação: professora Flávia Consoni; unidade principal: Instituto de Geociências (IG);
- SustentavelMente – coordenação: professora Bárbara Teruel; unidade principal: Faculdade de Engenharia Agrícola (Feagri).

Figura 1.2 – A personagem Jenny apresenta os Projetos do Programa Olhos no Futuro e a Jornada Olhos no Futuro, listados na seção II.

Em 2025, o Programa Olhos no Futuro conta também com os outros projetos ainda em fase de concepção ou desenvolvimento, que não participaram com capítulos neste livro; entre eles, destacam-se:

- Águas do Ribeirão Quilombo – coordenação: professora Luana Mattos de Oliveira Cruz; unidade principal: Faculdade de Engenharia Civil, Arquitetura e Urbanismo (Fecfau);
- ComunicAção – coordenação: professora Denise Carvalho; unidade principal: Instituto de Artes (IA);
- Escola 4.0 – coordenação: professor Fabiano Fruett; unidade principal: Faculdade de Engenharia Elétrica e de Computação (Feec);
- Freire e Mauss: uma análise dos projetos realizados no âmbito do Programa Olhos no Futuro – coordenação: professora Ana Elisa Spaolonzi Queiroz Assis; unidade principal: Faculdade de Educação (FE);
- O fora-dentro da escola: saúde coletiva na promoção de comunidades sustentáveis – coordenação: professor Rubens Bedrikow; unidade principal: Faculdade de Ciências Médicas (FCM).

Cada projeto que compõe o Programa Olhos no Futuro possui autonomia para elencar outros ODS da Agenda 2030 e suas respectivas metas, norteadores de sua atuação. O Programa tem como eixos estruturantes:

- ODS 4.[13] "Educação de qualidade" como princípio educativo fundamental para os avanços da Agenda 2030, para o direito de acesso e permanência nos ambientes educativos, tendo seus percursos formativos até a universidade.
    - Meta 4.7: "Até 2030, garantir que todos os alunos adquiram conhecimentos e habilidades necessárias para promover o desenvolvimento sustentável, inclusive, entre outros, por meio da educação para o desenvolvimento sustentável e estilos de vida sustentáveis, direitos humanos, igualdade de gênero, promoção de uma cultura de paz e não violência,

[13] Ipea, 2019a.

cidadania global e valorização da diversidade cultural e da contribuição da cultura para o desenvolvimento sustentável".

- ODS 7.[14] "Energia limpa e acessível", central na Agenda 2030 e promotor dos demais ODS.
  - Meta 7.2: "Até 2030, manter elevada a participação de energias renováveis na matriz energética nacional".
- ODS 8.[15] "Trabalho decente e crescimento econômico", pela urgência da erradicação do trabalho análogo ao escravo, e promoção de uma economia sustentável e inclusiva.
  - Meta 8.2: "Atingir níveis mais elevados de produtividade, por meio da diversificação e com agregação de valor, modernização tecnológica, inovação, gestão, e qualificação do trabalhador; com foco em setores intensivos em mão de obra".
  - Meta 8.3: "Promover o desenvolvimento com a geração de trabalho digno; a formalização; o crescimento das micro, pequenas e médias empresas; o empreendedorismo e a inovação".
  - Meta 8.6: "Alcançar uma redução de 3 pontos percentuais até 2020 e de 10 pontos percentuais até 2030 na proporção de jovens que não estejam ocupados, nem estudando ou em formação profissional".
  - Meta 8.7: "Até 2025 erradicar o trabalho em condições análogas às de escravo, o tráfico de pessoas e o trabalho infantil, principalmente nas suas piores formas".
  - Meta 8.8b: "Até 2020, desenvolver e operacionalizar um plano nacional de promoção de trabalho digno para a juventude, tendo como marcos referenciais: i) a Agenda Na-

[14] Ipea, 2019b.

[15] Ipea, 2019c.

cional de Trabalho Decente para a juventude; ii) o Plano Nacional de Emprego e Trabalho Decente; e iii) o Pacto Mundial para o Emprego da Organização Internacional do Trabalho (OIT)".

- ODS 17.[16] "Parcerias e meios de implementação", fundamental para a mobilização e a troca de conhecimentos, recursos e tecnologias, entre os atores da sociedade.
    - Meta 17.7: "Promover o desenvolvimento, a transferência, a disseminação e a difusão de tecnologias ambientalmente corretas para os países em desenvolvimento, em condições favoráveis, inclusive em condições concessionais e preferenciais, conforme mutuamente acordado".
    - Meta 17.17: "Incentivar e promover parcerias eficazes nos âmbitos públicos, público-privados, privados e da sociedade civil, a partir da experiência das estratégias de mobilização de recursos dessas parcerias".
    - Meta 17.18: "Reforçar o apoio à desagregação de dados, a integração, a disponibilização e o compartilhamento de registros administrativos e de bases de dados estatísticos e geocientíficos relevantes ao cumprimento das metas e mensuração dos indicadores do desenvolvimento sustentável, respeitando a legislação quanto à segurança da informação".

Para representar os ODS da Agenda 2030 na estrutura do Programa Olhos no Futuro, o seu *logo* (Figura 1.3) é um livro aberto, simbolizando o compromisso com a educação transformadora e com o conhecimento. As páginas coloridas do livro representam os 17 ODS da Agenda 2030 da ONU. Já a mandala do ODS 17 representa as parcerias e os meios de implementação necessários para as ações extensionistas. O *logo* do Programa Olhos no Futuro foi criado pela

[16] Ipea, 2019d.

designer Giovana Sanches Ribeiro, no período em que foi assistente de comunicação do Escritório Campus Sustentável da Unicamp.

Figura 1.3 – *Logo* do Programa Olhos no Futuro.

PROGRAMA OLHOS NO FUTURO

Do que foi apresentado neste capítulo de abertura, entende-se que o Programa Olhos no Futuro é um espaço de concepção e desenvolvimento de ações de extensão nas suas diversas modalidades: projetos, cursos, oficinas, eventos (congressos, seminários, ciclos de debates, exposições, espetáculos, eventos esportivos, festivais, entre outros), produção midiática, prestação de serviços, estabelecendo como princípios a epistemologia da interdisciplinaridade, o ensino pela pesquisa e a curricularização da extensão pautada na tríade ensino-pesquisa-extensão e o compromisso com os objetivos e as metas dos ODS em cada uma das ações. O Programa Olhos no Futuro é, ainda, um espaço de formação acadêmica para docentes e discentes compromissadas/os com os avanços da compreensão da tríade e de seus desdobramentos para o processo de curricularização da extensão. Desde novembro de 2023, o Programa está passando pelo processo da institucionalização anunciada em matéria publicada pela

Proeec da Unicamp,[17] para ser um dos oito programas de extensão listados em seu *site* (Programa Colmeias, Fóruns Permanentes, Incubadora Tecnológica de Cooperativas Populares, Malunga, Terra, Patrulheiros, Universidade e Programa Olhos no Futuro). A página do Programa Olhos no Futuro pode ser acessada no *site* da Proeec.[18]

7. Referências bibliográficas

DEMO, P. *Educar pela pesquisa*. 5. ed. Campinas, Autores Associados, 1996.

____. *Pesquisa: princípio científico e educativo*. 12. ed. São Paulo, Cortez, 2006.

FAZENDA, I. C. A. *Integração e interdisciplinaridade no ensino brasileiro: efetividade ou ideologia?* São Paulo, Edições Loyola, 2013.

FERREIRA, D. A. *Interdisciplinaridade e políticas públicas: experiência do Programa Goiás Solar*. São Paulo, Faculdade de Educação, Pontifícia Universidade Católica de São Paulo, 2018 (Tese de doutorado).

FERREIRA, D. A. *et al.* "Programa Interdisciplinar de Extensão Comunitária Olhos no Futuro: caminhos para implementação dos Objetivos de Desenvolvimento Sustentável (ODS)". *In*: SILVA, L. C. P. *et al.* (org.). *Campus Sustentável: um modelo de inovação em gestão energética para a América Latina e o Caribe*. Rio de Janeiro, Synergia, 2022, pp. 263-275.

FREIRE, P. *Pedagogia do oprimido*. Rio de Janeiro, Paz e Terra, 2005.

INSTITUTO DE PESQUISA ECONÔMICA APLICADA (IPEA). "4 – Educação de qualidade", 2019a. Disponível em <https://www.ipea.gov.br/ods/ods4.html>. Acesso em 4/7/2024.

____. "7 – Energia acessível e limpa", 2019b. Disponível em <https://www.ipea.gov.br/ods/ods7.html>. Acesso em 4/7/2024.

____. "8 – Trabalho decente e crescimento econômico", 2019c. Disponível em <https://www.ipea.gov.br/ods/ods8.html>. Acesso em 4/7/2024.

____. "17 – Parcerias e meios de implementação", 2019d. Disponível em <https://www.ipea.gov.br/ods/ods17.html>. Acesso em 4/7/2024.

JAPIASSU, H. *Interdisciplinaridade e patologia do saber*. Rio de Janeiro, Imago, 1976.

[17] Proeec, 2023.

[18] Proeec, 2024.

JAPIASSU, H. *O sonho transdisciplinar: e as razões da filosofia*. Rio de Janeiro, Imago, 2006.

MORIN, E. *A cabeça bem-feita: repensar a reforma, reformar o pensamento*. Trad. Eloá Jacobina. 8. ed. Rio de Janeiro, Bertrand Brasil, 2003.

PRÓ-REITORIA DE EXTENSÃO, ESPORTE E CULTURA (PROEEC). "Programa Olhos no Futuro encerra atividades semestrais", 2023. Disponível em <https://www.proeec.unicamp.br/programa-olhos-no-futuro-encerra-atividades-semestrais/>. Acesso em 20/12/2024.

____. "Programa", 2024. Disponível em <https://www.proeec.unicamp.br/olhos-do-futuro/>. Acesso em 20/12/2024.

2

Abordagem teórico-prática do Programa Olhos no Futuro: pesquisa como princípio educativo, interdisciplinaridade e curricularização da extensão

Danúsia Arantes Ferreira, Roberta Ceriani,
Luiz Carlos Pereira da Silva, Ivani Catarina Arantes Fazenda

1. Introdução

A Política Nacional de Extensão Universitária,[1] do Fórum de Pró-Reitores de Extensão das Instituições Públicas de Educação Superior Brasileiras (Forproex), apresentou o conceito de extensão universitária:

> [...] sob o princípio constitucional da indissociabilidade entre ensino, pesquisa e extensão, é um processo interdisciplinar, educativo, cultural, científico e político que promove a interação transformadora entre universidade e outros setores da sociedade.

[1] Forproex, 2012, p. 28.

No documento, também são propostas cinco diretrizes norteadoras da formulação e da implementação de ações extensionistas, conhecidas como os cinco i's (Figura 2.1). Essas diretrizes pautam a extensão universitária na relação de interação entre universidade e sociedade mais ampla, na qual o conhecimento se faz na troca dialógica e reflexiva de saberes entre os diferentes atores envolvidos. É esse contexto que fundamenta a concepção do Programa Olhos no Futuro.

Figura 2.1 – Os cinco i's: princípios da extensão universitária.

A interação dialógica pressupõe um "vai e vem" de saberes e conhecimento entre universidade e sociedade. Segundo o Forproex:[2]

> Não se trata mais de "estender à sociedade o conhecimento acumulado pela Universidade", mas de produzir, em interação com a sociedade, um conhecimento novo. Um conhecimento que contribua para a superação da desigualdade e da exclusão social e para a construção de uma sociedade mais justa, ética e democrática.

[2] *Idem*, p. 30.

O conceito freiriano de extensão universitária, presente no Programa Olhos no Futuro, valoriza a dimensão humana, abarca integralmente a diretriz da interação dialógica, evidenciando que ela deve ser horizontal e sinérgica. Para o educador Paulo Freire,[3] "educar e educar-se, [...] não é estender algo desde a 'sede do saber' até a 'sede da ignorância' para 'salvar', com este saber, os que habitam nesta". O autor afirma ainda:[4]

> O que se pretende com o diálogo, em qualquer hipótese, [...] é a problematização do próprio conhecimento em sua indiscutível reação com a realidade concreta na qual se gera e sobre a qual incide, para melhor compreendê-la, explicá-la, transformá-la.

A interdisciplinaridade e interprofissionalidade, por sua vez, apontam para uma interação das áreas do conhecimento e de suas/seus profissionais, para compartilhar a "cultura de cada uma delas, o olhar, o modo de fazer, [...] uma troca de saberes, de experiências, de atitudes em relação ao objeto (situação problema), o que implica, é claro, o partilhamento de visões de mundo".[5] Já a indissociabilidade ensino-pesquisa-extensão considera que as atividades não devem ser vistas como ações isoladas, mas sim como componentes interligadas e complementares do processo educativo. Essa abordagem busca promover uma formação mais integral, interdisciplinar e contextualizada, em que o conhecimento produzido na pesquisa se articula com a prática pedagógica e as necessidades da comunidade, favorecendo a construção de saberes relevantes e a transformação social.

Todas essas diretrizes estão presentes na concepção, no princípio educativo e nas práticas que fundamentam o Programa Olhos no Futuro, e, portanto, nas ações extensionistas de diferentes

3 Freire, 2024, p. 25.

4 *Idem*, p. 65.

5 Gomes, 2016, p. 47.

modalidades que o compõem. Ao assegurarem a tríade ensino-pesquisa-extensão na perspectiva teórico-prática do Programa, as/os estudantes envolvidas/os são desafiadas/os a resolver questões reais das comunidades, conduzindo-as/os a uma formação crítica e reflexiva e estimulando-as/os a ações que dialoguem com a realidade e promovam a cidadania. Assim, a indissociabilidade ensino-pesquisa-extensão se configura como um princípio fundamental para a produção de conhecimento, a formação de profissionais comprometidas/os com a construção de uma sociedade mais justa e equitativa, cuja efetividade se materializa nos processos educativos que envolvem a curricularização da extensão universitária.

A base legal que rege a Política Nacional de Extensão Universitária e as diretrizes para a curricularização da extensão[6] estabeleceu que 10% dos créditos da estrutura curricular de cursos de Ensino Superior sejam dedicados à extensão. A extensão universitária se configura como um espaço de aprendizagem, no qual professoras/es e estudantes compartilham conhecimentos e práticas, em interação com a comunidade. A concepção do modelo pedagógico desenvolvido no Programa Olhos no Futuro se ambienta na realidade e não se limita ao currículo formal dos cursos de graduação e pós-graduação da Universidade. Ela visa ao desenvolvimento de habilidades e competências que vão ao encontro de uma "sociedade pedagógica" mais ampla.[7]

O Olhos no Futuro propõe a educação interdisciplinar como princípio educativo para a promoção da temática da "transição energética" no contexto curricular e nas vivências pedagógicas das/os estudantes de escolas públicas. Essa perspectiva está pautada nos direitos humanos, na justiça social, no desenvolvimento socioambiental sustentável e no compromisso da Universidade com

[6] Forproex, 2012.

[7] Libâneo, 2005.

seu entorno, como espaço de diálogo e integração entre saberes, com o objetivo de promover a tríade ensino-pesquisa-extensão, a formação das/os estudantes e a transformação social, atendendo à curricularização da extensão.

Nesse sentido, a abordagem teórico-prática estabelece a articulação com o Plano Nacional de Educação 2024-2034,[8] especialmente no seu eixo VII, que aborda os temas: "a educação comprometida com a justiça social, a proteção da biodiversidade, o desenvolvimento socioambiental sustentável para a garantia da vida com qualidade no planeta e o enfrentamento das desigualdades e da pobreza" – temas estes fundamentados nos 17 ODS e presentes nas estratégias do Programa Olhos no Futuro, numa perspectiva crítica em atenção aos ODS e às metas factíveis de implementação no âmbito do Programa.

2. Construção do percurso conceitual e metodológico

Discorrer sobre a pesquisa como princípio educativo, a interdisciplinaridade e a curricularização da extensão que fundamentam o Programa Olhos no Futuro requer contextualizar a relevância dialógica, a integração e o compromisso institucional e acadêmico da Universidade com a indissociabilidade ensino-pesquisa-extensão, assim como a efetividade no processo da curricularização da extensão.

O Programa Olhos no Futuro, desenvolvido sistemicamente no enlace da abordagem conceitual e metodológica, integra diferentes cursos e seus percursos formativos, professoras/es, pesquisadoras/es e estudantes da Unicamp, e viabiliza a ambiência para a educação

[8] Conae, 2023.

interdisciplinar, buscando ampliar o diálogo entre a Universidade e a sociedade mais ampla. A educação básica nas escolas públicas é o principal foco de atenção do Programa. Nesse sentido, procura integrar os currículos universidade-escola nas suas diversas formas de inserção de temáticas referentes às crises climáticas, à justiça energética, à responsabilidade socioambiental, às cidades e às comunidades sustentáveis, ao trabalho decente, entre outras amplamente difundidas nos ODS e em suas metas.

As práticas pedagógicas têm autonomia acadêmica e são estruturadas nos projetos e em demais ações extensionistas do Programa, cujos processos e resultados perseguem a efetividade e a coerência da curricularização da extensão. Elas não são hermeticamente fechadas, mas balizadas por reflexões críticas condizentes com o papel da Universidade na construção dialógica com as instituições e os atores externos envolvidos nos projetos e nos processos educativos.

Cada uma das temáticas estratégicas do Programa está aqui elucidada, como princípios a serem considerados nas especificidades dos projetos e das demais ações extensionistas.

A temática estratégica i) – Educação comprometida com a justiça social – aponta para discussões sobre a desigualdade na plenitude dos direitos político-civis, socioeconômicos e culturais dos indivíduos da sociedade, o mito da meritocracia e o princípio da equidade. No contexto educativo, essas questões são aderentes ao conceito de justiça curricular, que deve "considerar as necessidades do presente para em seguida analisar de forma crítica os conteúdos das distintas disciplinas e das propostas de ensino e aprendizagem com as quais se pretende educar as novas gerações e prepará-las para a vida".[9] Nesse sentido, o sistema educativo deve abranger "um mundo no qual as diferenças sejam plenamente compatíveis com seu reconhecimento,

[9] Torres Santomé, 2014, p. 10.

com a existência de uma justiça verdadeiramente redistributiva e com a igualdade de direitos e oportunidades".[10]

A temática estratégica ii) – Proteção da biodiversidade – relaciona-se com a diversidade de seres vivos, a riqueza biológica da natureza, as inter-relações entre as espécies e o conceito de justiça ambiental. Este último refere-se "aos princípios que asseguram que nenhum grupo de pessoas, sejam grupos étnicos, raciais ou de classe, suporte uma parcela desproporcional de degradação do espaço coletivo",[11] ou seja, torne-se uma "zona de sacrifício" de ações predatórias do capital.

A temática estratégica iii) – Desenvolvimento socioambiental sustentável para a garantia da vida com qualidade no planeta – está relacionada ao conceito da ecopedagogia ou pedagogia do desenvolvimento sustentável. Segundo Gadotti,[12] "a ecopedagogia é uma pedagogia centrada na vida: considera as pessoas, as culturas, os modos de viver, o respeito à identidade e à diversidade". Para o autor:[13]

> A educação para o desenvolvimento sustentável é mais do que uma base de conhecimentos relacionados com o meio ambiente, a economia e a sociedade. Deve ocupar-se da aprendizagem de atitudes, perspectivas e valores que orientam e impulsionam as pessoas a viverem mais sustentavelmente suas vidas.

Por último, a temática estratégica (iv) – Enfrentamento das desigualdades e da pobreza – inter-relaciona-se com as demais e pode ser mais bem abordada tendo como referência o que propõe Ladislau Dowbor:[14] "Temos de resgatar a capacidade de planejar, de prever problemas críticos, de restaurar equilíbrios econômicos,

[10] *Idem*, p. 225.
[11] Acselrad; Herculano & Pádua, 2004, p. 9.
[12] Gadotti, 2008, p. 15.
[13] *Idem*, p. 68.
[14] Dowbor, 2021, p. 187.

sociais e ambientais, de garantir a participação cidadã e o sentimento de liberdade de uma sociedade empoderada".

A abordagem teórico-prática da Agenda 2030 da ONU e dos seus 17 ODS, aderente ao Programa Olhos no Futuro, contrapõe-se à abordagem neoliberal ao se embasar na ecopedagogia cunhada por Gadotti,[15] como princípio educativo na formulação de políticas públicas a serem materializadas nos currículos escolares. Para Gadotti,[16] "entre sustentabilidade e capitalismo há uma incompatibilidade de princípios". De fato, a Organização das Nações Unidas para a Educação, a Ciência e a Cultura (Unesco) aponta que a presença da temática da Agenda 2030 nos currículos escolares é fundamental para a sua consolidação:[17]

> Os sistemas de educação devem responder a essa necessidade premente, definindo objetivos e conteúdos de aprendizagem relevantes, introduzindo pedagogias que empoderem os educandos, e instando suas instituições a incluir princípios de sustentabilidade em suas estruturas de gestão. A nova Agenda 2030 para o Desenvolvimento Sustentável reflete claramente essa visão da importância de uma resposta educacional adequada.

A ecopedagogia de Gadotti[18] contribui como prisma na perspectiva de implementação da Agenda 2030 no Programa Olhos no Futuro, trazendo a centralidade do ODS 7 ("Energia acessível e limpa") como eixo estruturante para o enlace dos demais ODS (Figura 1.1). As temáticas presentes na Agenda 2030 podem ser relacionadas ao direito à educação energética, à compreensão do que é o consumo consciente e ao acesso à energia (justiça energética) e são

[15] Gadotti, 2008.
[16] *Idem*, p. 52.
[17] Unesco, 2017, p. 1.
[18] Gadotti, 2008.

avanços fundamentais na formação da/o cidadã/ão para a realidade da transição energética justa no Brasil e no mundo.

A abordagem epistemológica adotada como ação-reflexão-ação, no processo contínuo de elaboração da teoria e da prática, promotora da curricularização da extensão no desenvolvimento do Programa Olhos no Futuro, está fundamentada no diálogo de autoras/es e de suas contribuições apresentadas a seguir.

A educação interdisciplinar, segundo Ivani Fazenda,[19] é uma postura epistemológica que influencia todo o processo educacional. A autora fundamenta seis conceitos principais que contribuem para a compreensão e o fazer interdisciplinar na educação e que são adotados no Programa:

a) A integração de saberes envolve diferentes áreas do conhecimento para abordar temas de maneira mais completa e significativa, extrapolando a simples justaposição de disciplinas e buscando uma real interação entre elas;
b) A superação da fragmentação do conhecimento, permitindo que as/os estudantes compreendam a realidade de forma mais ampla e contextualizada;
c) O diálogo entre disciplinas não significa que elas devam ser unificadas, mas sim que se complementem e colaborem para uma compreensão mais profunda de temas complexos;
d) Uma postura interdisciplinar deve ser adotada por professoras/es e estudantes envolvendo abertura para o novo, disposição para o diálogo e atitude investigativa diante do conhecimento;
e) A formação de professoras/es para atuarem de maneira interdisciplinar e estarem preparadas/os para lidar com a complexidade da interdisciplinaridade necessita ser contínua e colaborativa;

[19] Fazenda, 2011.

f) O enfoque na realidade conectada com as/os estudantes e com os problemas sociais e ambientais que elas/es enfrentam, com o objetivo de promover uma educação mais relevante e engajada.

As contribuições de Hilton Japiassu concentram-se na urgência para a reforma do pensamento e da educação e na valorização dos conhecimentos interdisciplinares. Exigem cada vez mais o desenvolvimento, no ensino e na pesquisa, de um espírito propriamente transdisciplinar: "O transdisciplinar diz respeito ao que está entre as disciplinas, através delas e além de cada uma".[20] As perspectivas apresentadas pelo autor, aderentes à abordagem teórico-prática do Programa Olhos no Futuro, podem parecer um projeto utópico. Contudo, há uma exigência de contextualizar, globalizar, ver e avaliar um problema, sob muitos ângulos e em múltiplas dimensões, "implicando a construção de uma visão ao mesmo tempo transcultural e trans-histórica, permitindo-nos compreender o mundo atual em sua complexidade e o ser humano em suas ambiguidades e contradições".[21]

O princípio científico e educativo de Pedro Demo[22] traz consigo a relevante contribuição da educação ancorada na produção de conhecimento científico e na pesquisa. O autor argumenta que a universidade e a escola não devem ser apenas locais de transmissão de informações, mas um espaço onde a/o estudante é desafiada/o a questionar, pesquisar e produzir conhecimento. Esse princípio é norteador da metodologia da ação interdisciplinar (MAI)[23] também sustentada no Programa Olhos no Futuro. Demo preconiza cinco aspectos, que também são adotados no Programa. São eles:

[20] Japiassu, 2006, p. 46.

[21] *Idem*, p. 28.

[22] Demo, 2006.

[23] Ferreira, 2018.

a) A educação pela pesquisa, que, ao considerar o processo de ensino-aprendizagem centrado na pesquisa, procura incentivar as/os estudantes a investigar, fazer perguntas e buscar respostas, o que desenvolve sua capacidade crítica e criativa;
b) A autonomia intelectual, que procura propiciar à/ao estudante o desenvolvimento da capacidade de pensar por conta própria, sem depender exclusivamente do/a professor/a ou de fontes externas de autoridade;
c) A criticidade, que desenvolve nas/nos estudantes o questionamento do *status quo*, a análise da realidade ao seu redor, buscando sempre o pensamento crítico em relação ao conhecimento recebido;
d) A articulação entre teoria e prática, pela qual a educação deve ser relevante para a vida da/o estudante, conectando o conhecimento teórico a situações reais e práticas;
e) A qualidade educativa, que deve estar presente tanto no conteúdo ensinado como no método de ensino e na forma de abordagem do conteúdo.

Esses princípios buscam transformar o processo educacional em algo mais ativo, participativo e significativo, promovendo a construção do conhecimento e o desenvolvimento integral da/o estudante, ponto alto da interação dialógica que vai ao encontro das contribuições da autora Léa das Graças Anastasiou,[24] ao abordar os processos de ensinagem na universidade.

Anastasiou[25] propõe uma reflexão sobre a relação entre ensinar e aprender, enfatizando a importância do papel ativo da/o estudante no processo de ensino e aprendizagem. Defende que a ensinagem deve ser vista como um processo dinâmico e colaborativo, no qual educador/a e educando/a trabalham juntos/as na construção

[24] Anastasiou, 2007.

[25] *Idem.*

do conhecimento. Essa abordagem valoriza a experiência do/a estudante e a contextualização do aprendizado, buscando torná-lo mais significativo e relevante.

Além das/os autoras/es mencionadas/os, estão presentes na concepção do Programa a pedagogia de Paulo Freire,[26,27] assumindo a necessidade da produção de um pensamento complexo, também abordado por Edgar Morin;[28] a ação-reflexão-ação,[29] que engloba não somente a reflexão sobre a prática, mas todo o pensamento crítico a respeito das decisões tomadas pela/o docente que irão refletir no processo de aprendizagem das/os educandas/os; assim como a compreensão holística de um mundo globalizado e de uma sociedade contemporânea, que está aberta para a superação das perversões construídas pelo capitalismo ao longo da história, particularmente no século XXI.

Fábio Brotto,[30] ao organizar a "comum-unidade" de coautorias em seu livro *Pedagogia da cooperação*, fundamenta a jornada de

> [...] ensinagem compartilhada, em que cada pessoa é mestre-aprendiz de sua jornada de autodescoberta e de sua comum-unidade, com a qual também se aventura pelas trilhas da cooperação rumo ao centro de sua própria transformação para manifestar no mundo sua primordial vocação.[31]

A ensinagem cooperativa fundamentada por Brotto[32] enfatiza a importância da "espiral da ensinagem" (Figura 2.2) como um dos procedimentos essenciais para a pedagogia da cooperação praticada

[26] Freire, 1998.
[27] *Idem*, 2008.
[28] Morin, 1998.
[29] Libâneo, 2005.
[30] Brotto, 2020.
[31] *Idem*, p. 17.
[32] *Idem*, p. 164.

no planejamento e no desenvolvimento do Programa Olhos no Futuro. Essa jornada de descobertas se desenvolve (Figura 2.3)

> [...] como um "mapa de viagem [...], a partir dos 'Cinco p's": *Propósito, Princípios, Processos, Procedimentos e Práticas*, que, amparados pelos quatro campos de conhecimento e experiências transdisciplinares apontados por Nicolescu (1998) – Ciência, Tradição, Filosofia e Arte –, oferecem uma ampla e profunda base que, organicamente articulada, pode servir para orientar os passos de quem a torna como uma jornada de realização exterior e transformação interior.[33]

Figura 2.2 – A espiral da ensinagem cooperativa.
Adaptada de Brotto, 2020.

[33] *Idem, ibidem.*

Figura 2.3 – Os cinco P's da *Pedagogia da cooperação*. Adaptado de Brotto, 2020.

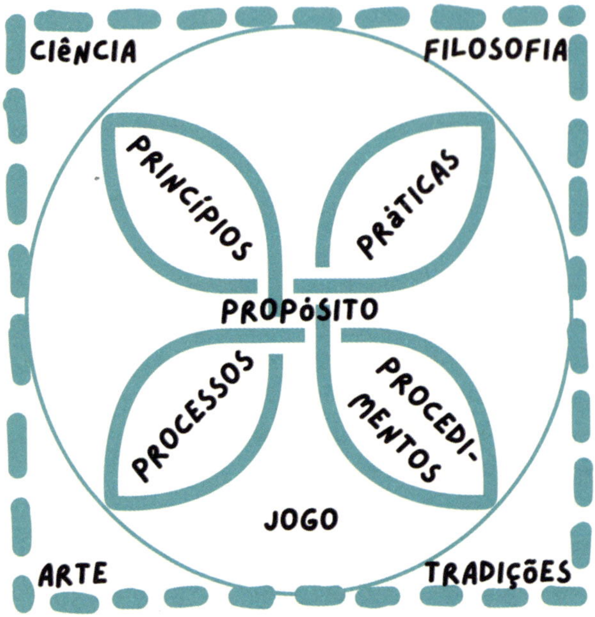

A construção da interdisciplinaridade envolve uma nova forma de produzir conhecimento. Esta requer atenção ao processo de autoconhecimento em prol do crescimento pessoal, profissional, científico, organizacional, e ênfase à complementação de saberes. Para isso, o entendimento da linguagem do outro e o conhecimento do grupo são pré-requisitos, pois a interdisciplinaridade pressupõe o reconhecimento das diferenças e do desafio que representa a formação de pessoas para trabalharem integradas, entendendo as partes que compõem o todo e o todo que precisa ser também compreendido nas suas partes.

3. Abordagem prática: transição energética justa e dialógica com o currículo escolar

As temáticas estratégicas apresentadas como princípios do Programa Olhos no Futuro são consideradas urgentes para a sobrevivência da Terra e de todos os seres vivos que nela habitam. No século passado, Guattari[34] já alertava para a interconexão de fenômenos ambientais e sociais com a tecnologia e a ciência:

> O planeta Terra vive um período de intensas transformações técnico-científicas, em contrapartida das quais engendram-se fenômenos de desequilíbrios ecológicos que, se não forem remediados, no limite, ameaçam a vida em sua superfície. Paralelamente a tais perturbações, os modos de vida humanos individuais e coletivos evoluem no sentido de uma progressiva deterioração.[35]

A interdisciplinaridade, "apesar do seu enorme desenvolvimento, entre nós, ainda não se firmou como um grande paradigma".[36] Entretanto, são inúmeros e variáveis os aspectos que requerem atenção para que isso ocorra, cabendo aqui ressaltar o impasse ocasionado pelo esfacelamento do saber, cuja superação busca-se na concepção teórico-prática no Programa Olhos no Futuro como contribuição relevante. Segundo Ferreira,[37]

> [...] urge integrar e religar os saberes que são, na sua maioria, estruturados em disciplinas e quadros conceituais que permitem a aproximação com os grandes problemas que desafiam a humanidade. Porém, muito além de um simples religar e valorizar os conhecimentos multi e interdisciplinares,

[34] Guattari, 1990.

[35] *Idem*, p. 7.

[36] Ferreira, 2018, p. 22.

[37] *Idem, ibidem*.

faz-se necessário promover o desenvolvimento sistêmico de ensino--pesquisa-extensão, conectando a mentalidade para o transdisciplinar considerando as possibilidades nos espaços formais e não formais da educação.

Nessa mesma direção, a autora afirma que,[38]

> [...] por mais utópico que pareça, torna-se imprescindível a substituição da falsa segurança e rotina que a disciplinaridade isolada promove, dando lugar ao sonho transdisciplinar como amálgama ao pensamento científico globalizante em busca de unidade dos saberes para a resolução de problemas complexos.

Por que trazer, na abordagem prática do Programa Olhos no Futuro, a questão energética à centralidade dos debates, enfatizando o desenvolvimento dessa pauta no contexto das escolas de educação básica?

A decisão de articular os princípios que norteiam o Programa aos princípios norteadores do currículo escolar está diretamente relacionada ao objetivo de contribuir com a formação das/os "agentes de transformação", com capacidade crítica, analítica e participativa, aptas/os a compartilhar os conhecimentos adquiridos com a comunidade escolar, a família e a sociedade mais ampla, da qual participam. Também para aproximar o alcance do objetivo de criar a via de mão dupla universidade-escola e promover ações que contribuam para que essas/es estudantes da escola acessem a universidade.

A concepção do Programa também contempla o que Gimeno Sacristán[39] argumenta: o currículo escolar transcende a simples transmissão de conhecimentos e tem o poder de inclusão que permite

[38] *Idem, ibidem.*

[39] Sacristán, 2000.

fazer dele um instrumento essencial para falar, discutir e contrastar novas visões sobre a realidade da educação; o autor também observa que ele não pode deixar de pretender em sua implementação o alcance dos fins de caráter educacional, ainda que os resultados não sejam quantificáveis para os analistas tecnocráticos da qualidade da educação.

Na abordagem teórico-prática do Programa Olhos no Futuro, adotamos objetivos relevantes (Figura 2.4) para as práticas dialógicas que permeiam o currículo escolar e a matriz de conhecimento elaborada para cada um dos projetos de extensão executados no ambiente escolar.

Sacristán[40] ainda afirma que:

> [...] um currículo deve abordar temas polêmicos com implicações relevantes sobre a vida ou a sociedade, e sobre os quais podemos ter opiniões distintas e propostas que estimulem a indagação, não é o mesmo que um currículo no qual partimos de conteúdos não problemáticos para aprendê-los de uma maneira estanque.

Ademais, é possível considerar que os assuntos que permeiam o currículo universitário ou o currículo do Ensino Básico podem ser motivadores de ações que levem a uma escola mais aberta ao diálogo e à interlocução com os problemas globais, para além dos conteúdos trabalhados nos ambientes formais de educação; a uma escola que incentive discussões pertinentes ao cotidiano das/os estudantes, mediadas por professoras/es, expandindo, assim, a postura crítica e ao mesmo tempo empática na busca de soluções para questões do entorno da unidade escolar e das comunidades de onde são provenientes essas/es estudantes. E é nesse contexto que a questão da educação para transição energética e consumo consciente se estabe-

[40] Sacristán, 1998, p. 150.

lece na centralidade da pauta estratégica trabalhada nos projetos e nas demais modalidades de extensão que fazem parte do Programa Olhos no Futuro.

Figura 2.4 – Caráter educacional do currículo. Adaptado de Ferreira, 2018.

Fazenda[41] apresenta a sua contribuição ao afirmar que

> [...] a formação na educação pela e para a Interdisciplinaridade se impõe e precisa ser concebida sob bases específicas, apoiadas por trabalhos

[41] Fazenda, 2011, p. 20.

desenvolvidos na área, referendados em diferentes ciências que pretendem contribuir desde as finalidades particulares da formação profissional até a atuação do professor".

A transição energética está relacionada às questões geográficas, históricas, políticas e educacionais, em indicadores oficiais dos diferentes países, permeados por métricas de pobreza, fome, saúde, trabalho, infraestruturas de transporte, saneamento básico, questões de gênero e raça, entre outros. E seu estudo está intrinsecamente relacionado a uma abordagem interdisciplinar, evidenciada na centralidade do ODS 7 e na promoção dos demais ODS, como já apontado na Figura 1.1.

Na prática, o Programa Olhos no Futuro como um programa institucional da Unicamp promove:

- A compreensão e a ação crítica da temática da Agenda 2030 da ONU e dos 17 ODS, em particular os ODS 4 ("Educação de qualidade"), 7 ("Energia limpa e acessível"), 8 ("Trabalho decente e desenvolvimento econômico") e 17 ("Parcerias e meios de implementação"), e os meios de implementação das metas relacionadas e contextualizadas para crianças e adolescentes em idade escolar;
- Os espaços de aprendizagem colaborativa, para que a comunidade acadêmica envolvida experiencie a educação interdisciplinar e o ensino pela pesquisa como princípio para a curricularização da extensão universitária;
- O religar dos conceitos e a ampliação das perspectivas práticas para efetivar a interdisciplinaridade na ecopedagogia e na pedagogia da cooperação;
- A adoção dos quatro campos de operacionalização da interdisciplinaridade, segundo Lenoir:[42] "a interdisciplinaridade

[42] Lenoir, 2003, p. 50.

científica, a interdisciplinaridade escolar, a interdisciplinaridade profissional e a interdisciplinaridade prática";

- A pesquisa como método de aprendizagem, de desenvolvimento da autonomia intelectual e de construção de conhecimento integrando teoria e prática;
- O aprendizado colaborativo e o desenvolvimento de competências transversais, essenciais para o sucesso em diversas áreas da vida, como: pensamento crítico, resolução de problemas, criatividade, comunicação eficaz e habilidades tecnológicas;
- O papel transformador da educação como ferramenta de mudança social e a formação das/os estudantes como "agentes de transformação";
- A integração Universidade-sociedade mais ampla em prol da tríade ensino-pesquisa-extensão e a produção do conhecimento para os avanços de uma educação emancipadora;
- O portfólio de projetos e demais ações extensionistas, conforme previsto no Plano Nacional de Extensão Universitária e pedagogicamente planejado, executado e avaliado de acordo com os princípios estabelecidos no âmbito do Programa.

4. Conclusão

A educação para a sustentabilidade é um tema importante e atual, que tem sido cada vez mais discutido em todo o mundo. No Brasil, o Plano Nacional de Educação (PNE) estabelece diretrizes, metas e estratégias para a política educacional no período de 2024 a 2034. O documento-referência da Conferência Nacional de Educação (Conae) 2024 determina que a educação para a sustentabilidade deve ser uma das prioridades da educação brasileira, com o objetivo de promover valores, mudanças de atitudes e comportamentos em relação ao meio ambiente, preparando jovens para o exercício de uma cidadania consciente, dinâmica e informada diante das problemáticas ambientais atuais. A Política Nacional de Extensão Universitária prevê que 10% da carga horária da matriz curricular dos cursos de graduação seja efetivada em projetos e ações em diferentes modalidades de extensão, e que o tripé da indissociabilidade ensino-pesquisa-extensão seja uma realidade na formação das/os estudantes. O Programa Olhos no Futuro assegura, na sua concepção teórico-prática, princípios, objetivos, metas e abordagem pedagógica que privilegiam essa indissociabilidade na educação interdisciplinar comprometida com a justiça social, a proteção da biodiversidade, o desenvolvimento sustentável para a garantia da vida com qualidade no planeta e o enfrentamento das desigualdades e da pobreza.

Os ODS são diretrizes do Programa, assim como a educação interdisciplinar, o ensino com a pesquisa como princípio educativo, a metodologia da ação interdisciplinar, a ecopedagogia e a pedagogia da cooperação são fundamentos da abordagem teórico-prática do Programa, que vêm sendo amplamente experimentados nas práticas pedagógicas presentes nos projetos de extensão, na Jornada Olhos no Futuro e nas demais ações extensionistas realizadas, como está evidenciado nos capítulos seguintes deste livro. A equipe envolvida no Programa Olhos no Futuro percebe o desafio cotidiano da indissociabilidade e da educação interdisciplinar e o tem como estímulo para a continuidade dos estudos, das reflexões, das práticas, da produção de conhecimento e das trocas de saberes entre a Universidade e a sociedade mais ampla, assim como para o acompanhamento dos projetos de extensão existentes e a implementação de novos projetos que contribuam para os melhores resultados dos esforços direcionados à curricularização da extensão, cuja centralidade pauta os compromissos com a educação para a sustentabilidade e a justiça energética.

5. Referências bibliográficas

ACSELRAD, H.; HERCULANO, S. & PÁDUA, J. A. *Justiça ambiental e cidadania*. Rio de Janeiro, Relume-Dumará, 2004.

ANASTASIOU, L. G. C. "Estratégias de ensinagem". *In*: ANASTASIOU, L. G. C. & ALVES, L. P. *Processos de ensinagem na universidade: pressupostos para as estratégias de trabalho em aula*. Joinville, Univille, 2007.

BROTTO, F. O. *Pedagogia da cooperação: por um mundo onde as pessoas possam vencer*. Rio de Janeiro, Bambual, 2020.

CONFERÊNCIA NACIONAL DE EDUCAÇÃO (CONAE). *Anais* da Conferência Nacional de Educação Conae 2024: Plano Nacional de Educação 2024-2034 – Política de Estado para a garantia da educação como direito humano, com justiça social e desenvolvimento socioambiental sustentável. Brasília, MEC, 2023.

DEMO, P. *Educar pela pesquisa*. Campinas, Autores Associados, 2005.

____. *Pesquisa: princípio científico e educativo*. 12. ed. São Paulo, Cortez, 2006.

DOWBOR, L. *O pão nosso de cada dia: opções econômicas para sair da crise*. São Paulo, Autonomia Literária, 2021.

FAZENDA, I. C. A. *Integração e interdisciplinaridade no ensino brasileiro: efetividade ou ideologia?* São Paulo, Edições Loyola, 2011.

FERREIRA, D. A. *Interdisciplinaridade e políticas públicas: experiência do Programa Goiás Solar*. São Paulo, Faculdade de Educação, Pontifícia Universidade Católica de São Paulo, 2018 (Tese de doutorado).

FERREIRA, D. A. *et al.* "Campus Sustentável Unicamp: Laboratório Vivo para Cidades Humanas Inteligentes". *In*: SILVA, L. C. P. *et al.* (org.). *Campus Sustentável: um modelo de inovação em gestão energética para a América Latina e o Caribe*. Rio de Janeiro, Synergia, 2022, pp. 58-75.

FÓRUM DE PRÓ-REITORES DE EXTENSÃO DAS INSTITUIÇÕES PÚBLICAS DE EDUCAÇÃO SUPERIOR BRASILEIRAS (FORPROEX). *Política Nacional de Extensão Universitária*, 2012. Disponível em <https://proex.ufsc.br/files/2016/04/Política-Nacional-de-Extensão-Universitária-e-book.pdf>. Acesso em 28/3/2024.

FREIRE, P. *Pedagogia da autonomia: saberes necessários à prática educativa*. 7. ed. Rio de Janeiro, Paz e Terra, 1998.

____. *Pedagogia da esperança: um reencontro com a pedagogia do oprimido*. 5. ed. Rio de Janeiro, Paz & Terra, 2008.

FREIRE, P. *Comunicação ou extensão?* 26. ed. Rio de Janeiro, Paz e Terra, 2024.

GADOTTI, M. *Educar para a sustentabilidade: uma contribuição à década da educação para o desenvolvimento sustentável.* São Paulo, Instituto Paulo Freire, 2008.

GOMES, M. F. V. B. "Interdisciplinaridade e a interprofissionalidade na ação extensionista". *In*: GONÇALVES, N. G. & QUIMELLI, G. A. S. (org.). *Princípios da extensão universitária.* Curitiba, CRV, 2016, pp. 37-52.

GUATTARI, F. *As três ecologias.* Trad. Maria Cristina F. Bittencourt. Campinas, Papirus, 1990.

JAPIASSU, H. *O sonho transdisciplinar: e as razões da filosofia.* Rio de Janeiro, Imago, 2006.

LENOIR, Y. "Didática e interdisciplinaridade: uma complementaridade necessária e incontornável". *In*: FAZENDA, I. C. A. (org.). *Didática e interdisciplinaridade.* Campinas, Papirus, 2003, pp. 45-76.

LIBÂNEO, J. C. *Pedagogia e pedagogos para quê?* 8. ed. São Paulo, Cortez, 2005.

MORIN, E. *Ciência com consciência.* 2. ed. Rio de Janeiro, Bertrand, 1998.

SACRISTÁN, J. G. "O que são os conteúdos de ensino?". *In*: SACRISTÁN, J. G. & GOMEZ, A. P. *Compreender e transformar o ensino.* Porto Alegre, Artmed, 1998, pp. 149-195.

____. *O currículo: uma reflexão sobre a prática.* Porto Alegre, Artmed, 2000.

TORRES SANTOMÉ, J. *Currículo escolar e justiça social: o Cavalo de Troia da educação.* Porto Alegre, AMGH, 2014.

UNITED NATIONS EDUCATIONAL, SCIENTIFIC AND CULTURAL ORGANIZATION (UNESCO). *Educação para os Objetivos de Desenvolvimento Sustentável: objetivos de aprendizagem*, 2017. Disponível em <https://unesdoc.unesco.org/ark:/48223/pf0000252197>. Acesso em 26/8/2024.

3
Objetivos de Desenvolvimento Sustentável no contexto da transição energética: agenda da universidade-escola

Danúsia Arantes Ferreira, Thalita dos Santos Dalbelo, Luiz Carlos Pereira da Silva

1. Introdução

A transição energética é um dos principais desafios globais para alcançar um desenvolvimento sustentável e refere-se ao processo de mudança do sistema de energia atual, baseado em fontes de energia não renováveis e poluentes, para um sistema mais sustentável, baseado em fontes de energia renováveis e "limpas". Essa realidade envolve a conjuntura ambiental, social, educacional, econômica e política, com demandas para a formulação e a implementação de políticas públicas condizentes com as diferentes regiões do país. A educação e a conscientização também representam desafios a serem trabalhados e requerem soluções com amplo investimento em qualidade e compromisso com a pauta da sustentabilidade integrada aos currículos da universidade e das escolas, com o foco na promoção e na conscientização da comunidade educacional como espaço de formação das/os "agentes de transformação".

O presente texto busca sistematizar conceitos, reflexões e aplicações práticas sobre a implementação dos Objetivos de Desenvolvimento Sustentável no contexto da transição energética e as contribuições para a formação de educadoras/es e estudantes para os avanços da integração universidade-escola, ao considerar o conjunto da Agenda 2030 e seus 17 ODS,[1] bem como as metas globais estabelecidas pela ONU para promover um futuro sustentável, justo e próspero para todas/os.

Ao abordarem a pauta da transição energética numa perspectiva interdisciplinar, os ODS apresentam oportunidades para as reflexões sobre os aspectos que melhor ajustam sua implementação à realidade brasileira. Nessa pauta, destacam-se: o ODS 7 ("Energia limpa e acessível"); o ODS 13 ("Ação contra a mudança global do clima"); o ODS 9 ("Indústria, inovação e infraestrutura"); e o ODS 11 ("Cidades e comunidades sustentáveis"). O ODS 7 visa garantir energia acessível, confiável, sustentável e moderna para todas/os. Esse objetivo é central para a transição energética, que busca substituir fontes de energia fósseis e poluentes por fontes renováveis e limpas, como as energias solar e eólica, por exemplo. A transição energética é fundamental para reduzir as emissões de gases de efeito estufa, combater as mudanças climáticas e promover a sustentabilidade ambiental. De acordo com o Sistema de Estimativas de Emissões e Remoções de Gases de Efeito Estufa (Seeg),[2] as emissões totais no Brasil nas regiões mais industrializadas estão relacionadas à energia (Figura 3.1). De fato, o setor de energia é o maior emissor de gases de efeito estufa, respondendo por mais de 70% das emissões mundiais. Nesse setor, estão inclusos transporte, eletricidade e geração de calor, construção

1 ONU, 2015.

2 Seeg, 2024.

e uso de edifícios, além de emissões fugitivas e outras formas de queima de combustíveis.[3]

Figura 3.1 – Emissões por setor no Brasil.
Adaptado de Seeg, 2024.

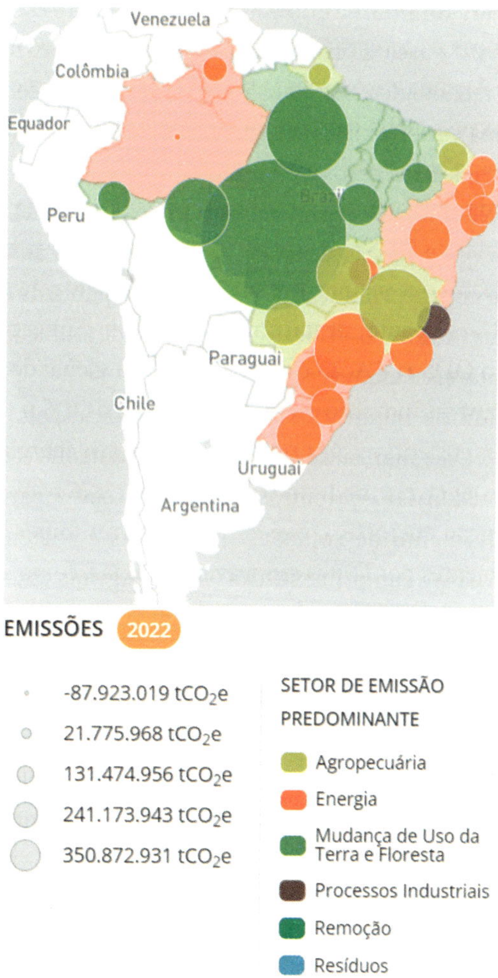

[3] Ge; Friedrich & Vigna, 2020.

De forma complementar, o ODS 13 enfatiza a necessidade de tomar medidas urgentes para combater as mudanças climáticas e seus impactos. A transição energética é uma das principais estratégias para atingir esse objetivo, pois a redução do uso de combustíveis fósseis e a adoção de fontes de energia renováveis são essenciais para diminuir a emissão de gases de efeito estufa. O ODS 9, por sua vez, busca a promoção de infraestruturas resilientes e a inovação tecnológica, sendo os investimentos em tecnologias de energia limpa e infraestrutura sustentável necessários para facilitar a adoção de energias renováveis e melhorar a eficiência energética. Adicionalmente, a transição energética também está relacionada com o ODS 11, já que a adoção de energias renováveis em áreas urbanas, juntamente com a promoção de transportes públicos eficientes e infraestrutura verde, contribui para a criação de ambientes urbanos mais sustentáveis e saudáveis.

A agenda de integração da universidade-escola tem como referências a Unicamp, o Escritório Campus Sustentável e o CPTEn. Ela busca evidenciar e promover ações concretas e parcerias para o desenvolvimento de soluções inovadoras e sustentáveis que contribuam para o cumprimento dos ODS da Agenda 2030, e servir de modelo para a formação de universidades e de comunidades escolares sustentáveis. Outra referência abordada neste capítulo é o Programa Olhos no Futuro, que busca fundamentar e disseminar, por meio de seus projetos e demais ações extensionistas, a implementação dos ODS articulados ao currículo escolar e a promoção da curricularização da extensão universitária, com destaque para os seguintes tópicos conceituais e práticos:

a) Consciência ambiental e sustentabilidade, buscando integrar os ODS ao currículo escolar e ajudar as/os estudantes a compreender a importância da sustentabilidade e da proteção ambiental, por meio de ações que evidenciem os impactos das mudanças climáticas e a necessidade de adotar práticas sustentáveis na vida diária;

b) Conhecimento sobre energias renováveis como pauta prioritária dos projetos de extensão que compõem o Programa que abarca o ODS 7, com o objetivo de estimular estudantes a conhecer e estudar as diferentes fontes de energia (não)renováveis, suas vantagens e desvantagens e como elas estão relacionadas à transição energética, promovendo uma compreensão crítica da importância dessa temática;
c) Desenvolvimento de habilidades científicas e tecnológicas, com a inclusão de temas relacionados aos ODS e à transição energética. As/os estudantes são encorajadas/os a explorar soluções inovadoras para problemas energéticos e ambientais, promovendo o pensamento crítico e a criatividade;
d) Cidadania global e responsabilidade social, para que as/os estudantes sejam incentivadas/os a pensar além de suas comunidades locais e considerar os impactos globais de suas ações e a importância de contribuir para um mundo mais justo e sustentável.

2. Breve histórico da sustentabilidade na Unicamp

A busca por uma Unicamp mais sustentável, aqui descrita numa linha do tempo[4] (Figura 3.2), procura sistematizar o movimento interno no âmbito da política institucional ao longo de 23 anos.

[4] Depi, 2021.

Figura 3.2 – Linha do tempo da sustentabilidade na Unicamp.

2000

Primeiras reuniões sobre a necessidade de criação de uma Política Ambiental para a Unicamp. Foi inicialmente elaborada pelo Grupo Gestor de Resíduos, da Coordenadoria Geral da Unicamp (CGU), órgão criado através da Resolução GR 94--2003.

2010

Política Ambiental para a Unicamp foi institucionalizada, através da Deliberação Consu 533/2010, a partir do então Grupo Gestor Ambiental/CGU.

2014-2015

Como evolução à Política Ambiental, a Unicamp criou o Sistema de Gestão Universidade Sustentável, que culminou na criação do Grupo Gestor Universidade Sustentável (GGUS) através da Resolução 041/2014, revogada pela Resolução 029/2015.

2017-2018

Em 2017, foi criada a Diretoria Executiva de Planejamento Integrado (Depi) junto com a criação do Hub Internacional para o Desenvolvimento Sustentável (Hids) e o Escritório Campus Sustentável, como uma célula de Projetos Especiais da Coordenadoria Geral da Unicamp.
Em 2018, o GGUS foi integrado ao quadro da Depi.

2021-2022

Em 2021, foi publicado o Plano Diretor Integrado da Unicamp, instrumento de planejamento territorial voltado para a sustentabilidade urbana, alinhado com os 17 Objetivos de Desenvolvimento Sustentável (ODS) da Agenda 2030 da Organização das Nações Unidas (ONU).
Em 2022, é criada a Coordenadoria de Sustentabilidade. O GGUS e o Escritório Campus Sustentável passam a integrá-la.

A missão inicial do Grupo Gestor Universidade Sustentável (GGUS) era construir, desenvolver e implementar políticas, diretrizes e normatizações para a melhoria do desempenho ambiental, econômico e social da Universidade.[5,6] Vinculadas ao GGUS estão as Câmaras Técnicas de Gestão, com professoras/es, pesquisadoras/es e funcionárias/os especialistas em resíduos, recursos hídricos, energia, educação ambiental, fauna e flora e *campus* inteligente. As câmaras técnicas também colaboram, assessorando no levantamento de dados e indicadores de sustentabilidade e na elaboração de projetos sustentáveis para os *campi*. Desde 2019, a Diretoria Executiva de Planejamento Integrado (Depi) realiza o levantamento de dados, a elaboração e a submissão de indicadores de sustentabilidade ao sistema de ranqueamento de universidades sustentáveis UI GreenMetric, além de monitorar esses indicadores, com propostas de projetos de melhoria em sustentabilidade para a Unicamp.

A Coordenadoria de Divisão de Sustentabilidade (CSUS) tem a missão de elaborar planejamento e concepção, monitorar e gerir processos recorrentes e atividades operacionais e de ensino, pesquisa e extensão, orientadas à sustentabilidade na Unicamp, em sua comunidade acadêmica e no entorno. Ao incorporar o GGUS, a CSUS resgatou sua missão original e estabeleceu os objetivos de suas atividades, entre os quais: respeitar e fazer cumprir os pactos, os acordos e os compromissos internacionais referentes à política e à gestão socioambientais na sua esfera de competência; elaborar as normas internas e definir os procedimentos corporativos no âmbito dos *campi* da Unicamp, visando ao acompanhamento, à fiscalização, ao controle, à redução e, quando possível, à eliminação de impactos ambientalmente negativos das atividades rotineiras nos espaços institucionais da Unicamp; definir a política de investimentos do

5 Dalbelo *et al.*, 2022a.

6 Dalbelo *et al.*, 2022b.

Sistema de Gestão Universidade Sustentável da Unicamp; definir os procedimentos operacionais de aplicação das políticas e das normas socioambientais pertinentes e definir e regulamentar os mecanismos de apuração, registro, guarda e preservação de dados quantitativos e informações, bem como de toda a documentação referente ao histórico de funcionamento, constituindo um banco de dados e informações sobre sustentabilidade na Universidade.

Em 2025, a CSUS engloba a Coordenadoria de Geoprocessamento, o GGUS e o Escritório Campus Sustentável. A Coordenadoria de Geoprocessamento tem a missão de criar, manter e disponibilizar informações e análises geográficas dos aspectos infraestruturais, ambientais e humanos sobre a Universidade, com o propósito de subsidiar ações e políticas de gestão e planejamento, especialmente aquelas ligadas à sustentabilidade. Nesse sentido, torna-se uma ferramenta eficaz de planejamento e gestão dos territórios da Unicamp, além de ser, ao mesmo tempo, um canal de comunicação e transparência com a comunidade interna e externa ao possibilitar a concentração, a produção e a disponibilização das informações geográficas de forma sistematizada e padronizada para ações de curto, médio e longo prazos, dessa forma subsidiando o planejamento e a gestão da Universidade.

2.1 Objetivos e ações

Com o objetivo de conceber e desenvolver ações que promovam a sustentabilidade na Universidade, os projetos sustentáveis são desenvolvidos segundo o conceito de laboratórios vivos, espaços físicos e institucionais para processos colaborativos que agem sobre desafios complexos de cunho social e tecnológico do desenvolvimento sustentável. Neles, podem existir parcerias público-privadas nas quais empresas, poder público e comunidade local criam soluções através de inovação, experimentam-nas, validam-nas, desenvolvem protótipos e apresentam-nas ao mercado. Esse é um processo de cocriação que permite a integração efetiva entre pesquisa e inovação em um espaço físico determinado com a colaboração de profissionais técnicos e acadêmicos e usuários do espaço.

As soluções desenvolvidas no território da Unicamp têm alcançado objetivos com potencial de impactar a mudança cultural no ambiente universitário, em seu entorno e, consequentemente, na sociedade de modo geral. Também por isso, um dos objetivos estratégicos da Unicamp rumo aos avanços da sustentabilidade é promover ações contínuas para que seus *campi* se constituam como nichos de transição para a sustentabilidade, adotando a abordagem de problemas por meio de laboratórios vivos. Dessa forma, a CSUS possui ação estratégica composta de duas células de projetos: Parcerias e Projetos Autônomos. A célula de Parcerias é responsável pelos projetos desenvolvidos a partir de parcerias e convênios, mobilizando a ampla experiência do Escritório Campus Sustentável na captação de oportunidades com o ecossistema adjacente à Unicamp. Os projetos planejados, desenvolvidos ou contratados e executados por essa célula têm a característica de prospectar olhares externos à Universidade, tanto para financiamento de projetos quanto para execução de empreendimentos. A célula de Projetos Autônomos é responsável pelos projetos orientados à sustentabilidade desenvolvidos com verba orçamentária, atrelados a uma rubrica específica, no caso de aprimoramento de processos recorrentes e atividades de normatização e planejamento, direcionados à melhora dos indicadores de sustentabilidade da Unicamp e alinhados aos objetivos do Planes (Planejamento Estratégico).

3. Escritório Campus Sustentável e Centro Paulista de Estudos da Transição Energética (CPTEn): ambiência para implementação dos ODS

O Escritório Campus Sustentável guarda no seu histórico uma série de projetos na área de energia na Unicamp. Com a intenção de contribuir fortemente para os avanços na implementação do ODS 7 – assegurar o acesso confiável, sustentável, moderno e a preço acessível à energia para todas e todos –, propõe como uma de suas diretrizes a integração de pessoas, projetos e processos, com o objetivo de transformar a Unicamp em referência de gestão de energia, potencializando a sustentabilidade energética com a adoção das cinco metas estabelecidas no ODS 7:[7]

- Meta 7.1: "Até 2030, assegurar o acesso universal, confiável, moderno e a preços acessíveis a serviços de energia";
- Meta 7.2: "Até 2030, manter elevada a participação de energias renováveis na matriz energética nacional";
- Meta 7.3: "Até 2030, dobrar a taxa global de melhoria da eficiência energética";
- Meta 7a: "Até 2030, reforçar a cooperação internacional para facilitar o acesso a pesquisa e tecnologias de energia limpa, incluindo energias renováveis, eficiência energética e tecnologias de combustíveis fósseis avançadas e mais limpas, e promover o investimento em infraestrutura de energia e em tecnologias de energia limpa";
- Meta 7b: "Até 2030, expandir a infraestrutura e aprimorar a tecnologia para o fornecimento de serviços de energia modernos e sustentáveis para todos".

[7] Ipea, 2019.

No planejamento e na governança das suas ações, segue o plano estratégico da Unicamp, potencializando movimentos nas duas células de projetos: Parcerias e Projetos Autônomos. Também estabelece como diretriz contribuir com a formação de recursos humanos para o setor de energia e sustentabilidade energética nos cursos de graduação e pós-graduação e em disciplinas eletivas abertas ao público externo. Outro ponto de atenção é assegurar, em ambas as células de projetos, seja a de Parcerias ou a de Projetos Autônomos, o melhor aproveitamento dos recursos naturais e econômicos com a redução de desperdícios relacionados à energia. Para isso, sua missão é trabalhar com parceiros internos e externos à Universidade na concepção, na elaboração, na contratação, na execução, no gerenciamento e na divulgação de projetos especiais em sustentabilidade e eficiência sob o conceito de laboratório vivo. Essa decisão contribui enormemente para a melhor integração da área acadêmica com a área administrativa e com as/os prestadoras/es de serviços da Unicamp. Assim, o que costuma ser um hiato para inúmeras universidades públicas no Brasil está presente no DNA dos projetos da área de energia como um desafio cotidiano da governança instituída no Escritório Campus Sustentável da Unicamp.

É importante ressaltar que a sedimentação do Escritório Campus Sustentável a partir de 2017 está diretamente relacionada com o projeto Campus Sustentável Unicamp, resultado da parceria entre a Universidade e a CPFL Energia, com investimento no âmbito dos programas de P&D (Pesquisa e Desenvolvimento) e do Programa de Eficiência Energética (PEE) da Agência Nacional de Energia Elétrica (Aneel), que gerou a implementação de 11 projetos em atenção à melhoria da infraestrutura do *campus*, através do estudo e do desenvolvimento de novas tecnologias, ao aprimoramento do ensino com a pesquisa e à curricularização da extensão, transformando, gradativamente, a Unicamp no maior laboratório vivo de sustentabilidade energética da América Latina.

As evidências presentes no Campus Sustentável nos últimos cinco anos permitem afirmar que a Unicamp conseguiu articular um ecossistema embasado na Hélice Quíntupla da inovação, apoiado pela metodologia da ação interdisciplinar (MAI),[8] como base para organização de projetos, atores envolvidos, fluxos e processos, coordenados pelo modelo de governança que congrega e articula planos e ações para a superação dos desafios da transição energética. Estão englobados: gestão de energia, eficiência energética, mudança para uma matriz energética baseada em energias renováveis de baixa ou nula emissão de gases de efeito estufa, integração da Universidade com Estado, governo, empresas, pesquisadoras/es, gestoras/es, organizações sociais e multilaterais, agências governamentais, *startups*, jovens talentos e funcionárias/os. Os projetos resultantes desse esforço trouxeram aplicações e ganhos reais para a própria Universidade. Através do conceito de laboratório vivo, os projetos realizados impactam, ao mesmo tempo, infraestrutura, ensino, pesquisa e extensão, projetos, pesquisas, cursos, atividades, serviços, entre outros, com o uso predominante de recursos extraorçamentários. Esse esforço resultou na criação do CPTEn em 2022, um centro de ciência para desenvolvimento, apoiado pela Fapesp, com o objetivo de oferecer ao estado de São Paulo a oportunidade de utilizar a experiência de sucesso do Campus Sustentável Unicamp para a resolução de problemas urgentes da sociedade paulista relacionados à transição energética.

É papel do Estado buscar maior eficiência e gestão do consumo próprio de energia nos seus diversos segmentos de atuação, bem como assumir protagonismo no debate e nas ações direcionadas para a transição energética justa. Essa demanda fundamenta o CPTEn e a sua contribuição para a governança do modelo fundamentado nas

[8] Ferreira, 2018.

ciências aplicadas. Nesse contexto, o CPTEn, concebido e coordenado por especialistas, integrando o talento de estudantes, pesquisadoras/es e funcionárias/os principalmente da Unicamp, embasado nos conhecimentos científicos e tecnológicos e sustentado por um forte capital inicial em termos de infraestrutura, recursos humanos e financeiros, direciona o foco à resolução dos desafios para acelerar a transição energética na Unicamp, no estado de São Paulo, no Brasil e no mundo.

3.1 Objetivos e ações

A concepção e o desenvolvimento do Escritório Campus Sustentável e do CPTEn na ambiência do laboratório vivo de sustentabilidade energética estabelecem objetivos, diretrizes e ações estruturantes para o alcance dos resultados. Ademais, o Campus Sustentável alcançou seu protagonismo,[9] inclusive, sustentando a criação do CPTEn, ao estabelecer como propósito conceber e implementar um modelo de gestão e eficiência energética com capacidade de ser replicado em outras instituições de Ensino Superior do Brasil e da América Latina. Concretizada a primeira etapa e perseguindo a melhoria contínua do objetivo, foi dado início ao processo de planejamento e integração de novos projetos, contexto em que nasce o CPTEn, cujo objetivo fundamentado no protagonismo do Campus Sustentável é compor a visão holística da transição energética para os desafios da gestão pública no segmento de energia.

Todos os projetos que compõem o portfólio de pesquisa aplicada no laboratório vivo Campus Sustentável contribuem para a compreensão da centralidade do tema proposto no presente capítulo, por considerar o diálogo com os ODS e suas metas, estabelecendo

[9] Ferreira *et al.*, 2022a.

conceitos e práticas que envolvem a sua implementação, de forma alinhada à cultura da Unicamp, com ênfase na formação de recursos humanos,[10] na conscientização de usuárias/os, na melhor utilização dos recursos naturais e no fortalecimento das formas de parcerias internas e externas preconizadas no ODS 17 ("Parcerias e meios de implementação"). Outro aspecto relevante é oportunizar que os resultados alcançados permitam à Universidade construir parâmetros de *rankings* internos, nacionais e internacionais.

A maturidade alcançada nos projetos estruturantes conduziu, concomitantemente, a concepção e a implementação de quatro projetos conceituais embasados em experiências, valorizando o protagonismo do Campus Sustentável. Nesse conjunto de projetos conceituais, colocamos em destaque o Programa Olhos no Futuro,[11] por se tratar de um programa que privilegia a interação Universidade-sociedade e que constrói, conjuntamente com a escola pública, formas de implementar projetos e ações extensionistas e se tornar um espaço para a curricularização da extensão. Trata-se de um programa orgânico e institucionalizado pela Pró-Reitoria de Extensão, Esporte e Cultura (Proeec) da Unicamp. Ainda nesse contexto, a educação para transição energética é uma diretriz alinhada aos objetivos estratégicos do CPTEn, que afirma compromisso com os 17 ODS, com destaque para o ODS 7 ("Energia limpa e acessível"), com a espiral para a articulação dos demais ODS, visando, entre outros objetivos, promover a educação interdisciplinar como área estratégica à formação das/os "agentes de transformação".

O conceito e a prática de governança do CPTEn preveem a gestão em rede de projetos e, por isso, estabelecem oito eixos temáticos (Figura 3.3),[12] reunindo especialistas e jovens talentos e

[10] Cypriano *et al.*, 2022.

[11] Ferreira *et al.*, 2022b.

[12] CPTEn, 2022-2023.

parcerias para os avanços. A concepção prevê a epistemologia da interdisciplinaridade como princípio para integrar os conhecimentos disciplinares de engenharia, computação, direito, políticas públicas, economia, educação, arquitetura e gestão, com ênfase na abordagem da temática de transição energética e gestão de energia. A MAI[13] apoia as interações dialógicas que envolvem as alianças intersetoriais como estratégia para o delinear das ações e os eixos centrais para a implantação e a evolução do Centro.

Figura 3.3 – Eixos temáticos do CPTEn.

3.2 Resultados e propostas futuras

3.2.1 Indicadores de sustentabilidade da Unicamp

A busca da Unicamp pelo cumprimento de metas e pela melhoria em sustentabilidade e emergência climática na gestão de seus *campi* é monitorada através de indicadores de universidades sustentáveis. Alguns desses indicadores são provenientes de sistemas de ranqueamento dessas universidades, como o Universitas Indonesia GreenMetric, o Times Higher Education Impact Rankings e o QS Sustainability. Desde 2019, primeiro ano de levantamento de dados

[13] Ferreira, 2018.

e elaboração de indicadores de sustentabilidade, a Unicamp passou por um processo de evolução tanto na coleta de dados quanto na análise e na proposição de projetos e ações em sustentabilidade na Universidade.

A melhoria nos indicadores de sustentabilidade da Unicamp pode ser entendida através de sua análise ao longo dos anos. A Figura 3.4 apresenta a evolução da porcentagem de atendimento dos indicadores entre as seis categorias nas quais estão distribuídos na organização da coleta de dados, na elaboração e na análise, pela CSUS, tomando como referência os indicadores de sustentabilidade de universidades da plataforma UI GreenMetric. Observando os dados relativos à categoria de Energia e Mudanças Climáticas, é possível identificar o salto, entre 2021 e 2022, decorrido dos primeiros resultados da implantação dos projetos de eficiência energética da Unicamp através do Escritório Campus Sustentável. Nesta categoria, os indicadores são:

1. Uso de equipamentos com eficiência energética: lâmpadas LED e ar-condicionado *inverter*;
2. Implementação de edifícios inteligentes: suporte interativo ao usuário; alarme de segurança e de incêndio; videomonitoramento; monitoramento de parâmetros de conforto ambiental; monitoramento de poluentes; sistemas passivos de ventilação e iluminação; iluminação de alta eficiência; iluminação automatizada; e sistemas de controle de iluminação;
3. Número de fontes de energia renovável;
4. Consumo de energia elétrica anual dividido pela população do *campus*;
5. Produção de energia elétrica anual dividida pelo consumo de energia anual;
6. Quantidade de elementos de edifícios verdes implementados nas políticas de construção e renovação de edifícios;
7. Nível de implementação de programa de redução de gases de efeito estufa;

8. Pegada de carbono pela população total da Universidade;
9. Número de programas inovadores em energia e mudança climática;
10. Nível de implementação de programa universitário de impacto sobre as mudanças climáticas.

Figura 3.4 – Evolução dos indicadores de sustentabilidade da Unicamp.

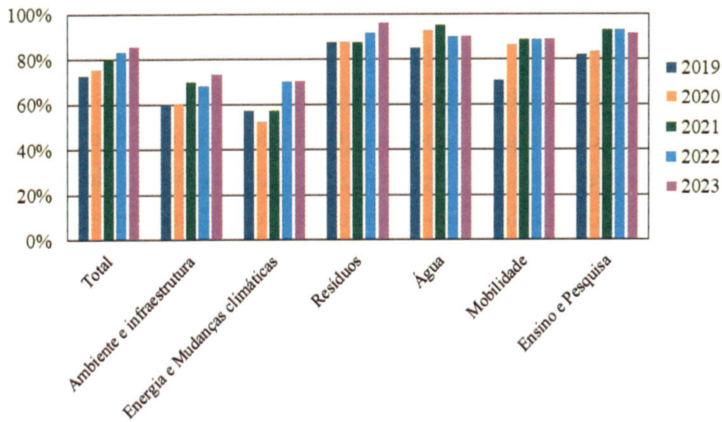

Muitos desses indicadores estão relacionados a políticas internas da Universidade, e nem sempre as ações voltadas à transição energética estão institucionalizadas na forma de políticas. Isso faz com que os indicadores relacionados às ações tenham melhorias mais rápidas e facilmente identificáveis se comparados aos indicadores relacionados às implementações políticas, que acabam demandando mais tempo devido às necessidades de aprovações em diversos níveis administrativos.

Em relação aos indicadores aplicados e que refletem as implementações de projetos na Unicamp, é possível dizer que o avanço foi de mais de 50% entre 2019 e 2023, considerando uma redução superior a 10% do consumo de energia na Universidade, seja por oferta de energia renovável, seja por esforços de eficiência energética. Os projetos que possibilitaram essa melhoria estão descritos no item a seguir.

3.2.2 Projetos Sustentáveis de Parcerias

A primeira etapa do Campus Sustentável Unicamp concebeu e implementou sete projetos estruturantes:

1. Centro de operações e monitoramento do sistema elétrico;
2. Contratação de energia e demanda nos ambientes livre e regulado;
3. Inserção de energia solar fotovoltaica;
4. Programa de eficiência energética (PEE);
5. Projeto Geniiot – sistema para suporte à gestão de energia utilizando IOT (*internet of things* – internet das coisas);
6. Diagnóstico de etiquetagem de eficiência energética em edificações da Unicamp;
7. Capacitação de recursos humanos em sustentabilidade energética para a Unicamp e para o mercado.

Sobre o protagonismo do Campus Sustentável Unicamp, é importante destacar que as pesquisas aplicadas e os resultados no laboratório vivo propiciaram a ambiência para mais seis projetos de parceria também com recursos de P&D:

1. Ônibus elétrico: a Unicamp como laboratório vivo para estudos de mobilidade urbana;
2. Merge: microrredes eficientes, resilientes e sustentáveis;
3. Unicamp como laboratório vivo para desenvolvimento de sistemas inteligentes de iluminação pública;
4. Programa Olhos no Futuro;
5. Eficiência energética nos hospitais do Programa CPFL nos Hospitais;
6. Eficiência Energética nos *campi* de Limeira através da parceria Neoenergia e Elektro.

O Campus Sustentável também ambiciona ser no futuro um dos grandes centros de pesquisa do HUB Internacional para o Desenvolvimento Sustentável (Hids), no tema de energia e sustentabilidade, quando pretende estabelecer parcerias nacionais e internacionais, públicas e privadas, acadêmicas e empresariais, governamentais e sociais em prol do desenvolvimento sustentável.

3.2.3 Projetos Sustentáveis Autônomos

Desde a criação da CSUS, que incorporou as áreas de projetos sustentáveis, o GGUS e o Geoprocessamento, foi possível estabelecer vínculos institucionais em busca de mais sustentabilidade para a Unicamp. Essa busca resultou no investimento da Universidade com verba orçamentária para alguns projetos voltados a esse tema. Entre eles, o Projeto Eficiência Energética garantiu um investimento de 40 milhões de reais nos subprojetos: Unicamp 100% LED, Sustentabilidade no Ar e + Fotovoltaica, para serem desenvolvidos entre 2022 e 2025. O Unicamp 100% LED envolve a substituição de lâmpadas convencionais por lâmpadas de LED de alta qualidade de 18W, com duração de 40 mil horas ou 10 anos de vida útil, assumindo 16 horas por dia, 256 dias por ano, com o objetivo de reduzir o consumo anual de eletricidade no *campus* em 10%. Para atingir essa meta, o plano de ação estabelecido define os espaços e as unidades para intervenção e a contratação de uma empresa de serviços de energia (Esco) especializada para fornecimento, instalação, descarte, medição inicial e final e verificação das economias de energia e demanda em relatórios certificados. O Sustentabilidade no Ar trabalha com a substituição de sistemas de ar-condicionado antigos (anteriores a 2000), de janela e *split*, por sistemas *split* de compressor *inverter* de alta eficiência, com o objetivo de reduzir o consumo anual de eletricidade no *campus* em 5%. Para atingir essa meta, o plano foi estabelecido considerando o registro dos equipamentos em uso no sistema de itens patrimoniados da Universidade, gerando uma lista por faculdades e institutos da Unicamp. Além disso, esse projeto também considerou a contratação de uma Esco especializada para fornecimento, instalação, descarte, medição inicial e final e verificação das economias de energia e demanda em relatórios certificados. Por fim, o projeto + Fotovoltaica prevê o aumento da geração fotovoltaica na Unicamp, instalando sistemas fotovoltaicos em telhados no *campus*, com o objetivo de alcançar uma redução de 5% no consumo anual de energia elétrica do campus. O plano também considerou a contratação de uma Esco especializada para avaliação dos telhados, criação do projeto do sistema, submissão do projeto à empresa de energia, fornecimento, instalação, descarte, medição inicial e final e verificação das economias de energia e demanda em relatórios certificados.

3.2.4 *Associações e parcerias em sustentabilidade*

A configuração inicial do Campus Sustentável estabeleceu parcerias entre CPFL Energia e Eletrobras/Procel, visando apoiar a transição energética na Unicamp no estado de São Paulo, a partir dos programas de P&D (Pesquisa e Desenvolvimento) e PEE (Programa de Eficiência Energética) da Aneel, e dos Planos de Aplicação dos Recursos (PAR) do Programa Nacional de Conservação de Energia Elétrica (Procel) da Empresa Brasileira de Participações em Energia Nuclear e Binacional (ENBPar), bem como do apoio institucional e financeiro da Fapesp. A criação do CPTEn integrou novos parceiros públicos e privados com outras empresas do setor elétrico em setor de gás e energia, telecomunicações e informática, governos, prefeituras, universidades e centros de pesquisa nacionais e internacionais, como Secretaria de Meio Ambiente, Infraestrutura e Logística do Estado de São Paulo (Semil), CPFL Energia, Procel/ENBPar, Radaz, Universidade Estadual Paulista (Unesp), Pontifícia Universidade

Católica de Minas Gerais (PUC Minas), Centro de Tecnologia da Informação Renato Archer, Instituto Federal de São Paulo, Universidade Federal de Goiás (UFG), Universidade Tecnológica Federal do Paraná (UTFPR), Universidade de São Paulo (USP), Universidade Técnica de Delft (TU-Deft), Universidade Presbiteriana Mackenzie (UPM), Lut University, Uninove.

A Unicamp também é associada a uma série de redes de universidades sustentáveis, como International Sustainable Campus Network (ISCN), International Association of Universities - Higher Education and Research for Sustainable Development (IAU-Hesd), Race to Zero for Universities and Colleges, UI GreenMetric, Nature Positive Universities, THE Impact Rankings, São Paulo Carbono Zero, United Nations Academic Impact (Unai) e QS Sustainability.

4. Conclusões

Os ODS representam um esforço global para erradicar a pobreza, proteger o planeta e garantir que todas as pessoas desfrutem de paz e prosperidade. O Brasil, por meio de políticas públicas e iniciativas da sociedade civil, tem a oportunidade de avançar significativamente em direção a esses objetivos, contribuindo para o desenvolvimento sustentável tanto no nível nacional quanto global. A incorporação dos ODS no contexto da transição energética na educação superior e na educação básica é fundamental para formar cidadãs/ãos conscientes, responsáveis e preparadas/os para os desafios que integram a transição energética justa. Na educação básica, a integração dos ODS ao currículo pode moldar as atitudes e os comportamentos das futuras gerações, promovendo valores como cidadania global, respeito ao meio ambiente e responsabilidade social desde cedo. Isso garante que crianças e jovens estejam preparadas/os para atuar em um mundo cada vez mais interconectado e complexo. Por sua vez, a educação superior tem o papel crucial de desenvolver a inovação e o conhecimento necessários para enfrentar desafios globais. As universidades e os centros de pesquisa podem liderar na produção de soluções tecnológicas e políticas inovadoras, além de formar líderes que estejam comprometidas/os com a sustentabilidade e a equidade.

A experiência demonstrada pela Unicamp, pelo Escritório Campus Sustentável, pelo CPTEn e pelo Programa Olhos no Futuro reflete e inspira a evolução de ações que potencializem o papel das universidades e das escolas públicas imbuídas do compromisso de formar "agentes de transformação" e intensificar as diferentes formas de implementar os ODS no contexto da transição energética na agenda integradora da universidade-escola.

5. Referências bibliográficas

CENTRO PAULISTA DE ESTUDOS DA TRANSIÇÃO ENERGÉTICA (CPTEN). *Transição energética para mover o mundo*, 2022-2023. Disponível em <https://cpten.unicamp.br/>. Acesso em 27/8/2024.

CYPRIANO, J. G. I. *et al.* "Transição energética: educação e a capacitação de recursos humanos em sustentabilidade energética". *In*: SILVA, L. C. P. *et al.* (org.). *Campus Sustentável: um modelo de inovação em gestão energética para a América Latina e o Caribe.* Rio de Janeiro, Synergia, 2022, pp. 196-208.

DALBELO, T. S. *et al.* "Universidades latino-americanas e Caribe: panorama geral". *In*: SILVA, L. C. P. *et al.* (org.). *Campus Sustentável: um modelo de inovação em gestão energética para a América Latina e o Caribe.* Rio de Janeiro, Synergia, 2022a, pp. 3-15.

____. "Panorama do planejamento territorial da Universidade Estadual de Campinas". *In*: SILVA, L. C. P. *et al.* (org.). *Campus Sustentável: um modelo de inovação em gestão energética para a América Latina e o Caribe.* Rio de Janeiro, Synergia, 2022b, pp. 40-57.

DIRETORIA EXECUTIVA DE PLANEJAMENTO INTEGRADO (DEPI). "Plano Diretor Integrado da Unicamp 2021-2031: uma visão de futuro para os *campi*". Campinas, Biblioteca Central Cesar Lattes BBCL/Unicamp, 2021.

FERREIRA, D. A. *Interdisciplinaridade e políticas públicas: experiência do Programa Goiás Solar.* São Paulo, Faculdade de Educação, Pontifícia Universidade Católica de São Paulo, 2018 (Tese de doutorado).

FERREIRA, D. A. *et al.* "Campus Sustentável – Unicamp: laboratório vivo para cidades humanas inteligentes". *In*: SILVA, L. C. P. *et al.* (org.). *Campus Sustentável: um modelo de inovação em gestão energética para a América Latina e o Caribe.* Rio de Janeiro, Synergia, 2022a, pp. 58-75.

____. "Programa Interdisciplinar de Extensão Comunitária Olhos no Futuro: caminhos para implementação dos Objetivos de Desenvolvimento Sustentável (ODS)". *In*: SILVA, L. C. P. *et al.* (org.). *Campus Sustentável: um modelo de inovação em gestão energética para a América Latina e o Caribe.* Rio de Janeiro, Synergia, 2022b, pp. 263-275.

GE, M.; FRIEDRICH, J. & VIGNA, L. "4 gráficos para entender as emissões de gases de efeito estufa por país e por setor", 2020. Disponível em <https://www.wribrasil.org.br/noticias/4-graficos-para-entender-emissoes-de-gases-de-efeito-estufa-por-pais-e-por-setor>. Acesso em 26/8/2024.

INSTITUTO DE PESQUISA ECONÔMICA APLICADA (IPEA). "7 – Energia Acessível e Limpa", 2019. Disponível em <https://www.ipea.gov.br/ods/ods7.html>. Acesso em 4/7/2024.

ORGANIZAÇÃO DAS NAÇÕES UNIDAS (ONU). "Transformando nosso mundo: a Agenda 2030 para o desenvolvimento sustentável", 2015. Disponível em <https://brasil.un.org/sites/default/files/2020-09/agenda2030-pt-br.pdf>. Acesso em 2/5/2021.

SISTEMA DE ESTIMATIVAS DE EMISSÕES E REMOÇÕES DE GASES DE EFEITO ESTUFA (SEEG). "Conheça as emissões de gases de efeito estufa do Brasil", 2024. Disponível em <https://plataforma.seeg.eco.br/>. Acesso em 26/8/2024.

4
Divulgação científica na escola: efeitos de sustentabilidade e cidadania no social

Antônio Inácio dos Santos de Paula

1. Introdução

Este capítulo é um ensaio que questiona o modo como circula o conhecimento produzido pelas ciências energéticas a respeito da temática da sustentabilidade. O indivíduo, a escola e a divulgação científica (DC) estão no cerne desta abordagem, constituindo uma relação heterogênea que produz o efeito de cidadania e sustentabilidade.

A educação ambiental (EA), por exemplo, permite tecer reflexões em torno da instrumentalização do ensino e da sustentabilidade. Assim, por meio da formação e da capacitação, práticas atribuídas ao ensino, observa-se a relação dos indivíduos não especializados com o conhecimento científico-energético na escola.

Quando o assunto é sustentabilidade energética, torna-se imprescindível citar o ODS 7, que trata do acesso a fontes de energia limpa.[1]

Segundo a ONU, esse ODS foi elaborado como proposta norteadora para ações que garantam o acesso a fontes de energia viáveis, sustentáveis e modernas para todas/os, até 2030.

[1] Ipea, 2019.

Ancorada nisso, a Unicamp implementou em 2017 o Escritório Campus Sustentável, na Cidade Universitária Zeferino Vaz. Essa iniciativa se constitui de uma série de ações; entre elas, o Programa Olhos no Futuro.

Além da implementação de tecnologias, como a instalação de sistemas fotovoltaicos e veículo elétrico, o Campus Sustentável realiza ações em e com escolas, principalmente por meio do Programa Olhos no Futuro. A abordagem teórica proposta neste capítulo demonstra o funcionamento de diferentes elementos, estratégias e mecanismos, construídos entre universidade e escola, para dar sentido e propor soluções para problemas sociais. Portanto, assim como o Programa Olhos no Futuro e seus diferentes projetos, a pesquisa aqui abordada tanto problematiza a quanto se sustenta na interdisciplinaridade do conhecimento científico.

Levanta-se a hipótese de que, quando se fala em problemas sociais, como a sustentabilidade, uma só área do conhecimento é insuficiente para propor soluções eficazes. Em última instância, o que se percebe, pelo direcionamento neoliberal dado como consequência do capitalismo, é apenas um modo de retardar o inevitável: o colapso ambiental da Terra.

Assim, como escape dessa univocidade do saber da ciência, esta discussão relaciona o deslizamento do conhecimento científico sobre sustentabilidade energética, que é produzido no âmbito do Campus Sustentável, com a prática da DC, quando ele circula socialmente, por meio da presença do Programa Olhos no Futuro nas escolas.

Essa atuação do Programa na escola é compreendida como parte constitutiva do processo de ensino, seja pela formação, seja pela capacitação. Sendo assim, busca-se deslinearizar a relação entre formação e capacitação e, assim, compreender como a DC produz um efeito de cidadania imprescindível para a (trans)formação de agentes sociais que "rexistem" à exploração dos recursos naturais pela promessa da plena cidadania.

O efeito de cidadania que se busca compreender está ligado à sustentabilidade, que ganha forma com a ideia de desenvolvimento de tecnologias e por meio de indivíduos assujeitados às práticas sócio-históricas de exploração dos recursos naturais.

A institucionalização e a internacionalização do termo "sustentabilidade" têm como marco o encontro mundial voltado às questões do meio ambiente, ocorrido na Conferência das Nações Unidas sobre o Meio Ambiente Humano, em julho de 1972, na capital sueca. É nesse período que as narrativas entre desenvolvimento e progresso despontam como uma preocupação mundial, ou seja, um problema para o planeta Terra.

Todavia, somente em 1987, por meio do documento intitulado "Nosso Futuro Comum", coordenado por Gro Harlem Brundtland, à época primeira-ministra da Noruega, o conceito de desenvolvimento sustentável se consolida nas discussões das lideranças internacionais interessadas nos modos (in)sustentáveis de produção e consumo das sociedades.

Mesmo com um atraso considerável, o efeito dessa construção reverberou mais fortemente na inserção da EA nos currículos da educação básica. Ao mesmo tempo, a DC tem demonstrado potencialidades para trabalhar, por exemplo, a temática da sustentabilidade energética não apenas da perspectiva midiática, mas sob os domínios das práticas escolares. Inevitavelmente, essa problemática recai sobre a presença da DC na EA, quando se trata da produção e do consumo energético.

Dito isso, compreende-se que essa abordagem colabora para compreender mais a relação entre a DC, a EA e a cidadania no funcionamento social, produzindo aquilo que é denominado cultura socioambiental.

Portanto, é sobre essa questão mais especificamente que se debruça a seção seguinte, que, já na sua primeira subseção, problematiza a DC como estratégia e mecanismo para o desenvolvimento sustentável.

Nesse mesmo prisma, em seguida, a EA é problematizada a partir das perspectivas daquilo que se concebe enquanto formação e capacitação. E, por fim, fechando a primeira seção deste capítulo, realiza-se uma reflexão sobre o sentido de cidadania.

Essa discussão desemboca na última seção do capítulo, dando-lhe condições para que sejam feitas as considerações parciais a respeito das ações na escola relativas aos projetos que constituem o Programa Olhos no Futuro.

A construção teórica para essa discussão é tecida tendo por base o diálogo proposto entre os estudos de Brundtland,[2] Paula,[3] Orlandi,[4,5,6] Bueno[7] e Freire.[8,9] Arranjo de ideias que lança o olhar para o modo como os indivíduos se constituem no processo sócio-histórico e se relacionam no mundo.

Há, então, dois movimentos constantes que entrelaçam a relação do indivíduo produzindo sentido no mundo e sendo afetado por esses efeitos de sentidos.

2. Divulgação científica: a cidadania como efeito da educação socioambiental

Ao englobar a tríade social, ambiental e econômica, a noção de sustentabilidade se filia a um conceito ligado ao capital humano, natural e financeiro. Encontram-se aí imbuídas as condições políticas,

[2] Brundtland, 1991.
[3] Paula, 2021.
[4] Orlandi, 1996.
[5] Orlandi, 2001.
[6] Orlandi, 2014.
[7] Bueno, 2010.
[8] Freire, 1975.
[9] Freire, 2018.

culturais e históricas, instâncias indissociáveis desse processo proposto como desenvolvimento sustentável.

O desenvolvimento sustentável foi conceituado pela Comissão Mundial sobre Meio Ambiente e Desenvolvimento como

> [...] um processo de transformação no qual a exploração dos recursos, a direção dos investimentos, a orientação do desenvolvimento tecnológico e a mudança institucional se harmonizam e reforçam o potencial presente e futuro, a fim de atender às necessidades e aspirações humanas.[10]

O documento retoma por diversas vezes argumentações em torno da economia e dos recursos naturais, visto que, como nele está pontuado, "o desenvolvimento tende a simplificar os ecossistemas e a reduzir a diversidade das espécies que neles vivem".[11] A simplificação, do modo como aparece, produz o sentido desse funcionamento neoliberal que age como uma "erva daninha" nos sistemas sociais.

É por essa narrativa de complementação entre economia e recursos naturais que se consolida a recorrência da temática da sustentabilidade. Sem tal condição, possivelmente ela não seria tão frequente, a não ser pelo receio da falência econômico-financeira do próprio modo de produção e consumo. E isso ocorre em decorrência do próprio modo como os indivíduos têm se constituído no processo sócio-histórico, estabelecendo esse funcionamento no mundo.

Daí se percebem o impulsionamento e o interesse neoliberal, funcionando na ordem capitalista, metamorfoseados de sustentabilidade. Um exemplo disso é o próprio ODS 7, trazido na introdução deste capítulo, que também diz respeito aos objetivos de continuidade do sistema capitalista.

A própria ideia de desenvolvimento retoma o sentido de progresso e por ele é também retomada. Como se fosse um desenvolvimento

[10] Brundtland, 1991, p. 49.

[11] *Idem, ibidem.*

sem fim, em que se encontram ideais neoliberais, como no setor elétrico, e um progresso para o fim, tratando-se da exploração dos recursos naturais.

Numa tentativa de metaforizar, se fosse um jogo de futebol, a sustentabilidade ocuparia o banco de reservas, mas os seus sentidos estariam sempre em campo, como uma bola, sem direção certa, à deriva dos objetivos daqueles que a disputam na partida.

Ganharia, então, o time que demonstrasse o progresso, em determinados momentos, condição que se alterna pelo empenho e pela *performance* dos jogadores.

A sustentabilidade não entra em campo; logo, não joga, pois representa a premiação, ou seja, é vista como resultado e não processo.

Assim, um sentido possível para o termo "sustentabilidade" é o de conservação, e não o de preservação, na medida em que, no funcionamento do neoliberalismo, preservar atrapalha o desenvolvimento, afetando, por conseguinte, o progresso. A preservação se configura como um estanque possível dessa máquina de exploração.

Em face desse impasse sócio-histórico e político, observa-se o sentido de cidadania sendo afetado pela EA, que utiliza a DC como uma estratégia ou mesmo um mecanismo capaz de escalar a sustentabilidade para o seu time principal. A questão da cidadania será mais bem problematizada na última subseção desta seção.

Então, é por esse prisma que se discute a importância das ações do Programa Olhos no Futuro na escola, como percurso possível para a DC, interferindo na formação de indivíduos para que estejam mais conscientes dos efeitos do desenvolvimento e do progresso na sociedade. Essa questão será mais bem discutida na terceira seção deste capítulo.

Compreender a metáfora do jogo com o papel da EA e da DC se faz importante no caso da sustentabilidade do setor energético, pois envolve, sobretudo, a relação da engenharia elétrica com os direitos sociais.[12] Tem a ver com o efeito de dignidade humana produzido no exercício da cidadania.

Parece consensual a ideia de que "as atuais condições de produção e consumo da eletricidade destoam de outras épocas, principalmente pelo arsenal tecnológico acumulado e o volume populacional".[13] Sendo assim, a sustentabilidade energética está relacionada ao direito dos cidadãos de continuar vivendo e com qualidade. Nas palavras dos autores,

> [...] tais questões estão diretamente ligadas ao direito de continuar vivendo. Pois o modo como a sociedade se relaciona com o meio ambiente diz respeito à qualidade de vida dos seus indivíduos, por conseguinte, da Terra. É por isso que se tornou urgente o desenvolvimento de um plano de ação, complexo e plural [diversos], encabeçado pelo conhecimento científico com o objetivo de desenvolver soluções para problemáticas que involucram o setor elétrico, ou seja, as necessidades dos indivíduos.[14]

O desafio é, então, com base no efeito de cientificidade constitutivo do processo de cidadania, saber como produzir reflexões que sejam capazes de impactar positivamente a relação da sociedade com a sua escala de produção e de consumo mundial.

Com isso, surgem questionamentos, por exemplo: como transformar a problemática da sustentabilidade desses processos energéticos em algo importante para os indivíduos a ponto de estes efetivamente ressignificarem os seus hábitos, ou criarem novos, no cotidiano?

Assim, cabe também se perguntar de que modo a DC realizada no âmbito escolar contribui para o jogo que coloca em disputa os sentidos para o desenvolvimento sustentável.

[12] Paula *et al.*, 2021.

[13] *Idem*, p. 212.

[14] *Idem*, p. 213.

É refletindo sobre essas questões que, a seguir, ocorre uma explanação em torno da DC para o desenvolvimento sustentável, assim como acerca da EA, por uma perspectiva daquilo que se concebe enquanto formação e capacitação. Abordagens que permitem pensar o protagonismo de agentes sociais que promovam transformações efetivas na estrutura de sociedades capitalistas e no funcionamento neoliberal.

2.1 Divulgação científica para o desenvolvimento sustentável

Orlandi[15] propõe a DC e o efeito leitor como uma política social urbana. Com essa abordagem, discorre sobre como a sociedade é afetada por meio da divulgação do conhecimento científico. Diz a autora que a DC é, então, um dos modos como a ciência realiza o "seu percurso na sociedade e na história, publicizando-se e fazendo circular o saber de maneira particular".[16] Ao fazer isso, segundo a linguista, a terminologia sobressai à metalinguagem.

Em outras palavras, o conhecimento científico significado numa determinada metalinguagem, na rigidez do núcleo da ciência, sofre, na DC, um deslocamento encenado pela terminologia, buscando se fazer compreendido pela sociedade mais ampla.

Se tomados, por exemplo, os projetos que constituem o Programa Olhos no Futuro, os modos como é feita a construção do conhecimento e como esse conhecimento é divulgado nas escolas são de uso e funcionamento diferentes da linguagem. Isso implica dizer que, na DC, o conhecimento da ciência tem o seu processo deslocado para a informação científica.

[15] Orlandi, 2001.
[16] Orlandi, 2021, p. 149.

É desse modo que ocorre um dos movimentos sociais da ciência: "A ciência sai de si, sai de seu próprio meio para ocupar um lugar social e histórico no cotidiano dos sujeitos".[17] É nessa condição que as ciências, ou melhor, os seus efeitos são vistos no funcionamento daquilo que se deve saber socialmente para que as/os cidadãs/ãos atinjam a sustentabilidade energética.

Apesar de ser possível dizer que há informação no conhecimento científico, conforme pondera Wilson da Costa Bueno,[18] o rumo tomado neste capítulo para pensar a informação científica ancora-se nos pensamentos da linguista, pois, como colocado por ela, "a informação científica (não é conhecimento) faz uso abusivo da terminologia para produzir o efeito de cientificidade".[19] Aqui, importa compreender como a DC, por meio da EA, colabora para o exercício da plena cidadania.

Essa perspectiva descarta a suposição de que haja equidade entre conhecimento e informação. Assim, reforçando, com Orlandi,[20] o posicionamento aqui tomado é o de que "informação e conhecimento não significam a mesma coisa".[21]

Isso pelo simples fato de que a informação faz parte do conhecimento, mas o conhecimento não pode ser reduzido à informação, lembrando que, dependendo do contexto, estudos chegam mesmo a tomar essas noções a partir de significações opostas. Aqui, elas são apenas diferentes e, sobretudo, complementares.

Na escola, por exemplo, supõe-se que o conhecimento científico esteja sempre presente. Mas as práticas que nela são realizadas não podem ser equiparadas, por exemplo, àquelas desenvolvidas nas universidades.

[17] *Idem*, p. 152.
[18] Bueno, 2010.
[19] Orlandi, 2021, p. 161.
[20] Orlandi, 2014.
[21] *Idem*, p. 152.

Na escola acontece uma representação didatizada da ciência, enquanto nas universidades se produz mais efetivamente a ciência, seguindo procedimentos metodológicos mais densos e com uma linguagem rígida, características que são próprias do fazer das grandes áreas do conhecimento científico.

Com isso, reafirma-se que, em ambas as comunidades de ensino, escola e universidade, respectivamente, a *performance* do/a divulgador/a ou do/a pesquisador/a é determinante.

Assim, se, de um lado, na universidade, estudantes e professoras/es se debruçam na rigidez da metalinguagem e produzem determinado conhecimento, de outro lado, na escola, essas/es pesquisadoras/es são desafiadas/os a realizar a transferência[22] desse saber científico.

Enfatizando mais a DC, quando esta não é bem-sucedida, conforme alerta Orlandi,[23] ocorre um transporte do conhecimento, e não uma transferência de sentidos desse saber científico. Como se percebe, além de metodologias, a linguagem é pedra angular do processo de compreensão do conhecimento científico por parte dos/as cidadãos/ãs não especializados/as. A ideia de transferência proposta aqui, em conformidade com o que explicou Orlandi,[24] diz respeito a uma prática de deslocamento do conhecimento para a informação científica. Um processo capaz de fazer com que o indivíduo não especializado, sob efeito de cientificidade, reflita e gere relações desse conhecimento com suas experiências de vida. Bueno[25] vai de encontro a isso; ao mencionar o termo "transferência" em seu estudo, volta-se para o seu entendimento no processo de comunicação científica. Como se sabe, divulgação e comunicação não possuem o mesmo funcionamento, principalmente quando se

[22] *Idem.*

[23] *Idem.*

[24] Orlandi, 2001.

[25] Bueno, 2010.

analisa o percurso da ciência na sociedade, por exemplo, em maior e menor proporção. Essa distinção entre transporte e transferência, segundo Orlandi,[26] relaciona-se com o uso da metalinguagem e da terminologia, respectivamente.

Se um/a pesquisador/a sai do âmbito científico e tenta informar alguém, como um/a estudante do Ensino Básico, sobre o que faz no cotidiano do seu trabalho, utilizando-se de termos técnicos e jargões, muito provavelmente não desenvolverá nenhuma competência de reflexão acerca daquilo que está sendo falado. É o caso do transporte.

Por outro lado, se esse/a mesmo/a pesquisador/a consegue explicar para a/o estudante de modo que a/o faça relacionar, em alguma medida, o que está sendo dito com aquilo que esta/e experiencia no seu dia a dia, terá produzido aí o efeito de cientificidade, havendo, portanto, transferência de sentidos do conhecimento.

Reforçamos que, na escola, o/a pesquisador/a precisa recorrer ao uso de analogias e metáforas, como a do jogo de futebol já citada, para produzir aproximações capazes de saturar a distância entre o conhecimento cristalizado nas unidades de pesquisas e o cotidiano daqueles indivíduos.

No contato com essas/es estudantes, por exemplo, pesquisadoras/es encenam a ciência na sociedade e, para isso, utilizam expressões como: "segundo a teoria X do autor Y...", "a luz solar pode ser utilizada para a geração da eletricidade da sua casa...", mas também: "pesquisas desenvolvidas na Unicamp destacam o bagaço da cana-de-açúcar como matéria-prima abundante e promissora para a produção de biogás...", entre tantas outras possibilidades de formulações.

Portanto, na perspectiva escolar, a DC funciona como um instrumento, um mecanismo próprio de ensino do/a pesquisador/a fora dos laboratórios, divulgando aquilo que produziu.

[26] *Idem.*

Com isso, percebe-se que um mesmo indivíduo social, no caso do/a pesquisador/a, é capaz de assumir posições e funcionamentos distintos quanto ao uso da linguagem quando explicita o saber científico.

Por esse prisma, quando o assunto é sustentabilidade, a EA propõe esse desafio para o/a pesquisador/a interessado/a na DC: o deslocamento da metalinguagem para fazer uso da terminologia.

Não é raro encontrar ações universitárias, principalmente de extensão, voltadas à escola, ainda que os problemas sociais exijam cada vez mais delas. Ações desse teor podem, em maior ou menor grau, afetar positivamente a sociedade mais ampla.

Isso porque a educação reúne diferentes indivíduos, um público com níveis heterogêneos de percepções acerca dos saberes científicos, e isso está diretamente ligado ao acesso individual à cultura científica.

Assim, torna-se evidente que esse recorte social (corpo-escolar), marcadamente heterogêneo e diverso, representa mais fidedignamente a sociedade mais ampla do que o grupo de pesquisadoras/es, que se encontra enclausurado no conhecimento de uma determinada área científica.

Para um melhor desenvolvimento dessa ideia, a seção seguinte propõe uma discussão sobre a EA no ambiente educacional, articulando as noções de capacitação e formação pela perspectiva da DC, levando em consideração a relação com a sustentabilidade.

2.2 Educação ambiental: capacitação e formação para a cidadania

Na escola, quando se fala em sustentabilidade, é necessário diferenciar o que é conteúdo "sobre" EA e o que é conteúdo "de" EA.[27]

[27] Orlandi, 1996.

Segundo Orlandi, "isso não significa que há textos puramente 'sobre' e outros só 'de' educação ambiental".[28] Igualmente, existem os conteúdos "sobre" DC e "de" DC. Resumidamente, o termo "sobre" fala dos processos para fazer DC – recorrendo tanto à metalinguagem quanto à terminologia – e o termo "de" é o que faz propriamente DC.

Assim, os conteúdos de DC estão filiados imprescindivelmente à terminologia, ao instante em que se distanciam da metalinguagem sem se apartar dos seus efeitos. O que é diferente, por exemplo, de dizer que este capítulo é um conteúdo "de" DC, quando, na verdade, se trata de um conteúdo "sobre" DC.

Na escola, a DC, como recurso para a EA, precisa trabalhar mais a informação científica "de" sustentabilidade e não "sobre" sustentabilidade.

Fazer essa distinção é importante pela própria confusão entre duas práticas com fins distintos. Há um tipo de incidência na DC brasileira que é preocupada em ensinar sobre DC e, equivocadamente, diz fazer DC. Não que uma coisa inviabilize a outra, mas não se trata da mesma prática, e o efeito que cada uma delas produz na sociedade é distinto.

A informação científica, nesse caso, que prospecta a sustentabilidade e a cidadania pela DC, na escola, precisa se distanciar do conteudismo sobre o meio ambiente e a ecologia. Do contrário, essa ritualização do conhecimento acerca daquilo que é necessário saber para ser ecologicamente consciente ou sustentável perde um dos objetivos primários da EA: o que é preciso saber para ser sustentável.

Segundo Orlandi,[29,30] cabe à pedagogia da educação, à escola como artefato pedagógico (o que tem sido denominado corpo escolar), assegurar que "a educação não é, pois, só conhecimento.

[28] *Idem*, p. 39.

[29] Orlandi, 2001.

[30] Orlandi, 2014.

É preciso que se dê um espaço de elaboração para que o homem trabalhe o conhecimento em 'suas' condições".[31] Por exemplo, de nada adianta levar conhecimento científico para uma escola sem que essa informação científica faça sentido no cotidiano daquela/e estudante.

A escola sai, assim, da dimensão catequética, rompendo com uma educação ligada ao ato de depositar,[32] fundamentada no moralismo e na culpabilização. Nessa perspectiva, uma disciplina escolar que trabalha a EA se preocuparia em fazer com que a DC em torno das questões de sustentabilidade não reproduzisse narrativas de catástrofes e imediatismo.

O imediatismo, por exemplo, rege o modo como a educação é tomada pela capacitação – o indivíduo como produto do e para o mercado. O que repentinamente invoca outra perspectiva educacional, aquela que considera o processo continuado do indivíduo, ou seja, a sua formação.

Ao encontro disso, Orlandi[33] pondera que algumas questões ligadas ao desenvolvimento, à sustentabilidade e à intervenção da educação produzem elementos e fatores que reverberam no exercício profissional e da cidadania.

Segundo essa autora, a ideia de desenvolvimento tem sido tomada como um mecanismo para garantir "o acesso ao trabalho [qualificado] e ao mercado [capacitado]".[34] Para isso, basta observar como, nos últimos anos, a inserção do indivíduo no mercado de trabalho atende a uma lógica de "capacitação e treinamento" em detrimento de uma "formação" mais ampla e crítica.[35] O funcionamento desse processo, então, conforme os pensamentos de Orlandi, estaria sendo determinado por uma hegemonia neoliberal, que prioriza a adaptação

[31] Orlandi, 1996, p. 40.
[32] Freire, 2018.
[33] Orlandi, 2014.
[34] *Idem*, p. 143.
[35] *Idem, ibidem*.

técnica imediata do trabalhador às demandas do capital, em vez de uma educação emancipatória e integral.

> Um país rico em que os cidadãos, educados, são capacitados para o trabalho e circulam como consumidores de um mercado de trabalho qualificado. Consumo e cidadania se conjugam. O denominador comum é o trabalho e não o conhecimento. Este funciona como uma premissa indefinida para, claro, se falar em "sustentabilidade". Esta, a palavrinha mágica que traz em seu efeito de memória a de desenvolvimento (sustentável).[36]

Por uma perspectiva diferente da de Orlandi, Freire[37] explica que "a capacitação técnica é mais do que treinamento, porque é busca de conhecimento",[38] e vai além, afirmando que "a capacitação técnica, que não é adestramento animal, jamais pode estar dissociada das condições existenciais".[39] Quanto a isso, é necessário fazer algumas ponderações, tendo em vista que nem tudo que é diferente necessariamente se encontra em oposição.

Apesar de um possível ruído entre os pensamentos de Freire e Orlandi, percebe-se que as ideias de ambos os autores percorrem caminhos diferentes, mas comungam parcialmente do modo como concebem a informação científica. Esta não pode ser lançada fora das condições existenciais dos estudantes, da sua compreensão socioambiental e culturalmente política.

Utilizando como exemplo a relação entre o engenheiro agrônomo e o camponês, Freire[40] propõe que seja pensada a troca na relação das/os pesquisadoras/es da Unicamp com os/as estudantes da EE

[36] *Idem*, p. 146.
[37] Freire, 1975.
[38] *Idem*, p. 88.
[39] *Idem*, p. 89.
[40] *Idem*.

Telêmaco. O modo como o autor discorre sobre essa relação não será aqui detalhado; sugere-se a leitura da obra original.

Orlandi[41] problematiza tanto o sentido de formação quanto o sentido de capacitação como duas formas de ligar sociedade e conhecimento científico. Ao recorrer à ideia de alienação, proposta por Karl Marx na sua obra *O capital*, a autora considera que "a formação, e não a capacitação, é capaz de produzir um aluno 'não alienado'".[42] Esse é o argumento que lhe permite desenvolver significativos desdobramentos teóricos acerca desses termos.

Para ela, somente pelo processo de formação, o indivíduo produz um gesto de interpretação do conhecimento, a partir das suas experiências de vida, dimensão do saber que é capaz de situá-lo sobre as suas responsabilidades e os efeitos das suas tomadas de decisão no funcionamento da sociedade. É desse modo que devem ser relacionados os problemas ambientais e o conhecimento científico perante a realidade dos/as estudantes. Isso não ocorreria na capacitação, pelo menos não na mesma intensidade, pois esse treinamento posiciona o indivíduo na mera e contínua relação de simples objeto do trabalho.

Se pensada, é a falha do Estado, ao não garantir a formação, que faz surgir a capacitação. Diante dessa condição, instituições como as escolas correm para atender a uma lógica de mercado predatória. Porque é também pela falha do Estado que se estrutura o funcionamento atual do capitalismo.[43]

A EA escolar precisa agir de modo a formar a/o estudante pela perspectiva de processos, dando-lhe a oportunidade de entender o sentido da cidadania na história e politicamente. Somente desse jeito, a/o aluna/o se constitui como uma/um cidadã/ão protagonista de transformação, uma/um agente social capaz de identificar, refletir

[41] Orlandi, 2014.

[42] *Idem*, p. 161.

[43] *Idem*.

e, ativamente, intervir nas tomadas de decisão acerca do mundo de que faz parte.

Observa-se, muitas vezes, que os conteúdos de DC – por exemplo, materiais utilizados nas aulas de EA – propõem um eterno conflito entre sociedade e meio ambiente. "Ou ela [a sociedade] é apagada, ou é negada, ou é atacada".[44] É aqui que entram os direcionamentos de culpa, os posicionamentos moralistas e as abordagens catastróficas, principalmente do ensino catequista: o bem contra o mal.

A própria ideia de consciência ecológica, buscada por meio da EA, atribui à sustentabilidade o papel de fabricar cidadãos. O que demonstra que a própria noção de cidadania sofre, nesse processo de fabricação, um esvaziamento. Em outras palavras, o termo cidadania é usado de maneira instrumental, sofrendo um apagamento dos seus sentidos históricos e políticos. Dito isso, conforme será visto na subseção seguinte a partir dos estudos de Orlandi,[45] os sentidos de cidadania nascem para os brasileiros na transformação do território nacional em República.

2.3 Cidadania para a sustentabilidade energética

Uma das possibilidades da compreensão de sustentabilidade tem a ver com o modo como o conhecimento científico percorre a sociedade mais ampla, conduzido pela DC.

Na relação com os indivíduos, esse efeito de cientificidade pode ter maior ou menor impacto, e isso está relacionado ao seu contato com a cultura da DC.

Portanto, um dos fatores que levariam a esse lugar de cidadania, além do deslocamento da metalinguagem para a terminologia, é a

[44] Orlandi, 1996, p. 43.
[45] Orlandi, 2001.

identificação do indivíduo com a informação científica. Não se pode esquecer de que as aceitações dos indivíduos dependem das lentes com que estes veem o mundo e de como se relacionam ideologicamente com ele.

A DC e a EA são antes de tudo uma possibilidade de transformação do indivíduo em cidadão. Parece óbvio, mas é necessário ser dito: quanto mais contato o/a estudante tiver com a informação científica, maior a possibilidade de se tornar consciente dos problemas climáticos, notadamente daqueles relacionados à sustentabilidade energética. Isso, claro, se essa informação fizer sentido para ele/a e estiver relacionada com as coisas comuns que constroem o seu cotidiano.

Apesar de ser uma possibilidade, essa chance não ocorre com a mesma precisão com que é proferida, tendo em vista não existir uma relação direta entre pensamento e mundo. Com isso, busca-se demonstrar que, no processo de produção dos sentidos, não há literalidade entre as coisas do mundo e os seus significados.

Como supracitado, trata-se de uma articulação que, antes de tudo, acontece pelo funcionamento sócio-histórico e político da constituição do indivíduo como cidadão ideológico – afinal, há quem negue as mudanças climáticas e o fim de alguns recursos naturais.

O que chama atenção é a transformação da cidadania em uma meta a ser conquistada, e não em um direito garantido aos indivíduos pelo simples fato de existirem. Diante disso, percebe-se que há um falseamento de sentido para esse termo, um vazio de significado que precisa ser preenchido por determinação do que é necessário ser ou fazer para alcançar essa meta. Como explica Orlandi:

> [...] no Brasil, a cidadania, como tenho dito, é apenas um argumento a mais, nas formas de administração do sujeito social e não na sua qualidade histórica. [...] contraditoriamente à nossa história republicana,

não se "nasce" de fato cidadão. Coloca-se sempre a cidadania como um objeto, um fim desejado, ainda sempre não alcançado.[46]

Impregnada de efeitos de cientificidade, "a cidadania [...] é um vir a ser constante nunca realizado".[47] Como responsabilidade ao Estado, restou à instituição escolar o papel de formar cidadãos, ou seja, a obrigação de produzir cidadania na sociedade.

Ainda segundo a autora, "fica para a escola a construção da imagem do cidadão, sendo a ciência um dos seus componentes dessa imagem".[48] Assim, as práticas de ensino na escola se relacionam com a DC a partir do modo como o saber científico é representado pela terminologia usada numa abordagem orientada, didática, tornando--se, essa instituição, um artefato pedagógico.[49]

É sobre essa prática do ensino enquanto formação, que a escola didatiza a ciência, como discorrido nas subseções anteriores. É uma das formas de representação da ciência encenadas na sociedade. Se analisarmos bem, a própria ideia de cidadania é uma *performance* civil que o indivíduo realiza numa determinada sociedade.

Quando se diz que não há garantia de literalidade entre a quantidade de acesso à informação científica e a qualidade das práticas cidadãs plenamente comprometidas com o desenvolvimento sustentável, retomam-se os pensamentos de Orlandi,[50] compreendendo que a cidadania é sempre a meta já nunca alcançada, o presente não recebido. Por essa perspectiva, "a cidadania se constitui como um *bem de mercado* e o conhecimento tornado saber terminológico adquire sentido *empresarial* (e não se constitui em um bem social geral)".[51]

[46] *Idem*, p. 159.
[47] *Idem, ibidem.*
[48] *Idem*, p. 160.
[49] *Idem.*
[50] *Idem.*
[51] *Idem*, p. 160.

Essa fabricação da imagem de cidadania conscientemente sustentável evidencia a constante reivindicação sócio-histórica da escola do reconhecimento do indivíduo como cidadão, gozando de direitos e deveres sociais.

Como cidadãs/ãos já constituídas/os pelo processo sócio-histórico e político, haverá diferentes níveis de engajamento na cidadania. Esses diferentes modos de se relacionar são possíveis porque os efeitos de cientificidade produzidos nesses indivíduos, sob distintas instâncias dos saberes científicos, mergulham mais superficial ou profundamente no confronto com suas subjetividades.

São esses saberes e seus efeitos que determinam e orientam as normas da boa cidadania. Gozar da cidadania significa estar assujeitado à "institucionalização das práticas urbanas de conhecimento".[52] Isso porque cidadania e instituições do Estado estão imbricadas na constituição dessa imagem-cidadã.

É assim já no hospital. Ao nascer, o indivíduo ganha registro pelas formas jurídicas. Muitas maternidades, por exemplo, possuem cartórios civis nas suas instalações.

Portanto, a cidadania precisa ser estabelecida "como uma relação racional entre governo, a administração, a ciência (a técnica) e o 'usuário', isto é, o cidadão".[53] O que recorrentemente se observa é a saturação do uso do termo "cidadania" por locutores neoliberais ligados ao universo corporativo. Exemplo disso é o próprio apagamento do termo "cidadão", substituído comumente pelo termo "usuário".

O mesmo ocorre com o termo "sustentabilidade". As narrativas neoliberais esvaziam os sentidos desses vocábulos, preenchendo-os da sobrevivência do capital, com a justificativa de desenvolvimento e progresso.

52 *Idem*, p. 162.

53 Orlandi, 1996, p. 42.

O indivíduo só é cidadão quando capacitado para a força de trabalho empregada no desenvolvimento e no progresso, que tomam a sustentabilidade como produto, isto é, como uma carta na manga, que pode resolver boa parte dos problemas da humanidade e justificar os direcionamentos neoliberais.

A sustentabilidade, assim como explicitada na metáfora do jogo de futebol, é a premiação prometida, igual acontece à cidadania.

No mais, "a cidadania tem muitos sentidos. Fundamentalmente, põe em pauta a relação entre direitos e deveres do sujeito face ao Estado e ao político".[54] O modelo aqui delineado se distancia da existência do ser humano fundamentada na ótica pragmática, pois os indivíduos não podem ser considerados apenas animais em interação.

Quando se pensa assim, com esse pragmatismo reducionista, alija-se a sociedade dos seus processos sócio-históricos, o que faz com que seus indivíduos neguem o aspecto político da constituição do funcionamento social.

A cidadania é prática de um indivíduo assujeitado às determinações sócio-históricas de uma sociedade, visto que o cidadão é constituído da resistência que movimenta a história e ressignifica as relações de existência numa política social regida por "agentes de transformação". A escola é um espaço de cidadania por onde esse assujeitamento do indivíduo pode ganhar novos contornos, por exemplo, relacionados à sustentabilidade. Nessa dinâmica estão as estratégias e os mecanismos como a DC, enquanto ferramentas a serem usadas na EA.

Cabe tanto à escola quanto à universidade estarem atentas e lançarem o melhor olhar para as oportunidades de formação (e não de capacitação) de agentes de transformação. Do contrário, permanece sobre o indivíduo o peso da narrativa de que ele precisa ser apenas capaz de reproduzir, e não de transformar, deslocar, produzir novos

54 *Idem, ibidem.*

significados e sentidos para o funcionamento do mundo. Veja a seguir como o Programa Olhos no Futuro e suas ações extensionistas atuam para essa formação de "agentes de transformação".

3. Considerações provisórias: agentes (de) em (trans)formação com o Programa Olhos no Futuro

A DC, assim como tem sido discutida neste capítulo, faz parte de uma estratégia privilegiada no âmbito do Escritório Campus Sustentável da Unicamp. Em 2020, quando foi implementado o Setor de Comunicação e Divulgação Científica no Campus Sustentável,[55] já se sentia a necessidade de publicização do conhecimento produzido nesse espaço.

Na EE Telêmaco, exemplo trazido para a discussão, oito unidades de ensino da Unicamp realizam atividades que, em algum nível, abordam a questão da sustentabilidade energética.

A partir dessa relação interinstitucional, com as ações extensionistas do Programa Olhos no Futuro, interessa refletir sobre os caminhos educacionais possíveis para a formação de cidadãs/ãos mais engajadas/os na sustentabilidade dos processos de produção e consumo da sociedade.

O ângulo de entrada proposto para esta reflexão compreende a instituição escolar como um artefato pedagógico[56] pela relação estabelecida, sobretudo, com a DC, na circulação do conhecimento científico que, por meio da informação científica, produz um efeito que também faz parte da tessitura do que se compreende como cidadania.

[55] Paula, 2021.

[56] Orlandi, 2014.

O mesmo seria considerar que a DC, quando bem-sucedida pela escola e na escola, produz um efeito de cidadania que reflete na formação e, por conseguinte, na transformação dos indivíduos em cidadãs/ãos de direito (e deveres).

Uma das questões inicialmente levantadas tem a ver com o modo como os indivíduos poderiam se relacionar comprometidamente com a sustentabilidade em seus processos de produção e consumo. Com essa questão, foram trazidas à DC na escola, a formação e a capacitação.

A cidadania retoma a missão que lhe é atribuída historicamente na sociedade. Compreende-se que a comunidade escolar, onde se constroem reflexões acerca da EA, precisa tratar da sustentabilidade considerando a subjetividade dos seus indivíduos, a partir do processo de formação para a transformação.

O que se tem afirmado até aqui, sem querer determinar a prática da docência, mas sim com ela colaborar, é que a DC, quando bem realizada, torna-se um instrumento que potencializa o papel da EA em (in)formar os indivíduos. Mas não uma DC banal, como muitas vezes tratada midiaticamente, limitada a datas alusivas e/ou campanhas publicitárias – apelos ao *marketing* científico.

Na EE Telêmaco, como exemplo mencionado na introdução e trazido para esta discussão, o Programa Olhos no Futuro desenvolve ações voltadas para a formação de "agentes de transformação" social. A ênfase na sustentabilidade encontra-se mais efetivamente ligada ao ODS 7, mas não se restringe a ele. Essas ações extensionistas estão fundamentadas nas unidades da Unicamp e são exemplos que demonstram o movimento realizado pelo conhecimento científico na sociedade mais ampla, neste caso, na escola. Esse conhecimento é deslocado da comunidade científica e atinge um público mais heterogêneo.

Há nessa relação um duplo movimento realizado pelas/os pesquisadoras/es da Universidade (produzem e divulgam suas pesquisas), assumindo posições diferentes. Na Unicamp, o/a pesquisador/a produz conhecimento científico. O modo como esses conhecimentos são mobilizados no âmbito universitário difere de como são apresentados na escola. Com isso se quer dizer que, na escola, algumas atividades são, no máximo, emuladas, quando comparadas aos procedimentos metodológicos aplicados no âmbito universitário.

Na EE Telêmaco, esse/a pesquisador/a assume a função de divulgador/a e transfere esses conhecimentos para a informação científica, produzindo nas/os estudantes efeitos de cientificidade que colaboram para a construção da propalada cidadania.

As atividades do Programa Olhos no Futuro estão fundamentadas no conhecimento científico e são realizadas com estudantes do Ensino Básico, que são indivíduos não especializados. Esse funcionamento tem sido posto neste capítulo como uma relação de divulgação científica. Pois, nesse processo, o saber científico é, em certa medida, destituído do seu púlpito pelo próprio modo como se utiliza da linguagem.

O conhecimento científico sai da Unicamp para ocupar um lugar na EE Telêmaco – onde estuda um grupo heterogêneo característico da sociedade –, determinando a esses indivíduos as práticas cotidianas cientificamente embasadas, capazes de (res)significar o modo como a sustentabilidade (energética) tem sido tomada nos âmbitos sociais.

Portanto, a expressão "cidadãs/ãos mais conscientes" funciona pouco no sentido da promoção de agentes (de) em (trans)formação, pois, como exposto, num sentido histórico, a cidadania não está garantida, não é dada a esses indivíduos. Semelhante a isso, o próprio enunciado "Olhos no Futuro", assim como a cidadania, é uma promessa para o futuro, e não uma realidade do presente.

Cabe a essas/es estudantes a conquista. Nada lhes é entregue gratuitamente. Muito se propaga que "as crianças são o futuro da nação" ou que "as/os jovens são o futuro da nação", tornando-se sempre promessas.

É sempre um "já-nunca" como efeito dos modos de individuação pelo Estado. Cumprem-se os deveres para gozar dos direitos, e esse é só mais um jeito de movimentar o indivíduo na teia do desenvolvimento e do progresso social.

Essa lógica, inscrita no sistema capitalista e na ordem neoliberal, impõe ao indivíduo que há algo a ser sempre "conquistado", a cidadania, a sustentabilidade, portanto o progresso e o desenvolvimento, e que, para isso, é imprescindível produzir e, por conseguinte, consumir cada vez mais. Nem que seja inovando! Por falar nisso, a inovação, palavrinha tão na moda, apresenta-se carregada de vícios da colonização e da exploração, do progresso e do desenvolvimento.

Cidadania, portanto, produz um sentido de processo e formação de um indivíduo assujeitado às normas sociais, à escola e às formas jurídicas de existência que, assim como as noções de sustentabilidade e educação, estão encharcadas da dissimulação do capital.

É assim que o indivíduo se inscreve historicamente como cidadã/ão no funcionamento da sociedade. Como a escola, a cidadania reclama sentidos sócio-históricos, dinamizando o político da "re-existência".

Nesse ínterim, é possível dizer que, em certa medida, a sustentabilidade é uma cocriação capitalista e que esse sistema se encontra estruturado pela falha do Estado.

A formação (e não a capacitação) de estudantes apresenta maiores possibilidades de sucesso para o processo de cidadãs/ãos comprometidas/os com um mundo mais sustentável.

O que está em jogo, então, não é um bloco de informações capazes de ditar normas, padrões e diretrizes, como soluções para os problemas complexos do mundo – desejo do pragmatismo científico e técnico –, acolhidas pela capacitação, mas uma relação de conhecimento a partir da (in)formação escolar sobre os problemas do mundo e a criação de soluções próprias do modo de identificação dos indivíduos com as questões da sustentabilidade.

Entram em cena a resistência e a "re-existência".

Não se trata apenas de capacitar, treinar, informar as/os alunas/os, pois ensinar ou educar é possibilitar que o conhecimento e o saber estejam garantidos e que as/os estudantes tenham condições materiais (históricas e políticas) de discernir sobre o seu próprio lugar na sociedade.

Faz parte de um mundo que exige mudanças radicais diante do modo como as práticas de produção e consumo se estabeleceram e se perpetuaram, autorizadas pelas lentes das correntes científicas reducionistas que apagam os seus processos e a própria existência do indivíduo social, assim como a sua condição histórica.

Antes, instauraram a colonização, mas explorar se tornou algo imoral. Então, construíram uma nova perspectiva para mascarar essa imoralidade. Criaram o progresso. Ele, preenchido de vícios da colonização e da exploração, perdurou. Contudo, como também esse rótulo se desgastou, inovaram. Veio, então, o desenvolvimento. Um termo mais neutro, que exala futuro. Tudo isso não é a inovação neoliberal agindo incessantemente no modo como o capitalismo tem se reinventado para continuar a destruição do meio ambiente?

4. Referências bibliográficas

BRUNDTLAND, G. H. "Nosso futuro comum". Comissão Mundial sobre Meio Ambiente e Desenvolvimento. *Relatório de Brundtland*. 2. ed. Rio de Janeiro, FGV, 1991 [1987].

BUENO, W. C. "Comunicação científica e divulgação científica: aproximações e rupturas conceituais". *Informação & Informação*, vol. 15, n. 1, 2010, pp. 1-12.

FREIRE, P. *Extensão ou comunicação?* 2. ed. Trad. Rosisca D. de Oliveira. Rio de Janeiro, Paz e Terra, 1975.

FREIRE, P. "A concepção 'bancária' da educação como instrumento da opressão. Seus pressupostos, sua crítica". *Pedagogia do oprimido.* 65. ed. Rio de Janeiro, Paz e Terra, 2018, pp. 79-87.

INSTITUTO DE PESQUISA ECONÔMICA APLICADA (IPEA). "7 – Energia acessível e limpa", 2019. Disponível em <https://www.ipea.gov.br/ods/ods7.html>. Acesso em 4/7/2024.

ORLANDI, E. L. P. "O discurso da educação ambiental". *In*: TRAJBER, R. & MANZOCHI, L. H. *Avaliando a educação ambiental no Brasil: materiais impressos.* São Paulo, Gaia, 1996, pp. 37-47.

____. "Divulgação científica e efeito leitor: uma política social urbana". *In*: TRAJBER, R. & MANZOCHI, L. H. *Discurso e texto: formulação e circulação dos sentidos.* Campinas, Pontes, 2001, pp. 149-162.

____. "Formação e capacitação? Duas formas de ligar sociedade e conhecimento". *In*: FERREIRA, E.; TRAJBER, R. & MANZOCHI, L. H. (org.). *Discurso sobre a inclusão.* Niterói, Intertexto, 2014, pp. 141-183.

____. *Discurso e texto: formulação e circulação dos sentidos.* Campinas, Pontes Editores, 2021.

PAULA, A. I. S. *De watts para hertz: tensões e ruídos na divulgação científica do Campus Sustentável – Unicamp.* Campinas, Instituto de Geociências, Universidade Estadual de Campinas, 2021 (Trabalho de Conclusão de Curso – Especialização).

PAULA, A. I. S. *et al.* "Engenharia elétrica e direitos sociais: efeitos de dignidade humana". *In*: ALMEIDA, N. B. A. (org.). *Os direitos humanos e as profissões: diálogos fundamentais.* Campinas, BCCL/Unicamp, 2021, pp. 210-218.

SEÇÃO II

PROJETOS DO PROGRAMA OLHOS NO FUTURO E JORNADA OLHOS NO FUTURO

5

CANAlise: da cana-de-açúcar ao etanol – caminhos para aprendizagem e enlaces dos ODS 4, 7 e 8

Roberta Ceriani, Aline Carvalho da Costa,
Danúsia Arantes Ferreira

1. Introdução

CANAlise é um projeto do Programa Olhos no Futuro. Foi concebido a partir da abordagem conceitual e metodológica do ensinar pela pesquisa[1] e da interdisciplinaridade[2] para trabalhar os ODS 7 ("Energia acessível e limpa"), 4 ("Educação de qualidade") e 8 ("Trabalho decente e crescimento econômico"), da Agenda 2030 da ONU. Tendo como tema gerador a produção do etanol de segunda geração (etanol 2G), o CANAlise desenvolve habilidades e competências que foram selecionadas da Base Nacional Comum Curricular (BNCC) em matemática, ciências da natureza e ciências humanas, com estudantes

[1] Demo, 2011.
[2] Fazenda, 2011.

do Ensino Médio. O CANAlise vem desenvolvendo suas atividades na Escola Estadual Telêmaco Paioli Melges (EE Telêmaco), na Vila San Martin, em Campinas (SP). Desde o final de 2021, as atividades são presenciais, embora tenha havido atividades remotas em 2020 e 2021, com a adaptação do material desenvolvido para esse fim.[3] Além das ações na EE Telêmaco, o CANAlise também foi tema de dois projetos Pibic-EM, quotas 2021-2022 e 2023-2024, envolvendo oito estudantes de escolas públicas de Campinas e região; e a oficina "Energias (não) renováveis" do CANAlise foi ampliada e fez parte da oficina "A transição energética na Jornada Olhos no Futuro – Promoção dos ODS no Ensino Médio Público", do Programa Ciência & Arte nas Férias, da Unicamp, em janeiro de 2023.

2. Contextualização

Como um dos projetos do Programa Olhos no Futuro, o CANAlise aborda o ODS 7 no contexto da produção de etanol a partir da cana-de-açúcar, uma biomassa muito importante para o Brasil,[4] a partir da qual são produzidos cerca de 28 bilhões de litros de etanol por ano (estimativa baseada na safra 2023/2024). A palavra "CANAlise" é um anagrama que representa três "jogos de palavras" alinhados à centralidade do projeto. São eles:

a) CANA + ANAlise – investigue detalhadamente a cana-de-açúcar;
b) CANA + lise – para produzir etanol 2G, há uma etapa de hidrólise – do grego, *hidro-* (água) e *-lysis* (quebra ou separação) –, na qual se quebra a molécula de celulose em glicose pela ação da água, na presença de um catalisador;

[3] Trentini *et al.*, 2021.

[4] Conab, 2023.

c) CANAlize – na forma figurada, significa "conduza em determinada direção".

A produção de etanol 1G (etanol de primeira geração) a partir da cana-de-açúcar é usualmente feita com a fermentação do caldo rico em sacarose, extraído da cana-de-açúcar picada e moída pela adição de água quente. Já na produção do etanol 2G, o bagaço de cana-de-açúcar passa pelas etapas de pré-tratamento e hidrólise, prévias à fermentação. Em 2023, a empresa Raízen foi a única que comercializou etanol 2G no mundo em escala global.[5] Segundo as informações no *site* da empresa, o seu potencial de produção nos próximos anos será de 2 bilhões de litros de etanol 2G, valor equivalente à metade da sua produção de etanol 1G. Tanto o etanol 1G como o etanol 2G são fontes de energia renováveis, pois são obtidos a partir de uma biomassa. No entanto, o etanol 2G tem uma "pegada de carbono" menor quando comparado ao etanol 1G, sendo ambientalmente mais sustentável. O desenvolvimento tecnológico e o aumento da produção do etanol 2G vão ao encontro de algumas metas do ODS 7:[6] o aumento da participação de energias renováveis na matriz energética e o aprimoramento de tecnologias mais sustentáveis.

Para ser mais sustentável, uma tecnologia deve abarcar não somente questões ambientais, mas também econômicas e sociais. Nas lavouras de cana-de-açúcar, o trabalho decente do ODS 8 é um ponto bastante importante de ser analisado. Como apontado por Sakamoto,[7] o maior número de trabalhadores já resgatados numa mesma operação foi numa usina de cana-de-açúcar no município de Ulianópolis, no Pará. Na ocasião, 1.064 homens foram libertados, como resultado de uma ação coordenada por diversas instituições

[5] Raízen, 2023.

[6] Ipea, 2019a.

[7] Sakamoto, 2020, p. 94.

públicas. Segundo a Iniciativa Smartlab – Promoção do Trabalho Decente Guiada por Dados,[8] o cultivo de cana-de-açúcar responde por 13,7% dos trabalhadores resgatados de 1995 a 2023 (8.329 pessoas), ficando atrás apenas do setor de criação de bovinos (27,9%). Além disso, foram resgatados 2.562 trabalhadores no setor de fabricação de álcool, o que corresponde a 4,21% do total. Nesse sentido, o CANAlise traz reflexões a respeito do trabalho decente nas lavouras de cana-de-açúcar, atendendo a uma das metas do ODS 8,[9] que trata da erradicação do trabalho em condições análogas às de escravo até o final de 2025. Por fim, o ODS 4 é entendido como aquele que promove os demais ODS, uma vez que a educação de qualidade é a base do planejamento e da execução das ações trabalhadas pelo CANAlise. O ODS 17 está relacionado às parcerias necessárias entre as instituições envolvidas para a implementação de ações (escolas e universidades públicas, financiadores públicos e agências de fomento). Essas ações extensionistas estão embasadas na tríade pesquisa-ensino-extensão e na sua indissociabilidade, tendo a interdisciplinaridade como promotora da interação transformadora de todos os atores participantes.[10]

3. Caminhos: percurso desenvolvido

O desenvolvimento do percurso formativo do CANAlise envolveu, conceitual e metodologicamente, o ensinar pela pesquisa[11] e a interdisciplinaridade.[12] Demo[13] define o questionamento como

[8] Smartlab, 2024.
[9] Ipea, 2019b.
[10] Forproex, 2012.
[11] Demo, 2011.
[12] Fazenda, 2011.
[13] Demo, 2011, p. 13.

"a formação do sujeito competente, no sentido de ser capaz de, tomando consciência crítica, formular e executar projeto próprio de vida no contexto histórico". Assim, tanto pesquisar quanto educar promovem uma aprendizagem para a argumentação, para o desenvolvimento do pensamento crítico, para a comunicação, para o entendimento de si mesmo e do seu papel como indivíduo na sociedade, em um movimento espiralado,[14] e, portanto, pressupõem a aprendizagem centrada no estudante.

A riqueza da interdisciplinaridade se faz presente no percurso formativo do CANAlise na ressignificação do conhecimento cotidiano, que foi/é vivenciado e sentido pelas/os estudantes, contribuindo para a construção dos saberes envolvidos na temática proposta. Fazenda aponta que a pesquisa interdisciplinar na educação

> [...] exige uma gestação na qual o pesquisador se aninha no útero de uma nova forma de conhecimento – a do conhecimento vivenciado, não apenas refletido; a de um conhecimento percebido, sentido, não apenas pensado – então, a ciência se faz arte. E o movimento que essa arte engendra é capaz de modificar os mais sisudos e tristes prognósticos para o amanhã, em educação e na vida.[15]

Estando definidos a base conceitual e metodológica e o tema gerador do CANAlise, buscou-se elaborar projetos de iniciação científica e de extensão que foram desenvolvidos por estudantes de diferentes faculdades/institutos da Unicamp. Até 2024 (Figura 5.1), foram cinco bolsistas de iniciação científica (Faculdade de Engenharia Química, Faculdade de Engenharia de Alimentos e Química Tecnológica, do Instituto de Química), quatro bolsistas de extensão (Midialogia, do Instituto de Artes, e Física, do Instituto

[14] Ramos, 2004.

[15] Fazenda, 1997, p. 15.

de Física Gleb Wataghin) e um bolsista BAS/SAE (Bolsa de Auxílio Social do Serviço de Apoio ao Estudante da Unicamp). Seus nomes e seus respectivos períodos de atividades estão colocados a seguir em ordem cronológica. Vale ressaltar que tanto o engajamento social como as vivências individuais foram importantes aspectos na seleção das/os bolsistas envolvidas/os no CANAlise, pautados na promoção da justiça social inerente à educação transformadora. Em 2023, iniciou-se a participação na equipe do pesquisador de pós-doutorado da FEQ/Unicamp Ericsem Pereira. Em 2024, a professora Simone Monteiro e Silva, do Departamento de Engenharia Mecânica da Universidade de Brasília (UnB), fez uma capacitação de três meses no CANAlise e no Programa Olhos no Futuro.

De 2019 a 2022, a equipe do projeto CANAlise (professoras e estudantes) elaborou o percurso formativo para o seu público-alvo: estudantes do Ensino Médio público. A criação do percurso formativo esteve sempre pautada em elementos-chave do ensinar pela pesquisa levantados por Demo:[16] o desafio da reconstrução do conhecimento no cotidiano, a busca pela consciência crítica e a valorização do questionamento inerente do "aprender a aprender". O trabalho da equipe CANAlise culminou na publicação de um *e-book*[17] intitulado *CANAlise – da cana-de-açúcar ao etanol – caminhos de aprendizagem e enlaces dos ODS 4, 7 e 8*, que é material didático-pedagógico e midiático do CANAlise. É público e pode ser baixado no *site* do Programa Olhos no Futuro da Proeec.

A partir do tema gerador do etanol 2G, o percurso formativo inicia-se com um convite para uma *nova aventura que está sendo proposta* no tema da sustentabilidade. Nesse sentido, há uma sensibilização inicial com a apresentação da equipe do CANAlise e

[16] Demo, 2011.
[17] Ceriani *et al.*, 2022.

de suas motivações para fazer parte dessa *nova aventura*, constituída de uma trilha de aprendizagem[18] (Figura 5.2).

FIGURA 5.1 – BOLSISTAS DO PROJETO CANALISE.

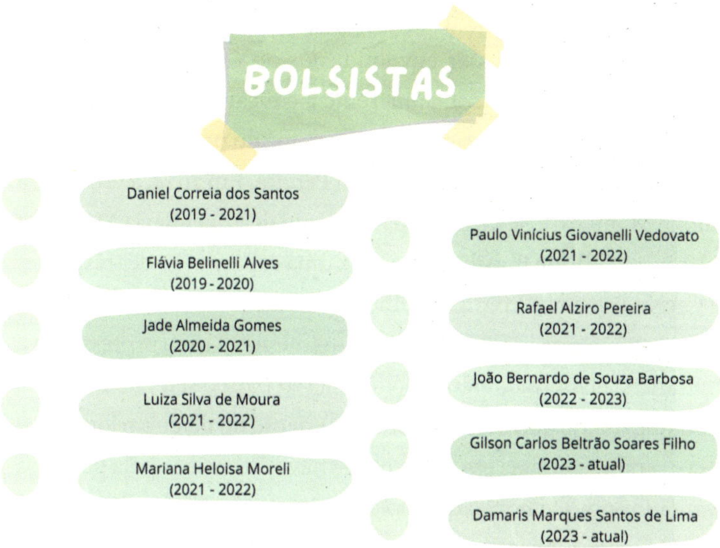

Essa trilha se constitui de sete atividades, que podem ser reagrupadas, condensadas ou desmembradas, conforme o espaço/tempo disponível na escola. Ela se inicia com uma roda de conversa intitulada "A educação como transformador social", seguida de cinco oficinas e uma atividade de "Bate-papo final", para compartilhamento das aprendizagens das/os estudantes e da equipe do projeto.

[18] *Idem.*

Figura 5.2 – Trilha de aprendizagem do projeto CANAlise, conforme Ceriani *et al.*, 2022.

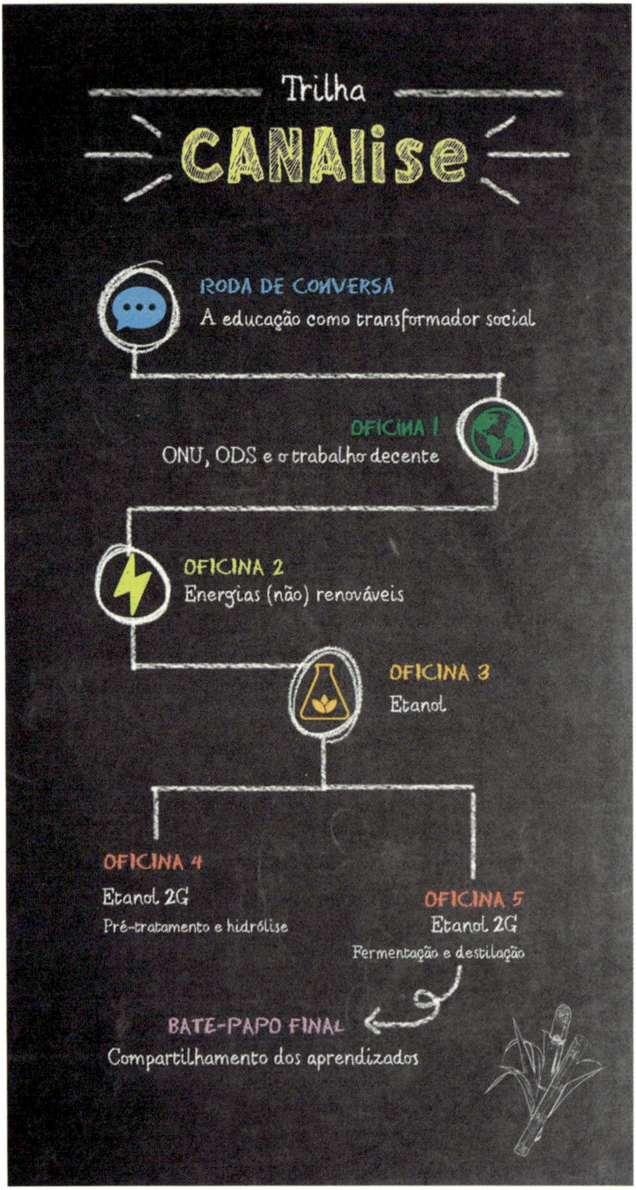

As atividades iniciais, que culminam na roda de conversa "A educação como transformador social", objetivam o acolhimento das/os estudantes da escola e seu engajamento na continuidade dos estudos, para além do Ensino Médio. No livreto, estão apresentadas as diferentes formas de ingresso na Unicamp – o Paais (Programa de Ação Afirmativa e Inclusão Social), o ProFIS (Programa de Formação Interdisciplinar Superior) e as vagas olímpicas – além do Enem (Exame Nacional do Ensino Médio). No entanto, podem ser apresentados também o Prouni (Programa Universidade Para Todos) e o Fies (Fundo de Financiamento Estudantil), bem como outras ações inclusivas. Há ainda uma breve apresentação dos cursinhos populares existentes na região de Campinas e algumas oportunidades científicas/tecnológicas na Universidade, como a Unicamp de Portas Abertas (UPA), o Ciência e Artes nas Férias (CAF) e o Pibic-EM (Programa Institucional de Bolsas de Iniciação Científica para o Ensino Médio).

Para a elaboração das oficinas, buscou-se alinhá-las às competências e habilidades almejadas pela Base Nacional Comum Curricular[19] para o Ensino Médio. Na BNCC, o Ensino Médio tem por finalidade "o aprimoramento do educando como pessoa humana" e "a compreensão dos fundamentos científico-tecnológicos dos processos produtivos", pautadas pelo protagonismo juvenil. Percebe-se que a BNCC também está alinhada à Agenda 2030 da ONU, nas metas do ODS 4.[20] A partir da análise da BNCC e levando-se em consideração os temas abordados na trilha de aprendizagem do projeto CANAlise, foram identificadas algumas das habilidades a serem trabalhadas (identificadas por seus códigos na Figura 5.3), para cada competência específica em cada área do conhecimento, de acordo com a BNCC.[21]

[19] Brasil, 2018.

[20] Ipea, 2019c.

[21] Brasil, 2018.

FIGURA 5.3 – COMPETÊNCIAS E HABILIDADES NO CONTEXTO DO PROJETO CANALISE, CONFORME A BNCC.[22]

As oficinas 1 a 5 tratam de tópicos das áreas de conhecimento de matemática, ciências da natureza e ciências humanas. Para cada área, foram selecionadas competências específicas, habilidades e seus códigos a serem trabalhados nas atividades. Na oficina 1, são

[22] *Idem.*

abordados os ODS da Agenda 2030 da ONU, com foco nos ODS 4, 7 e 8. Na oficina 2, discutem-se as energias renováveis e não renováveis e a matriz energética nacional,[23] com destaque para o etanol. A oficina 3 traz o etanol numa abordagem envolvente: há um resgate do conhecimento prévio nas atividades "Etanol no nosso dia a dia", para que as/os estudantes discutam as funções do etanol em produtos cotidianos, e "Como se faz o pão crescer", para o entendimento do papel da levedura *Saccharomices cerevisiae* na fermentação do açúcar. Também são apresentadas as diferenças entre o etanol 1G e o etanol 2G. As oficinas 4 e 5 tratam do processo de produção do etanol 2G, com a discussão das etapas de pré-tratamento, hidrólise, fermentação e destilação. Nelas, conceitos como pH ácido e básico, dissolução, catalisadores, enzimas, estequiometria, fermentação, volatilidade, destilação, entre outros, são descritos a fim de reforçar conteúdos abordados no Ensino Médio, mas aplicados de forma prática no contexto do etanol. Para a oficina 5, foi produzido um vídeo ilustrativo de uma coluna de destilação do laboratório de graduação da FEQ/Unicamp. O vídeo pode ser visualizado no *link* do canal do YouTube "Engenharia Química ao alcance de todos!".[24]

Como atividade de prática laboratorial, a oficina propõe a preparação de uma solução alcoólica 70° GL (70% de etanol em água, em g/g) para higienização de superfícies, que pode ser desenvolvida a partir de reagentes, material de laboratório e equipamentos simples, como água destilada e etanol absoluto, balança, picnômetro, alcoômetro e béqueres. Para finalizar, na última atividade, propõe-se o compartilhamento do que ficou da participação das/os estudantes no projeto CANAlise. É feito também um convite para a replicação do aprendizado como um/a agente de transformação.

[23] EPE, 2023.

[24] Engenharia Química ao alcance de todos!, 2022.

4. Abordagem prática

4.1 Atividades na Escola Estadual Telêmaco Paioli Melges

O CANAlise vem desenvolvendo atividades na Escola Estadual Telêmaco Paioli Melges, na Vila San Martin, em Campinas (SP), em formato presencial e virtual (no período de restrições impostas pela pandemia de covid-19). As primeiras atividades foram remotas e se iniciaram em novembro de 2019, com duas turmas do 2º ano do Ensino Médio. Parte do material de trabalho do CANAlise foi readaptada seguindo as ações pedagógicas sugeridas na literatura,[25] com o envio de mensagens de texto e material imagético (infográficos, áudios e vídeos) via WhatsApp. A coordenação da escola criou um grupo no aplicativo para contato da equipe do CANAlise com as/os estudantes de ambas as turmas. Ao todo, foram enviadas apenas três atividades, que cobriram o início do livreto: "Uma nova aventura está sendo proposta", "Quem somos nós" e "Roda de conversa". Após o envio do material de cada atividade, conforme as/os participantes do grupo se manifestavam, houve uma breve discussão, por meio de mensagens de texto e de áudio. Infelizmente, a interação foi muito limitada, e a criação de vínculo, impossibilitada, o que levou a uma baixíssima participação das/os estudantes no espaço virtual.

Com o avanço da vacinação contra a covid-19 e a flexibilização das restrições, as atividades presenciais na EE Telêmaco foram realizadas nos meses de maio, junho, agosto, setembro e novembro de 2022, com duas novas turmas do 2º ano do Ensino Médio no período noturno. Seguiu-se a trilha de aprendizagem apresentada na Figura 5.2. As atividades foram desenvolvidas na sala multimídia da escola, ocupando uma ou duas aulas num determinado dia estabelecido

[25] Trentini *et al.*, 2021.

pela equipe do projeto, mas alocadas conforme a disponibilidade de horários da escola. Ainda que presencialmente, a participação efetiva das/os estudantes nas atividades foi pequena e desinteressada. Ficou evidente a ausência de vínculo das turmas com a equipe do CANAlise. De fato, Euzébio[26] destaca, em seu trabalho de investigação, os efeitos negativos do espaço virtual de estudo, imposto pela pandemia, tanto na aprendizagem como nos projetos futuros de jovens mulheres estudantes do Ensino Médio público.

Em 2023, numa construção da equipe do CANAlise com a coordenação da escola, foi feita uma mudança no espaço/tempo de intervenção do projeto na EE Telêmaco. Estabeleceu-se como público-alvo as/os estudantes de todas as turmas do Ensino Médio (1º, 2º e 3º anos noturnos). Para isso, a equipe realizou ações de divulgação do projeto ao longo do mês de fevereiro, tanto nas salas de aula durante o período letivo como em cartazes espalhados pelos corredores da escola. Houve a adesão de 12 estudantes que demonstraram interesse, os quais desenvolveram as atividades quinzenais no contraturno (entre 16h45 e 19h00). Criou-se um grupo do WhatsApp entre a equipe do CANAlise e a turma de participantes. Na divulgação do projeto, algumas estratégias foram adotadas, como o oferecimento de camisetas do projeto para as/os participantes e de lanches individuais ao final de cada atividade.

Conforme salientado anteriormente, a trilha de aprendizagem não é engessada, podendo ser adaptada conforme o espaço/tempo da escola. Para 2023, foram previstos nove encontros, realizados na biblioteca da escola, ao longo dos meses de março a junho. Selecionaram-se as atividades iniciais, descritas no item 3, com a apresentação dos ODS da ONU da Agenda 2030, as formas de ingresso no Ensino Superior e as políticas de permanência estudantil na Unicamp. Seguiu-se com atividades relacionadas à educação como

[26] Euzébio, 2023.

transformador social, com a leitura compartilhada do documentário *Nunca me sonharam*, dirigido por Cacau Rhoden e produzido pela produtora Maria Farinha Filmes, com patrocínio do Instituto Unibanco. Previu-se a realização da atividade laboratorial para a preparação da solução alcoólica 70° GL no laboratório químico da escola, na oficina "Etanol", bem como a realização de experimentos demonstrativos de um *kit* educacional, na oficina "Energias (não) renováveis". Esse *kit* educacional contém experimentos de energia fotovoltaica, eólica e de hidrogênio, e foi gentilmente cedido para a atividade na escola por Benedito Donizeti Bonatto, professor titular da Universidade Federal de Itajubá e professor visitante na Faculdade de Engenharia Elétrica e Computação da Unicamp entre 2022 e 2023. Foi prevista também uma visita na Unicamp para a Jornada Olhos no Futuro, na qual as/os estudantes tiveram a chance de experienciar a Universidade como um laboratório vivo. Nessa oportunidade, as/os estudantes da escola entraram em contato com graduandas/os que ingressaram na Unicamp por meio de suas diferentes formas de acesso e com as ações voltadas ao tema da transição energética realizadas no *campus* Zeferino Vaz, no distrito de Barão Geraldo, em Campinas. A atividade final do projeto CANAlise envolve o compartilhamento das vivências ao longo dos meses de trabalho e da experiência na Jornada Olhos no Futuro. No momento de fechamento, são realizados a coleta de depoimentos e o preenchimento de um formulário de avaliação de todo o projeto pelas/os participantes.

Outro desdobramento das atividades do CANAlise em 2023 foi a proposta de leitura compartilhada do livro ficcional *Descarrego*, de Juliana Rabelo, da Insígnia Editorial. O livro apresenta para o público jovem a saga da estudante do Ensino Médio público Janaína da Silva Brasil até o seu ingresso na universidade por meio de políticas de ações afirmativas. Foram entregues exemplares às/aos participantes e, a cada atividade, foi entregue um breve formulário de acompanhamento da leitura, retomado na atividade seguinte.

Ao contrário das atividades anteriores, a estratégia adotada em 2023 foi bastante efetiva. Houve grande participação das/os estudantes nos encontros, com engajamento e interesse. Buscou-se utilizar a ferramenta Canva, que é gratuita e *on-line*, na confecção das apresentações utilizadas nas atividades, tornando-as mais atrativas. Também foram adotadas estratégias para fomentar a participação coletiva criativa, com a proposição de mapa mental, abertura de momentos de fala e escuta, num espaço bastante descontraído e dialógico. Certamente, a presença de jovens na equipe do CANAlise foi um facilitador para a fluidez alcançada nas atividades.

4.2 Atividades no Pibic-EM

Entre setembro de 2021 e agosto de 2022, a equipe do CANAlise envolveu-se também nas atividades do Pibic-EM quota 2021-2022, com um grupo de cinco estudantes de 1º e 2º anos de diferentes escolas públicas de Campinas. Devido às restrições da pandemia de covid-19, apenas atividades remotas foram executadas até junho de 2022. Dessa forma, as ações pedagógicas sugeridas na literatura[27] foram novamente adotadas, criando-se um grupo do WhatsApp para contato com as/os estudantes e envio do material de trabalho. Os encontros eram realizados na plataforma Google Meet, com espaçamento semanal ou quinzenal, dependendo da atividade proposta. Percebeu-se que, mesmo no espaço virtual, foi possível a criação de vínculo da equipe do CANAlise com as/os participantes. Como projeto de finalização do primeiro semestre de atividades do Pibic-EM, propôs-se a criação coletiva de um material que trouxesse as vivências das/os estudantes no projeto até aquele momento. A entrega, que surpreendeu e emocionou as orientadoras do projeto, foi

[27] Trentini *et al.*, 2021.

o vídeo *Carta aberta ao Pibic-EM*,[28] compartilhado pela Pró-Reitoria de Pesquisa da Unicamp em seu *site* em 7 de março de 2022. O vídeo mostra claramente não só o vínculo estabelecido entre todas/os as/os participantes como também o empoderamento das/os estudantes, que foram capazes de perceber o poder da educação transformadora, baseada na dedicação e no afeto.[29] Nos meses finais do Pibic-EM, as atividades presenciais foram liberadas, e as/os estudantes vieram até o *campus* da Unicamp em dois encontros. Ao final do projeto, apresentaram um trabalho no XXX Congresso de Iniciação Científica da Universidade.[30] O CANAlise também esteve presente no Pibic--EM, na quota 2023-2024, com uma turma de três estudantes de Ensino Médio, trabalhando de forma 100% presencial, em atividades semanais. Em 2023, as/os estudantes participaram de várias vivências na Unicamp, como o XXXI Congresso de Iniciação Científica em 2023, a mesa-redonda "Vivências negras na academia", o 1º Congresso Interdisciplinar de Ciência e Cultura (ConICC), o acesso à Biblioteca Central Cesar Lattes, entre outras.

4.3 Outras ações da equipe do CANAlise

Em 2022, o CANAlise ainda participou da concepção e da execução de outras atividades promovidas na Universidade: a Unicamp de Portas Abertas (UPA) em agosto, a Jornada Olhos no Futuro em outubro e a oficina "Transição Energética na Jornada Olhos no Futuro" no Programa Ciência & Arte nas Férias em 2023, que capacitou previamente 10 monitoras/es (bolsistas e voluntárias/os) para trabalhar com 86 estudantes do Ensino Médio público. A

[28] Casagrande, 2022.

[29] Leite, 2018.

[30] Silva *et al.*, 2022.

Jornada Olhos no Futuro é uma série de experiências interdisciplinares realizadas no *campus* da Unicamp, como um laboratório vivo, sobre a temática da transição energética, abordando ações relacionadas aos ODS 4, 7, 11 ("Cidades e comunidades sustentáveis") e 17. Um vídeo do evento foi produzido pelo setor de comunicação do Escritório Campus Sustentável da Unicamp e pode ser encontrado no canal do YouTube "Campus Sustentável".[31]

5. Visões conclusivas e continuidades

O projeto CANAlise, inserido no Programa Olhos no Futuro, tem como elementos fundantes a interdisciplinaridade e o ensinar pela pesquisa e contribui para a aproximação da Unicamp com os demais atores da sociedade, alicerçada nos ODS 4, 7 e 8 da Agenda 2030 da ONU. Tendo como tema gerador o etanol 2G, as atividades executadas no projeto estimulam o pensamento crítico e promovem um espaço dialógico, de forma que as/os estudantes sintam-se confortáveis em se posicionar e questionar, iniciando uma jornada de autoconhecimento. Sair da Universidade e estar no espaço escolar tem sido um desafio de grande aprendizado para a equipe do CANAlise. Portanto, a criação mútua de vínculos é fundamental para o desenvolvimento das atividades.

A trilha de conhecimentos do CANAlise (Figura 5.2) pode ser trabalhada de diferentes maneiras no espaço/tempo da escola. É muito importante o diálogo entre todos os atores que, direta ou indiretamente, se envolvem nas atividades do projeto (coordenação e professoras/es da escola, equipe do projeto e estudantes).

As ações do projeto CANAlise dependem de financiamento para bolsas de iniciação científica e extensão, bolsa auxílio social do SAE,

[31] Campus Sustentável, 2023.

além de aquisição de material de consumo e serviços. É necessário legitimar o projeto também no espaço universitário, não apenas no espaço escolar, no qual se promove a intervenção. Até 2024, o CANAlise foi contemplado com o financiamento de três bolsas Pibic, dois projetos Pibic-EM, dois editais Proeec e uma bolsa BAS do SAE. Ações de comunicação, como as listadas a seguir, são essenciais nesse processo: a publicação de matéria sobre o vídeo *Carta aberta ao Pibic--EM* pela Pró-Reitoria de Pesquisa da Unicamp, a participação da turma do Pibic-EM no XXX Congresso de Iniciação Científica da Unicamp e a divulgação do vídeo da oficina no CAF pelo Escritório Campus Sustentável Unicamp.

Por fim, o CANAlise revela-se como um espaço oportuno de aprendizagem colaborativa, para que graduandos experienciem o ensino pela pesquisa e a extensão universitária na prática cotidiana do compromisso social de uma universidade pública. A abordagem interdisciplinar destaca-se como amálgama para a construção dos enlaces entre os saberes científicos trabalhados na Universidade, os ODS e o currículo nas suas diferentes formas de viabilizar os processos pedagógicos desenvolvidos no ambiente escolar, também como espaço de formação das/os "agentes de transformação". Fomentar o acesso ao Ensino Superior por estudantes do Ensino Médio público e evidenciar que o espaço da Universidade é de todas/os são iniciativas fundamentais para superar o desconhecimento e a distância que se fazem presentes.

6. Referências bibliográficas

BRASIL. Base Nacional Comum Curricular. Brasília, Ministério da Educação, 2018.

CAMPUS SUSTENTÁVEL. *A transição energética na Jornada Olhos no Futuro (CAF – 2023)*. Disponível em <https://www.youtube.com/watch?v=QtkO88CTtWQ>. Acesso em 19/8/2024.

CASAGRANDE, J. "Carta aberta ao PIBIC EM", 2022. Disponível em <https://youtu.be/UVTzAAbFcRo>. Acesso em 19/8/2024.

CERIANI, R. *et al. CANAlise – Da cana-de-açúcar ao etanol: caminhos para a aprendizagem e enlaces dos ODS 4, 7 e 8*. Campinas, Biblioteca/Unicamp, 2022.

COMPANHIA NACIONAL DE ABASTECIMENTO (CONAB). "Acompanhamento da safra brasileira de cana-de-açúcar: terceiro levantamento", 2023. Disponível em <https://www.conab.gov.br/info-agro/safras/cana/boletim-da-safra-de-cana-de-acucar/item/download/50386_66eb66936a5d73a592e5fb25bc9cb71b>. Acesso em 28/3/2024.

DEMO, P. *Educar pela pesquisa*. Campinas, Autores Associados, 2011.

ENGENHARIA QUÍMICA AO ALCANCE DE TODOS! "Funcionamento de coluna de destilação – mistura binária (etanol e água)", 2022. Disponível em <https://youtu.be/l4tVoa7Cg-o>. Acesso em 28/3/2024.

EMPRESA DE PESQUISA ENERGÉTICA (EPE). "ABCDEnergia: matriz energética e elétrica", 2023. Disponível em <http://www.epe.gov.br/pt/abcdenergia/matriz-energetica-e-eletrica>. Acesso em 28/3/2024.

EUZÉBIO, P. "Pandemia interrompe sonhos de estudantes da rede pública", 2023. Disponível em <https://jornal.unicamp.br/edicao/684/pandemia-interrompe-sonhos-de-estudantes-da-rede-publica/>. Acesso em 19/8/2024.

FAZENDA, I. C. A. "Sobre a arte ou a estética do ato de pesquisar na educação". *A pesquisa em educação e as transformações do conhecimento*. 2. ed. Campinas, Papirus, 1997, pp. 11-15.

____. *Integração e interdisciplinaridade no ensino brasileiro: efetividade ou ideologia?* São Paulo, Edições Loyola, 2011.

FÓRUM DE PRÓ-REITORES DE EXTENSÃO DAS INSTITUIÇÕES PÚBLICAS DE EDUCAÇÃO SUPERIOR BRASILEIRAS (FORPROEX). Política Nacional de Extensão Universitária, 2012. Disponível em <https://proex.ufsc.br/files/2016/04/Política-Nacional-de-Extensão-Universitária-e-book.pdf>. Acesso em 28/3/2024.

INSTITUTO DE PESQUISA ECONÔMICA APLICADA (IPEA). "ODS 7 – Energia acessível e limpa", 2019a. Disponível em <https://www.ipea.gov.br/ods/ods7.html>. Acesso em 28/3/2024.

____. "ODS 8 – Trabalho decente e crescimento econômico", 2019b. Disponível em <https://www.ipea.gov.br/ods/ods8.html>. Acesso em 28/3/2024.

INSTITUTO DE PESQUISA ECONÔMICA APLICADA (IPEA). "ODS 4 – Educação de qualidade", 2019c. Disponível em <https://www.ipea.gov.br/ods/ods4.html>. Acesso em 28/3/2024.

LEITE, S. A. S. *Afetividade: as marcas do professor inesquecível*. Campinas, Mercado de Letras, 2018.

RAÍZEN. "Etanol de segunda geração: potencial e oportunidades", 2023. Disponível em <https://www.raizen.com.br/blog/etanol-de-segunda-geracao>. Acesso em 28/3/2024.

RAMOS, M. G. "Educar pela pesquisa é educar para a argumentação". *In*: MORAES, R. & LIMA, V. M. R. (org.). *Pesquisa em sala de aula: tendências para a educação em novos tempos*. Porto Alegre, EdiPUCRS, 2004, pp. 25-50.

SAKAMOTO, L. *Escravidão contemporânea*. São Paulo, Contexto, 2020.

SMARTLAB. "Setores econômicos mais frequentemente envolvidos", 2024. Disponível em <https://smartlabbr.org/trabalhoescravo/localidade/0?dimensao=perfilCasosTrabalhoEscravo>. Acesso em 19/8/2024.

TRENTINI, F. *et al*. *Diálogos para o direito e cidadania no campo*. São Carlos, Pedro & João Editores, 2021.

6

Desembalando: Educação Alimentar e Nutricional no Ensino Básico no contexto do desenvolvimento sustentável

Beatriz Naomi Panzarin Aoki, Ericsem Pereira,
Klicia Araujo Sampaio, Guilherme José Maximo

1. Introdução

Os desenvolvimentos econômico, social e ambiental são três dimensões integradas e indivisíveis para a promoção do desenvolvimento sustentável, conforme preconizam os 17 Objetivos de Desenvolvimento Sustentável estabelecidos pela ONU em sua Agenda 2030 para o Desenvolvimento Sustentável.[1] Nesse contexto, a produção de alimentos, seu processamento e a Educação Alimentar e Nutricional (EAN) são ferramentas poderosas para assegurar o acesso à alimentação segura e à nutrição adequada, indo ao encontro dos ODS 2 ("Fome zero e agricultura sustentável") e 12 ("Consumo e produção responsáveis"). Uma alimentação adequada está diretamente

[1] ONU, 2015.

relacionada ao consumo regular de alimentos que contenham os nutrientes essenciais para a garantia do seu bom estado de saúde, com respeito à sua cultura, mas também ao seu ambiente. A alimentação pode ser afetada por diversas questões socioeconômicas, mas, especialmente, pelas escolhas alimentares do indivíduo que exercerão, para além de reflexos futuros, forte influência no seu desempenho diário, no estudo ou no trabalho, contribuindo, ou não, para a diminuição dos riscos de doenças alimentares, nos seus estados de atenção e cansaço.[2,3]

Diante dessa realidade, diversas políticas públicas foram implantadas no país ao longo das últimas décadas como forma de assegurar uma alimentação segura e nutricionalmente adequada.[4,5] Além do acesso a renda e alimentação básica, uma das principais ações do Estado é a promoção da EAN.[6] Em 2018, a lei n. 13.666[7] incluiu a EAN no currículo escolar como conteúdo transversal no Ensino Básico. Isso porque é na infância e na adolescência que os hábitos são desenvolvidos e permanecem durante a vida adulta.[8,9] Há, ainda, uma maior recepção e adoção de novas práticas de alimentação pelas crianças, que, adicionalmente, podem atuar como transmissoras a seus núcleos familiares. Portanto, ao abordar esse tema no percurso formativo das/os estudantes, busca-se formar cidadãs/ãos autônomos em suas escolhas alimentares.

Considerando a importância da EAN para a garantia dos ODS 2 e 12 da Agenda 2030 da ONU, esse trabalho, desenvolvido no âmbito

2 Vanin *et al.*, 2007.
3 Weirich & Menti, 2022.
4 Brasil, 2014.
5 S. Silva, 2014.
6 Brasil, 2017.
7 Brasil, 2018a.
8 Mattos *et al.*, 2010.
9 Milani *et al.*, 2015.

do projeto "Desembalando", do Programa Olhos no Futuro, teve como principal objetivo desenvolver conteúdos didático-pedagógicos e práticas metodológicas para serem aplicados no escopo do Ensino Básico para a prática da Educação Alimentar e Nutricional. Para isso, a BNCC foi avaliada, considerando as habilidades relacionadas à EAN contidas nos componentes curriculares do Ensino Fundamental e do Ensino Médio, bem como as lacunas e as potencialidades do currículo nesse contexto. Ao final, foi produzido um manual de práticas e conteúdos que podem ser aplicados nas diversas etapas do percurso formativo básico da/o estudante.

2. Contextualização

2.1 A EAN e os ODS 2 e 12

No contexto da Agenda 2030 da ONU, dois ODS destacam-se na temática da alimentação: o ODS 2, "Fome zero e agricultura sustentável", cujas principais metas são "erradicar a fome, alcançar a segurança alimentar, melhorar a nutrição e promover a agricultura sustentável"; e o ODS 12, "Consumo e produção responsáveis", que objetiva "garantir padrões de consumo e de produção sustentáveis".[10] Um dos principais focos do primeiro é a segurança alimentar e nutricional, que pode ser definida em linhas gerais pelo "direito de uma população ao acesso a alimentos de qualidade, de maneira suficiente e constante, sem que outras necessidades essenciais sejam comprometidas".[11] Em 2022, no Brasil, mais da metade da população vivia em estado de insegurança alimentar, resultado, entre outros fatores, da falta de recursos e meios para uma alimentação adequada e

[10] ONU, 2015.

[11] Brasil, 2017.

regular.[12,13,14] Adicionalmente, as doenças crônicas não transmissíveis, como diabetes e as doenças cardiovasculares, algumas diretamente associadas a práticas alimentares inadequadas, estão entre as principais causas de morte no país.[15]

O ODS 12, por sua vez, estabelece, entre outros, a redução do desperdício de alimentos e a geração de resíduos como dois dos principais focos de atuação. No mundo, quase um terço dos alimentos produzidos é perdido ou desperdiçado ao longo da cadeia produtiva, sendo o consumo final (em casa, escolas ou restaurantes) responsável por um percentual significativo.[16] Associada ao desperdício, a geração de resíduos é uma problemática emergencial, particularmente no contexto do consumo de alimentos, em que as embalagens de plástico, papel, papelão, vidro, metal, bem como as embalagens multicamadas, destacam-se entre os principais resíduos sólidos urbanos,[17] revelando a necessidade de estabelecer políticas apropriadas relacionadas aos circuitos de reciclagem e uso de materiais biodegradáveis.

A Educação Alimentar e Nutricional é, juntamente com as políticas de renda mínima, alimentação básica e ações regulatórias relacionadas à produção de alimentos, uma das principais ações estratégicas do poder público para a garantia da segurança alimentar e nutricional da população, no contexto do ODS 2, e para a redução do desperdício, da geração de resíduos e de impactos ambientais associados à cadeia produtiva dos alimentos, no contexto do ODS 12. Aplicada particularmente durante o processo formativo do indivíduo, no ambiente escolar, a EAN torna-se fundamental para a adoção de práticas alimentares mais saudáveis e sustentáveis, dado

12 Penssan, 2022.
13 Alpino *et al.*, 2020.
14 Almeida & Azevedo, 2019.
15 Brasil, 2021.
16 Vieira & Frainer, 2022.
17 Abrelpe, 2022.

que o conhecimento científico possibilita que as/os estudantes, como "agentes de transformação", tenham suporte crítico sobre suas escolhas.

2.2 Estrutura da BNCC e inclusão da EAN

A Base Nacional Comum Curricular é o documento-base que estabelece o processo formativo no Brasil, considerando as diversas etapas da educação: Educação Infantil, Ensino Fundamental e Ensino Médio.[18] A BNCC é estruturada com foco no desenvolvimento de competências, as quais define como "a mobilização de conhecimentos (conceitos e procedimentos), habilidades (práticas, cognitivas e socioemocionais), atitudes e valores para resolver demandas complexas da vida cotidiana, do pleno exercício da cidadania e do mundo do trabalho".[19] Dessa maneira, acredita gerar referências para que as ações tomadas assegurem as aprendizagens essenciais, ou seja, busca orientar a formação dos currículos das diversas escolas públicas e privadas.

Independentemente do ano escolar, toda base do ensino é constituída por áreas do conhecimento; cada área, por sua vez, estabelece competências específicas, que são desenvolvidas ao longo dos anos, dentro de cada componente curricular. Além de definir as aprendizagens essenciais, a BNCC explicita que fica sob responsabilidade dos sistemas, das redes de ensino e das escolas elaborar o currículo de forma a incluir temas contemporâneos que afetam a vida humana, preferencialmente através da transversalidade e da integração. Considerando sua relevância, a Educação Alimentar e Nutricional foi adicionada como um tema contemporâneo de

[18] Brasil, 2018b.

[19] *Idem.*

destaque, a partir da lei n. 13.666 de 2018, assim como outros temas que acabam por se relacionar diretamente com este, como "Direitos da Criança e do Adolescente" e "Educação Ambiental".[20]

De fato, a relevância da EAN no percurso formativo da criança e do adolescente é notória. A redução do tempo diário para uma alimentação saudável considerando o tempo concedido pela jornada (transporte, estudos, entre outros), assim como o fácil acesso a produtos alimentícios industrializados de baixo custo e valor nutricional, ao *fast food*, ou mesmo a ausência de uma alimentação regular são alguns dos principais fatores que afetam negativamente a qualidade da alimentação da criança e da/o adolescente. Suas escolhas alimentares podem contribuir para a diminuição dos riscos de doenças como diabetes ou doenças cardiovasculares, atuando também em seu estado de atenção nos estudos ou em sua disposição para as atividades físicas.[21,22] Adicionalmente, é importante que a/o estudante esteja consciente de que suas escolhas alimentares possuem impactos sociais e ambientais, de modo que a EAN não apenas promove a saúde do indivíduo, mas amplia sua autonomia como cidadão.

3. Percurso desenvolvido

3.1 A EAN no percurso formativo da/o estudante

Considerando que a Educação Alimentar e Nutricional é uma temática transversal da Base Nacional Comum Curricular e que, portanto, não está contida explicitamente nos componentes

[20] *Idem*.

[21] Cardoso *et al.*, 2015.

[22] Vanin *et al.*, 2007.

curriculares, identificar a presença de habilidades correlatas no percurso formativo da/o estudante é um trabalho desafiador. Se, por um lado, a transversalidade é uma "oportunidade" ou ferramenta para a superação da fragmentação do conhecimento,[23] por outro, sua aplicação estará dependente dos sistemas escolares, responsáveis por formar seus currículos levando em consideração os temas propostos. Sendo assim, foi realizado um estudo baseado na observação das habilidades contidas nos componentes curriculares da formação geral básica, incluindo todas as áreas do conhecimento, do Ensino Fundamental e Médio, a fim de se identificarem temas relacionados à EAN ao longo do percurso formativo da/o estudante no Ensino Básico.

Para realizar essa avaliação, foi preciso estabelecer primeiro quais seriam os conhecimentos necessários ao indivíduo para melhoria da sua prática alimentar. Para tal, realizou-se uma análise de referenciais bibliográficos básicos das áreas de ciência e tecnologia de alimentos, com base na qual se elaborou uma lista de temas.[24,25,26,27] Adicionalmente, considerando os ODS propostos na Agenda 2030,[28] temáticas relacionadas aos ODS 2 e 12 também foram incluídas. Após a montagem da lista, os temas foram classificados em dois grupos: "Conhecimentos fundamentais" e "Fatores influenciadores da alimentação". Por "Conhecimentos fundamentais", entendem-se os conhecimentos necessários para que o indivíduo possa estabelecer práticas ou escolhas alimentares adequadas: i) conhecer a composição nutricional dos alimentos; ii) realizar a leitura adequada de rótulos de alimentos processados; iii) reconhecer os impactos ambientais dos

[23] Brasil, 2018b.
[24] Fellows, 2018.
[25] Bobbio & Bobbio, 2003.
[26] Gropper; Smith & Groff, 2012.
[27] Miller & Spoolman, 2012.
[28] ONU, 2015.

resíduos gerados após a alimentação; iv) saber como os alimentos são produzidos. Por "Fatores influenciadores da alimentação", entende-se tudo aquilo que pode determinar a escolha alimentar do indivíduo, estando ele consciente ou não dessa influência ou tendo ele certa autonomia ou não sobre esse determinante, como: i) a influência da mídia; ii) os aspectos socioeconômicos e culturais; iii) as doenças crônicas não transmissíveis (DCNT), como a diabetes ou a hipercolesterolemia; iv) a facilidade ou a dificuldade de acesso aos alimentos (seja pela produção do próprio alimento ou pelo acesso a recursos para sua aquisição); v) políticas públicas de segurança alimentar; e vi) fome. Os temas e agrupamentos estão descritos na Figura 6.1. Essa estrutura permite compreender a alimentação como um processo integrado a um circuito que passa pela produção, pela distribuição e pelo consumo dos alimentos. Além disso, ela mostra que, para que a EAN seja trabalhada nas escolas de modo efetivo, é necessário levar em consideração as realidades sociais, econômicas, culturais, geográficas, particulares e outras nas quais estudantes e professoras/es estão inseridas/os.

A partir dos temas elencados, as habilidades relacionadas à EAN foram mapeadas no percurso formativo da/o estudante. Após o mapeamento, foi confeccionada uma linha cronológica das habilidades relacionadas à EAN, do Ensino Fundamental ao Médio, descrita na Figura 6.2.[29] Entre os "Conhecimentos fundamentais", as habilidades relacionadas à geração de resíduos e impactos no

[29] Brasil, 2018b. As habilidades que não são diretamente relacionadas à EAN, mas que podem ser utilizadas no trabalho com EAN, estão listadas (em siglas) a seguir: EF12LP04, EF12LP16, EF03LP16, EF03LP19, EF03LP21, EF69LP02, EF67LP08, EF89LP04, EF89LP06, EF89LP08, EF89LP09, EF01CI02, EF02CI06, EF03CI10, EF04CI02, EF04CI03, EF04CI06, EF04CI08, EF05CI06, EF05CI07, EF06CI02, EF07CI09, EF01MA06, EF01MA08, EF01MA21, EF02MA22, EF03MA20, EF03MA20, EF04MA09, EF04MA09, EF04MA23, EF05MA06, EF05MA12, EF07MA02, EF08MA04, EF08MA12, EF09MA05, EF01GE11, EF02GE07, EF02GE11, EF04GE08, EF04HI04, EF04HI02,

meio ambiente são desenvolvidas ao longo dos primeiros anos do Ensino Fundamental. Habilidades de leitura de rótulos de alimentos são trabalhadas, com foco específico, unicamente no 3º ano do Ensino Fundamental, enquanto as habilidades relacionadas ao conhecimento da composição nutricional dos alimentos são abordadas no 5º ano, a partir da confecção de cardápios e discussão sobre hábitos alimentares. Uma breve introdução ao tema "Produção e processamento de alimentos" é realizada nos 2º e 4º anos, abordando o uso da água, da energia e de micro-organismos. Ao longo do Ensino Fundamental II (6º a 9º anos), não foram identificadas habilidades correlacionadas à EAN. No Ensino Médio, apenas quatro habilidades foram identificadas, compreendendo alguns "Conhecimentos fundamentais" e alguns "Fatores influenciadores da alimentação", como aspectos socioculturais, influência da mídia e questões relacionadas aos impactos no meio ambiente.

Figura 6.1 – Conhecimentos fundamentais sobre EAN e fatores influenciadores da alimentação.

EM13LP14, EM13LP22, EM13LP39, EM13LP40, EM13CNT103, EM13CHS302, EM13MAT106 e EM13MAT301.

Figura 6.2 – Linha cronológica de habilidades relacionadas à EAN desenvolvidas pela/o estudante no seu percurso formativo, de acordo com a BNCC. São apresentados os códigos das habilidades e um breve descritivo.

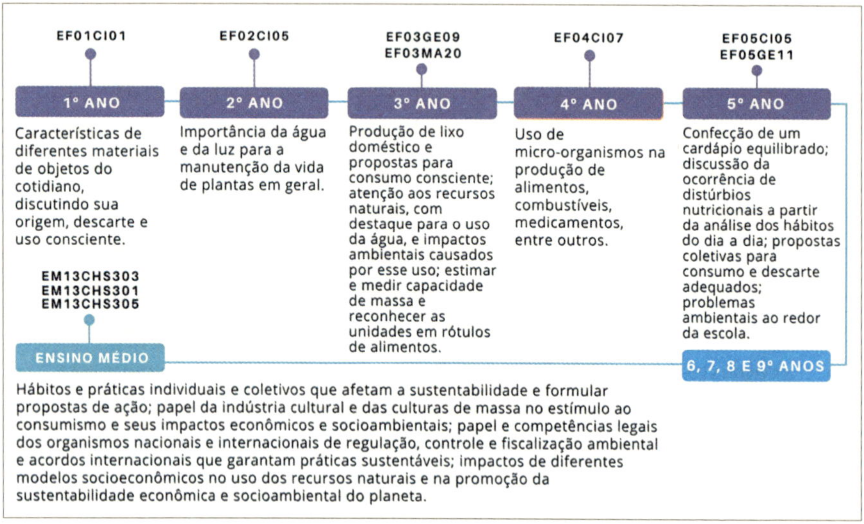

Apesar de poucas habilidades diretamente relacionadas à EAN ao longo do percurso formativo da/o estudante, verificou-se, durante a análise da BNCC, que há diversas outras com oportunidades para o desenvolvimento das temáticas propostas.

Considerando que, entre as habilidades obrigatórias previstas na BNCC, a temática da EAN é incipiente, buscou-se compreender, a partir do exposto, qual seria de fato a percepção do corpo docente quanto à EAN no Ensino Básico. Sendo assim, um exercício de avaliação foi realizado a partir de um inquérito com 34 professoras/es da rede pública de educação sobre aspectos do ensino de EAN na escola.[30] A pesquisa, conduzida por meio de formulário virtual,

[30] A pesquisa foi conduzida entre docentes da rede pública de ensino do município de Campinas (SP), após a aprovação do Comitê de Ética em

abrangeu docentes de todos os componentes curriculares da Formação Geral Básica e de todos os períodos do percurso formativo básico do estudante (Ensino Fundamental I, II e Médio). Entre as/os profissionais, 68% tinham o conhecimento de que a EAN é um tema transversal na BNCC. Quando questionadas/os sobre "sua percepção quanto ao grau de conhecimento em EAN que os estudantes possuem ao terminar seus estudos na Educação Básica", 85% achavam que esse conhecimento era inadequado. De fato, muitos fatores podem estar relacionados a essa ocorrência; entre eles, a dificuldade de implementação de temas transversais. Conforme Prestini,[31] os temas transversais, ao não formarem novas áreas, deveriam permear os objetivos, os conteúdos e as orientações didáticas de diferentes áreas. Contudo, é preciso ainda definir como se dá a transversalidade no contexto escolar, faltando esclarecimentos sobre como construir essa proposta e suas possibilidades. Através de técnica de Evocação (ou Associação) Livre de Palavras,[32] as/os docentes foram convidadas/os a mencionar três palavras relacionadas a "Educação Alimentar e Nutricional". O termo "saúde" e palavras correlatas como "bem-estar" e "qualidade de vida" foram as de maior frequência. Outros termos como "nutrição", "nutrientes", "comida" e "alimentação saudável" também apresentaram destaque. Entretanto, observa-se que, quando se reduzem os efeitos e impactos da alimentação apenas à saúde do indivíduo, diversos outros fatores são negligenciados, como os aspectos relacionados aos sistemas de produção e aos impactos ambientais. De fato, termos como "consumo consciente" e "sustentabilidade" tiveram uma baixa frequência de evocação. Outros temas centrais para a EAN, particularmente para os ODS 2 e 12, pouco mencionados na dinâmica de evocação livre, foram "consumismo" e

Pesquisa, vinculado à Pró-Reitoria de Pesquisa da Universidade Estadual de Campinas (registro: CAAE 48729421.2.0000.5404).

31 Prestini, 2005.

32 Reis & Bellini, 2011.

"fome", sendo que este último configura uma problemática de grande importância no país.[33] Ao final, as/os docentes foram convidadas/os a avaliar, numa escala de 0 a 5, a relevância das temáticas propostas no trabalho (apresentadas na Figura 6.1), com a média variando, para todos os temas, entre 4,5 e 5.

3.2 Conteúdos didático-pedagógicos e práticas metodológicas em EAN

Considerando o caráter transversal do tema, ampliar os trabalhos sobre EAN no Ensino Básico é uma tarefa dependente de ações da escola e da atuação do corpo docente. Por esse motivo, com o objetivo de auxiliar no desenvolvimento das temáticas, foram elaboradas propostas de atividades para trabalhar a EAN nas ocasiões (habilidades) oportunas. Para isso, foi desenvolvido um material de trabalho denominado "Educação Alimentar e Nutricional no contexto do desenvolvimento sustentável: conteúdo e manual de atividades para o ensino básico" (o material se encontra disponível em acesso aberto no repositório institucional da Unicamp).[34]

Esse manual de atividades está dividido em cinco partes. Nas quatro primeiras, foram reunidos conteúdos didático-pedagógicos sobre os "Conhecimentos fundamentais". O tema 1, "Lendo rótulos de alimentos industrializados", descreve as principais informações do rótulo de um alimento industrializado, como a lista dos ingredientes que o compõem, a origem do produto, o que é lote e o que é prazo de validade, o peso líquido do alimento e a informação nutricional obrigatória. Os rótulos dos alimentos são elementos essenciais, por meio dos quais ocorre a comunicação entre produtor e consumidoras/es. As informações contidas nos rótulos representam um instrumento

[33] Alpino *et al.*, 2020.

[34] Aoki; Maximo & Sampaio, 2021.

de orientação à população, na medida em que revelam o que está presente no alimento que as pessoas irão consumir. Isso, por sua vez, pode resultar na possibilidade de escolhas alimentares embasadas nas informações de cada alimento e despertar o interesse por escolhas mais saudáveis. Dessa forma, os rótulos devem ser claros e objetivos, a fim de que o entendimento seja maior.[35,36] Nos dias atuais, tem sido crescente a demanda da sociedade por informações confiáveis sobre os produtos, exigindo esforço do governo e do setor produtivo para implantação de uma efetiva rotulagem nutricional de alimentos.[37] Contudo, também se tornou mais necessária a educação quanto à leitura e à interpretação das informações contidas nos rótulos, já que, muitas vezes, a desconfiança tem origem no não entendimento dos dados passados.

O tema 2 trabalha "Aspectos nutricionais dos alimentos", descrevendo os principais micro e macronutrientes presentes nos alimentos, como as vitaminas, as proteínas, os lipídeos e os carboidratos. É essencial ainda que o indivíduo compreenda os principais impactos dos compostos nutricionais dos alimentos em sua saúde, sobretudo nas doenças crônicas que ele possa ter, bem como onde esses compostos estão distribuídos nos alimentos mais consumidos diariamente, como as hortaliças, os vegetais, as frutas, as carnes, as raízes e os tubérculos, incluindo os alimentos industrializados. É importante ainda compreender como, em sua alimentação diária, é possível obtê-los de modo adequado.

O tema 3 aborda os "Fundamentos em processamento de alimentos para sua conservação", definindo alimentos *in natura* e processados, formas e importância da industrialização, entre outros. Esse tema é de particular importância, pois atua na promoção da autonomia

[35] Fellows, 2018.

[36] Anvisa, 2005.

[37] *Idem.*

da/o estudante perante a escolha de um alimento industrializado. Refeições feitas em menor tempo, bem como aquelas baseadas em alimentos industrializados, são resultados inerentes ao processo de urbanização: quase 85% da população brasileira vive em centros urbanos[38] e não tem acesso perene à produção de sua própria comida. O processamento permite obter produtos com segurança e qualidade e maior vida de prateleira, acesso a alimentos sazonais e àqueles que são produzidos em locais mais afastados dos centros urbanos. Entretanto, dependendo do processo, a qualidade nutricional do alimento pode diminuir; também a utilização excessiva de compostos como sal, açúcar e gordura pode impactar negativamente na saúde do indivíduo. Entre os fundamentos de processamento, o recorte trabalhado foi o das técnicas de conservação, que é, de fato, um assunto-chave e introdutório. Segundo Fellows,[39] as principais técnicas de conservação são: redução da atividade de água do produto, uso de altas ou baixas temperaturas, embalagem e uso de conservantes. Portanto, durante a sua industrialização, o alimento será submetido a um ou mais processos baseados em uma ou mais técnicas de preservação.

Por fim, o tema 4 trabalha os "Resíduos da alimentação e seus impactos no meio ambiente", citando as embalagens e os detritos orgânicos, a problemática do desperdício e seus impactos ambientais e econômicos. Sabe-se que as embalagens são essenciais para a manutenção da qualidade dos alimentos. Contudo, tem ocorrido aumento marcante na quantidade e na diversidade de resíduos sólidos, principalmente nas áreas urbanas, visto que a maior parte desses materiais permanece no ambiente por centenas e milhares de anos.[40,41] É muito importante a conscientização de que,

[38] IBGE, 2016.

[39] Fellows, 2018.

[40] Gouveia, 2012.

[41] Jorge, 2013.

após o consumo do alimento, sua embalagem permanecerá por muito tempo no ambiente, caso não seja reciclada ou reutilizada. Adicionalmente, os alimentos *in natura* geram resíduos orgânicos que possuem destinações adequadas para que não agravem ainda mais os problemas ambientais; existe, inclusive, a possibilidade de consumo desses resíduos, como é o caso de algumas cascas e talos. A colaboração da população é de grande importância tanto em relação ao papel que possui na reciclagem, quanto em relação à cobrança que deve fazer no sentido de que empresas e órgãos públicos promovam ações sustentáveis.

Em todas as partes do manual, são listadas leituras recomendadas de textos de legislações ou de artigos científicos disponíveis para busca em ambiente virtual. A Figura 6.3 apresenta algumas imagens desse manual. [42]

Na última parte do manual, podem ser encontradas práticas metodológicas a serem utilizadas como guias para a aplicação de oficinas sobre EAN na Educação Básica. As metodologias foram baseadas em ferramentas de aprendizado ativo. Silva[43] afirma que práticas dinâmicas adequadamente estruturadas possibilitam a vivência dos conteúdos, promovendo desafios e superações. Acredita-se, portanto, que a construção dos conhecimentos é mais efetiva a partir de atividades participativas, inclusivas e lúdicas. A/o estudante ouvinte se torna questionador/a, desenvolvendo seus próprios caminhos de aprendizado. Adicionalmente, considerou-se a perspectiva da educação popular de Paulo Freire,[44] que, conforme afirma Maciel,[45] possibilita à/ao educanda/o o desenvolvimento de uma consciência política essencial à transformação da sua realidade. Para isso, a prática deve ser educativa-libertadora, ou seja, deve

[42] Aoki; Maximo & Sampaio, 2021.

[43] J. Silva, 2008.

[44] Freire, 2018.

[45] Maciel, 2011.

possibilitar a problematização da sua realidade e da sua atuação sobre ela. As ferramentas de ensino utilizadas foram jogos pedagógicos, priorizando práticas coletivas, executadas em equipe, e simulações de situações para aplicação do conteúdo didático-teórico construído. A estrutura desses roteiros consistiu em: i) objetivos, em que se indica o que se espera com a realização da prática em questão; ii) conteúdo teórico-prático adquirido, que aponta os aprendizados e as novas percepções que a/o estudante terá; iii) ODS envolvidos nas práticas; iv) conteúdo teórico necessário, que são os conhecimentos que serão utilizados para a prática; v) materiais necessários à prática; vi) metodologia sugerida para o desenvolvimento da prática pedagógica. Um exemplo é a prática "Contabilizando os nutrientes", cujo objetivo é trabalhar a presença dos macronutrientes dos alimentos, avaliar a sua presença em uma refeição consumida e adequar o seu consumo, de acordo com o valor diário recomendado.

A construção desse material parte da premissa de que, ao perceber que a sua alimentação é influenciada direta e indiretamente por diversos fatores, o indivíduo se instrumentaliza para que suas escolhas sejam mais autônomas e conscientes, de modo que ele seja o determinante de sua opção alimentar e não passivo a um esquema de informações e fatores influenciadores. De fato, é necessário compreender como os alimentos são produzidos, distribuídos e consumidos; entender como a sua alimentação é dirigida pela maior ou menor presença de alimentos industrializados ou não industrializados, reconhecendo os impactos positivos ou negativos desse consumo na sua saúde; é importante perceber que é impossível falar em alimentação sem falar na forma como as escolhas realizadas impactam toda a cadeia produtiva, assim como é imprescindível compreender que o senso comum e/ou as informações equivocadas sobre determinados alimentos dificultam a autonomia do indivíduo e, acima de tudo, que a alimentação adequada é um direito constitucional.

Figura 6.3 – Imagens ilustrativas do manual desenvolvido pelos autores.

4. Conclusões

O desenvolvimento da EAN no percurso formativo da criança e da/o adolescente apresenta-se como uma das principais ferramentas para atingir algumas das metas dos Objetivos de Desenvolvimento Sustentável 2 e 12. Apesar de a lei n. 13.666[46] ter incluído a EAN no currículo escolar como temática transversal, a tarefa de trabalhar esse conteúdo ainda é desafiadora. De fato, ao se avaliarem as habilidades propostas pela BNCC para cumprimento dos componentes curriculares, observa-se que há poucos conteúdos diretamente relacionados à EAN no percurso da/o estudante, o que impõe dificuldades para o desenvolvimento da temática.

Foi observado que, por um lado, se a EAN é considerada um tema de extrema importância, por outro lado, há algumas lacunas em sua implementação no currículo. Conhecimentos sobre composição dos alimentos, sua produção e sua industrialização, leitura de rótulos (considerando a presença dos alimentos processados na alimentação de crianças e adolescentes), resíduos e seus impactos ambientais foram destacados nesse trabalho como fundamentais ao desenvolvimento da EAN. Adicionalmente, para além das questões relacionadas à saúde, a EAN é uma temática complexa e transdisciplinar, que deve também considerar os fatores sociais, culturais, econômicos e políticos das escolhas alimentares.

Para que haja maior entendimento e efetividade no desenvolvimento desse tema são necessárias iniciativas tanto por parte das escolas, na organização de suas atividades, quanto por parte das/os professoras/es, incluindo sua capacitação. Além disso, é importante considerar a realidade na qual estudantes e docentes estão inseridas/os. Nesse sentido, os materiais de apoio desenvolvidos nessa pesquisa podem auxiliar no processo de ensino-aprendizagem sobre EAN,

[46] Brasil, 2018a.

oferecendo oportunidades para a condução de atividades interdisciplinares, além de estimular a autonomia do estudante para que faça suas escolhas alimentares de modo mais consciente.

5. Referências bibliográficas

AGÊNCIA NACIONAL DE VIGILÂNCIA SANITÁRIA (ANVISA). "Rotulagem Nutricional Obrigatória", 2005. Disponível em <https://www.gov.br/anvisa/pt-br/centraisdeconteudo/publicacoes/alimentos/manuais-guias-e-orientacoes/rotulagem-nutricional-obrigatoria-manual-de-orientacao-as-industrias-de-alimentos.pdf/@@download/file>. Acesso em 25/4/2020.

ALMEIDA, N. & AZEVEDO, L. L. T. "Segurança alimentar e nutricional na América do Sul e Brics: avanços e 'nuvens' no horizonte". *Economia e Sociedade*, vol. 28, 2019, pp. 717-739.

ALPINO, T. M. A. *et al.* "Covid-19 e (in)segurança alimentar e nutricional: ações do governo federal brasileiro na pandemia frente aos desmontes orçamentários e institucionais". *Cadernos de Saúde Pública*, vol. 36, 2020, p. e00161320.

AOKI, B. N. P.; MAXIMO, G. J. & SAMPAIO, K. A. *Educação Alimentar e Nutricional no contexto do desenvolvimento sustentável: conteúdo e manual de atividades para o ensino básico.* Campinas, 2021. Disponível em <https://hdl.handle.net/20.500.12733/13768>. Acesso em 6/7/2024.

ASSOCIAÇÃO BRASILEIRA DE EMPRESAS DE LIMPEZA PÚBLICA E RESÍDUOS ESPECIAIS (ABRELPE). *Panorama dos resíduos sólidos no Brasil – 2022.* São Paulo, Abrelpe, 2022.

BOBBIO, F. O. & BOBBIO, P. A. *Introdução à química de alimentos.* 3. ed. São Paulo, Varela, 2003.

BRASIL. *Guia alimentar para a população brasileira.* 2. ed. Brasília, Secretaria de Atenção à Saúde, Departamento de Atenção Básica, Ministério da Saúde, 2014.

_____. *Plano Nacional de Segurança Alimentar e Nutricional: Plansan 2016-2019.* Brasília, Câmara Interministerial de Segurança Alimentar e Nutricional, Ministério do Desenvolvimento Social e Agrário, 2017.

BRASIL. Lei n. 13.666, de 16 de maio de 2018. "Inclusão do tema transversal da Educação Alimentar e Nutricional no currículo escolar" Brasília, Presidência da República, Secretaria Geral, Subchefia para Assuntos Jurídicos, 2018a.

_____. Base Nacional Comum Curricular. Brasília, Ministério da Educação, 2018b.

_____. Vigitel Brasil 2020: "Vigilância de fatores de risco e proteção para doenças crônicas por inquérito telefônico". Brasília, Secretaria de Vigilância em Saúde, Ministério da Saúde, 2021.

CARDOSO, S. *et al.* "Escolhas e hábitos alimentares em adolescentes: associação com padrões alimentares do agregado familiar". *Revista Portuguesa de Saúde Pública*, vol. 33, n. 2, 2015, pp. 128-136.

FELLOWS, P. J. *Tecnologia do processamento de alimentos: princípios e prática.* Porto Alegre, Artmed, 2018.

FREIRE, P. *Pedagogia do compromisso: América latina e educação popular.* São Paulo, Paz e Terra, 2018.

GOUVEIA, N. "Resíduos sólidos urbanos: impactos socioambientais e perspectiva de manejo sustentável com inclusão social". *Ciência & Saúde Coletiva*, vol. 17, n. 6, 2012, pp. 1.503-1.510.

GROPPER, S. S.; SMITH, J. L. & GROFF, J. L. *Nutrição avançada e metabolismo humano.* Boston, Cengage Learning, 2012.

INSTITUTO BRASILEIRO DE GEOGRAFIA E ESTATÍSTICA (IBGE). *Síntese de indicadores sociais: uma análise das condições de vida da população brasileira: 2016.* Rio de Janeiro, IBGE, 2016.

JORGE, N. *Embalagens para alimentos.* São Paulo, Cultura Acadêmica, Pró-Reitoria de Graduação, Universidade Estadual Paulista, 2013.

MACIEL, K. F. "O pensamento de Paulo Freire na trajetória da educação popular". *Educação em Perspectiva*, vol. 2, n. 2, 2011, pp. 326-344.

MATTOS, M. C. *et al.* "Influência de propagandas de alimentos nas escolhas alimentares de crianças e adolescentes". *Psicologia: teoria e prática*, vol. 12, 2010, pp. 34-51.

MILANI, M. O. *et al.* "Influência da mídia nos hábitos alimentares de crianças: uma revisão da literatura". *Revista de Epidemiologia e Controle de Infecções*, vol. 5, 2015, pp. 153-157.

MILLER, G. T. & SPOOLMAN, S. E. *Ecologia e sustentabilidade.* Boston, Cengage Learning, 2012.

ORGANIZAÇÃO DAS NAÇÕES UNIDAS (ONU). *Transformando nosso mundo: a Agenda 2030 para o desenvolvimento sustentável*, 2015. Disponível em <https://brasil.un.org/sites/default/files/2020-09/agenda2030-pt-br.pdf>. Acesso em 21/4/2023.

PRESTINI, S. A. M. M. *Transversalidade e temas transversais na formação inicial do professor de matemática*. Curitiba, Universidade Federal do Paraná, 2005 (Dissertação de mestrado).

REDE BRASILEIRA DE PESQUISA EM SOBERANIA E SEGURANÇA ALIMENTAR (PENSSAN). *II Vigisan: inquérito nacional sobre insegurança alimentar no contexto da pandemia da covid-19 no Brasil*. São Paulo, Rede Penssan, 2022.

REIS, S. L. & BELLINI, M. "Representações sociais: teoria, procedimentos metodológicos e educação ambiental". *Acta Scientiarum. Human and Social Sciences*, vol. 33, 2011, pp. 149-159.

SILVA, J. A. P. "O uso de dinâmicas em grupo em sala de aula. Um instrumento de aprendizado experiencial esquecido ou ainda incompreendido?". *Saber Científico*, vol. 1, n. 2, 2008, pp. 82-99.

SILVA, S. P. *Texto para discussão – A trajetória histórica da segurança alimentar e nutricional na agenda política nacional: projetos, descontinuidades e consolidação*. Rio de Janeiro, Ipea, 2014.

VANIN, M. *et al*. "Adequação nutricional do almoço de uma unidade de alimentação e nutrição de Guarapuava – PR". *Revista Salus*, vol. 1, 2007, pp. 31-38.

VIEIRA, L. K. & FRAINER, V. M. *A implementação das Diretrizes das Nações Unidas de Proteção ao Consumidor em matéria de consumo sustentável, no direito brasileiro*. São Leopoldo, Casa Leiria, 2022.

WEIRICH, J. & MENTI, M. M. "Inclusão da Educação Alimentar e Nutricional nos currículos escolares". *Research, Society and Development*, vol. 11, n. 10, 2022, pp. e545111033042-e545111033042.

7
Energizar: a educação energética para a transformação social

João Guilherme Ito Cypriano, Dara Signoreti de Freitas, Leandro José Cesini da Silva, Vinícius Vieira e Silva, Danúsia Arantes Ferreira, Luiz Carlos Pereira da Silva

1. Introdução

As Diretrizes Curriculares Nacionais da Educação Básica reconhecem a importância de contextualizar os conhecimentos escolares levando em conta as realidades das/os estudantes, a fim de facilitar a aprendizagem.[1] Assim, ao levar para a sala de aula temáticas relevantes para a sociedade, como desmatamento, crise energética, mudanças climáticas, entre outras, há uma oportunidade de estabelecer uma conexão entre as ações cotidianas das/os estudantes e sua responsabilidade como contribuintes e possíveis agentes de transformação desses fenômenos. Essa abordagem, através da investigação situacional, pode motivá-las/os e engajá-las/os a aprender sobre esses temas

[1] Brasil, 2013.

e aplicar esse conhecimento em suas próprias vidas, comunidades e na sociedade como um todo.[2]

Por outro lado, a situação socioeconômica e energética da atualidade, que impulsiona para uma transição energética justa e inclusiva, somada aos fenômenos planetários resultantes da ação humana e das transformações tecnológicas, aponta para uma nova postura no pensar e no agir. Acredita-se que uma prática educacional contextualizada pode promover a participação ativa de estudantes na busca por novos padrões de atitudes ou renovação de seus princípios voltados à sustentabilidade. Assim, ela se configura como um compromisso motivador e intrínseco, que se traduz em sensibilização, em vez de algo obrigatório e mecânico.

O projeto "Energizar: a educação energética para a transformação social" faz parte do portfólio de projetos de extensão do Programa Olhos no Futuro, que tem como principal objetivo promover a sustentabilidade energética como meio para alcançar o trabalho decente e a proteção da infância e da juventude, bem como promover o desenvolvimento econômico, social e ambiental de forma justa e equilibrada, através da sensibilização de estudantes para a importância do uso consciente dos recursos naturais e energéticos, formando cidadãs/ãos mais conscientes e engajadas/os, como verdadeiras/os "agentes de transformação" em sustentabilidade energética. Como forma de efetivar o alcance do objetivo maior do Programa, o projeto Energizar busca desenvolver competências-chave para a construção de uma comunidade sustentável, formando "agentes de transformação" capazes de difundir os ODS da Agenda 2030 da Organização das Nações Unidas,[3] com foco no ODS 7 ("Energia acessível e limpa"), alinhados ao ODS 8 ("Trabalho decente e crescimento econômico"), ao ODS 4 ("Educação de qualidade"), e ao ODS 17 ("Parcerias e meios de implementação").

[2] De Moraes & Taziri, 2019.

[3] ONU, 2015.

A concepção e a abordagem metodológica do Energizar preveem contribuir para a preparação de crianças e adolescentes ao observar suas ações cotidianas de forma crítica sobre o uso de energia, o aumento da demanda energética no mundo e sua relação com o desenvolvimento ambiental, social e econômico, trazendo a percepção para oportunidades de trabalho e para as boas práticas de segurança no contexto apresentado. Desse modo, as práticas pedagógicas vivenciadas no cotidiano do projeto buscam promover o desenvolvimento da cidadania na área de energia e sustentabilidade, com as práticas de metodologias ativas de educação sobre tópicos de eficiência, sustentabilidade energética e a Agenda 2030.

2. Caminho percorrido: abordagem teórico-prática

A efetividade da universidade que desempenha seu papel na relação com a comunidade no seu entorno – funcionando não apenas como um centro de ensino e pesquisa, mas também como um agente transformador que contribui para o desenvolvimento social, econômico e cultural da comunidade – propiciou a parceria entre a Unicamp, o Programa Olhos no Futuro e a Escola Estadual Dr. Telêmaco Paioli Melges (EE Telêmaco). Essa parceria gerou o planejamento e o desenvolvimento das ações extensionistas na escola, entre elas o projeto Energizar.

O Energizar promove ações extensionistas desde 2019 e cumpre com o objetivo de fomentar e desenvolver a formação de acadêmicas/os para compreender e atuar na extensão universitária mediada pelo estudo, pela pesquisa e por práticas pedagógicas interdisciplinares na escola básica. A concepção e a abordagem metodológica preveem o ensino com a pesquisa como princípio educativo para promover a curricularização da extensão universitária. O processo investigativo é um ponto alto do projeto, pois busca introduzir o processo da iniciação científica no Ensino Básico, estimulando o pensamento crítico e a resolução de problemas. Por outro lado, busca integrar as/os estudantes ao planejamento e à execução das atividades pedagógicas programadas para o semestre letivo, que somam um total de 15 encontros.

Para o alcance dos objetivos do Energizar, propõe-se o desenvolvimento do Arco de Maguerez[4] (Figura 7.1) no fluxo das etapas pedagógicas, assim como a compreensão da realidade, conectando a mentalidade e a atitude para a inter e a transdisciplinaridade (Figura 7.2), e a metodologia da ação interdisciplinar (MAI),[5] para o planejamento e a governança do projeto com as pessoas envolvidas na execução semestral na escola (Figura 7.3).

A abordagem metodológica da pesquisa e da aprendizagem do Energizar está embasada, como dissemos, no Arco de Maguerez[6] e fundamentada por Berbel.[7] Respeitada a originalidade do Arco, parte de uma dada realidade, no caso aqui proposto o ODS 7 ("Energia acessível e limpa"), e segue o fluxo:

a) Observação da realidade, na qual são feitos o levantamento e o reconhecimento do problema;
b) Definição dos pontos-chave do(s) problema(s) encontrado(s);
c) Teorização, fase que constitui a busca de soluções para os pontos-chave dos problemas identificados;
d) Hipótese de soluções, que consiste em planejar o que fazer para resolver o problema;
e) Proposta de solução aplicada à realidade..

[4] Bordenave & Pereira, 2007.
[5] Ferreira, 2018.
[6] Bordenave & Pereira, 2007.
[7] Berbel, 2012.

Figura 7.1 – Arco de Maguerez. Disponível em http://penta3.ufrgs.br/Flipped/oficina/MetodologiasAtivas/problematizao__arco_de_maguerez.html. Acesso em 5/2/2025.

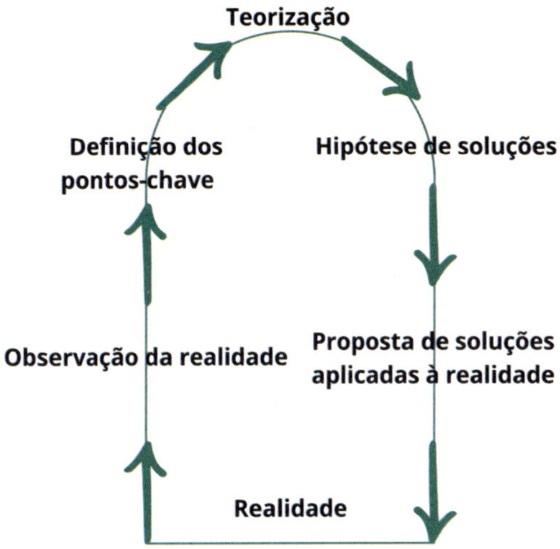

De acordo com Ferreira,[8] "faz-se necessário o desenvolvimento sistêmico de ensino-pesquisa-extensão, conectando a mentalidade para o transdisciplinar e considerando as possibilidades nos espaços formais e não formais da educação"; para tal, torna-se indispensável a substituição da falsa segurança da disciplinaridade isolada para que, assim, uma ação inter e transdisciplinar possa florescer e ser uma ferramenta para a busca de "unidade de saberes para a resolução de problemas complexos".[9] A Figura 7.2, elaborada a partir da fundamentação de Jantsch,[10] Japiassu[11,12] e Fazenda,[13,14] ilustra a

[8] Ferreira, 2018, p. 22.
[9] *Idem, ibidem.*
[10] Jantsch, 1973.
[11] Japiassu, 1976.
[12] Japiassu, 2006.
[13] Fazenda, 2013.
[14] Fazenda, 2003.

integração da abordagem inter e transdisciplinar que é a base para o desenvolvimento da MAI, cujo objetivo é conceber, no escopo da pesquisa interdisciplinar, o mapeamento da realidade como forma de abordar o "problema complexo – energia limpa e acessível".

Figura 7.2 – Abordagem da realidade a partir das precisões terminológicas.

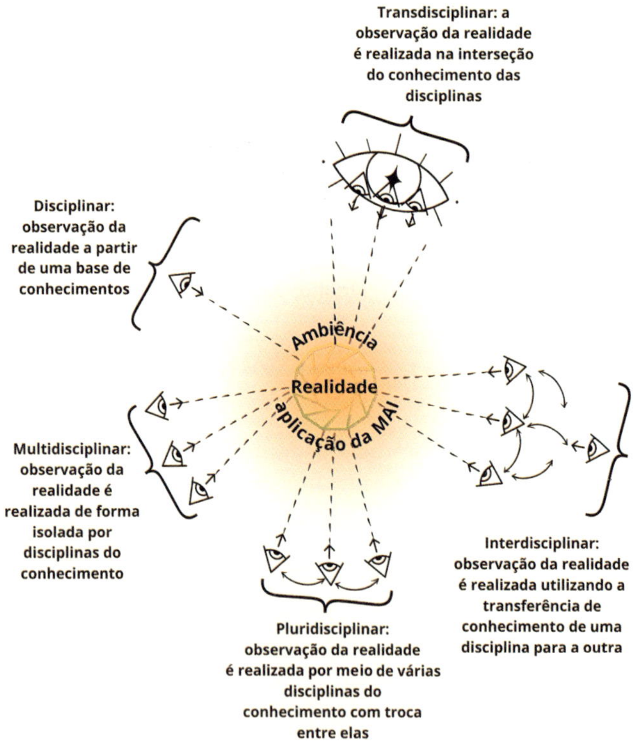

Ademais, conforme pode ser observado na Figura 7.3, os elementos que constituem a base da MAI[15] são aplicados no processo de planejamento do fluxo do projeto, com o objetivo de mapear os

[15] Ferreira, 2018.

atores envolvidos, suas competências e suas contribuições como direcionadores das ações estratégicas a serem adotadas, em observância às identidades presentes e participantes, sejam elas institucionais (universidade e escola) ou formadas pelos membros que integram o projeto, tais como professoras/es, estudantes universitárias/os, estudantes da escola pública, parceiras/os, convidadas/os, entre outros.

Os elementos "cooperação" e "complementaridade" são mapeados a partir da identificação das identidades participantes, os chamados por nós atores do projeto, com o objetivo de identificar a relevância da cooperação existente e destacar de que forma esta poderá ser considerada principal ou complementar para a evolução da pesquisa interdisciplinar. Nesse mesmo sentido, são mapeados todos os recursos disponíveis e as demandas adicionais necessárias para assegurar que as ações estratégicas e as atividades relacionadas aconteçam conforme planejado para o alcance dos objetivos.

FIGURA 7.3 – ELEMENTOS DA MAI.

O enfoque principal do Energizar é o desenvolvimento de uma metodologia de aprendizagem que valorize o processo de iniciação científica na educação básica e privilegie a problematização do ODS 7 como um direcionador para os fundamentos conceituais relevantes do tema, tais como: acesso universal à energia, matriz energética, eficiência energética, energia limpa e energias renováveis, e a capacidade dialógica com o currículo escolar. Os temas centrais que fundamentam o Energizar estão organizados a partir de três eixos interdisciplinares, conforme pode ser observado na Tabela 1, que apresenta os objetivos de cada eixo.

Tabela 1. Temas interdisciplinares do projeto Energizar.

	Tema	Objetivos
1	Tipos e diferentes usos da energia.	• Listar os diferentes tipos de energia presentes na natureza. • Promover discussões sobre a importância da energia na sociedade e sobre o seu uso adequado, analisando as tendências mundiais.
2	Exploração dos recursos energéticos e seus impactos na qualidade ambiental.	• Conhecer as diferenças entre fontes renováveis e não renováveis de energia. • Compreender os principais processos de geração de energia elétrica. • Apresentar o cenário atual e o histórico energético mundial, relacionando com o Brasil. • Discutir os problemas da degradação do meio ambiente decorrentes da exploração dos recursos energéticos, principalmente dos não renováveis.
3	Consumo consciente e construção de hábitos sustentáveis no uso de recursos energéticos.	• Conscientizar as/os estudantes sobre os temas que envolvem energia e meio ambiente. • Incentivar práticas de sustentabilidade energética na comunidade em que elas/es estão inseridas/os. • Discutir sobre ações nacionais e globais de sustentabilidade.

3. Caminho percorrido: abordagem metodológica

A formação inicial e continuada de acadêmicas/os para atuar no âmbito do Programa Olhos no Futuro e, por sua vez, no projeto Energizar é uma diretriz para a composição da equipe da Unicamp, que atua ou deseja atuar em projetos de extensão. O Energizar teve a sua primeira equipe composta de duas estudantes de graduação do curso de Engenharia Elétrica e Computação e um estudante de doutorado. A primeira versão do projeto foi planejada no segundo semestre de 2019, com os encaminhamentos para execução presencial em 2020, o que foi diretamente afetado pela pandemia de covid-19. Contudo, a equipe se manteve integrada e dedicou-se ao processo de revisão do que havia sido planejado, dando prioridade à elaboração do material didático adotado, como um guia conceitual e metodológico de referência para o Energizar.

Os impactos da pandemia e suas consequências para os avanços do projeto representaram um grande aprendizado relacionado aos desafios de interagir virtualmente com as/os estudantes, pois a ausência de recursos tecnológicos para atender suas demandas pedagógicas criou um hiato difícil de administrar. Contudo, a decisão de investir mais tempo em estudo, preparação conceitual e elaboração metodológica do material didático de apoio mostrou-se bastante acertada.

Para o processo inicial do planejamento integrado da equipe do Energizar e da EE Telêmaco, foi considerado o artigo 32 da Lei de Diretrizes e Bases da Educação Nacional (LDB), que traz, como objetivo para a educação básica, a formação de cidadãs/ãos capazes de aprender e compreender o ambiente e a sociedade, fortalecendo os vínculos familiares, a solidariedade e a tolerância.[16] Outra con-

[16] Brasil, 1996.

sulta foi a BNCC,[17] documento de caráter normativo que define o conjunto de aprendizagens essenciais que todas/os as/os estudantes devem desenvolver ao longo das etapas e modalidades de educação básica. A partir desse recorte, foi possível mapear as áreas de conhecimento que melhor dialogam com a problemática trabalhada no Energizar, que elege como eixo prioritário o ODS 7 ("Energia limpa e acessível") e viabiliza o aprofundamento dos conhecimentos na área de ciências, com a temática "Matéria e energia" como fio condutor da elaboração interdisciplinar do projeto em consonância com o currículo escolar.

A definição do escopo e da elaboração do material didático, assim como a abordagem pedagógica do processo de ensino e aprendizagem, teve como referência inicial a concepção do Programa Olhos no Futuro e o alinhamento dos objetivos do projeto com a direção/coordenação da EE Telêmaco, localizada na Vila San Martin, em Campinas (SP), e a equipe de professoras/es envolvida. O objetivo é compreender o perfil das/os estudantes participantes e a decisão de integrar turmas mistas com estudantes do Fundamental II e do Ensino Médio.

Outro aspecto de alta relevância é a abordagem interdisciplinar e dialógica integrando os objetivos do Energizar ao currículo escolar, com atenção para os temas transversais e o projeto de vida. Decisão que oportuniza às/aos estudantes participar das etapas de planejamento, desenvolvimento, avaliação, continuidade e, especialmente, do processo de aprendizagem que privilegia a iniciação científica na escola básica.

A investigação como princípio educativo no desenvolvimento pedagógico do projeto está embasada nas etapas do Arco de Maguerez, conforme descrito na Figura 7.1. Esse é outro aspecto importante que desperta o interesse das/os estudantes de escola básica pelo espaço

[17] Brasil, 2018.

universitário e cria condições objetivas para que estas/es possam se expressar por meio oral ou escrito e participar ativamente do processo de aprendizagem. A título de exemplo, em cada semestre é planejado e desenvolvido o fluxo das etapas do Arco de Maguerez, sendo possível registrar a evolução das reflexões e das aprendizagens na elaboração de um protótipo (maquete) como espaço de experimentação envolvendo algumas aplicações relacionadas às fontes renováveis de energia. A atividade parte da observação da realidade e sistematiza a problematização e a definição dos pontos-chave para, então, buscar a solução do problema; na sequência, parte para a formulação de hipóteses de soluções e a culminância, que permite aplicar à realidade a proposta de solução e a consequente contribuição. Essa experiência pedagógica é regada de curiosidade, experimentação, estímulo ao pensamento crítico e mentalidade interdisciplinar para a resolução de problemas complexos, o que aproxima os/as estudantes da vivência diária do ambiente universitário.

A evolução do projeto Energizar se dá de forma integrada à evolução do Programa Olhos no Futuro no contexto acadêmico da Unicamp, sempre promovendo a chegada de novas/os integrantes e reforçando o compromisso das/os estudantes que já vivenciaram a experiência no projeto – e que precisam seguir para o enfrentamento de novos desafios – de contribuir com a formação das/os iniciantes. Em 2025, o Energizar conta com a participação de 16 estudantes da Unicamp tanto de graduação como de pós-graduação.

Ao longo dos anos, o aspecto dialógico entre os saberes acadêmicos e o currículo escolar foi sendo materializado no cotidiano das práticas pedagógicas do espaço-tempo da escola, de modo a contribuir com o cronograma dos encontros no formato "Clube juvenil", contribuindo para a evolução da unidade temática "Matéria e energia", o que fortalece as habilidades propostas pela BNCC. Ademais, sobre essa vertente do Energizar, é possível afirmar que há espaço para pesquisa e sistematização de resultados, o que se encontra em andamento por meio de um projeto de iniciação científica, sob a responsabilidade de um estudante de graduação da Faculdade de Engenharia Elétrica e Computação (Feec) da Unicamp, que participa do Energizar.

Sobre a evolução da temática do ODS 7 ("Energia limpa e acessível") e o enlace com o ODS 4 ("Educação de qualidade"), o Energizar aborda os conhecimentos acerca de energia a partir de três eixos interdisciplinares já descritos na Tabela 1, com o objetivo de formar estudantes como "agentes de transformação" e protagonistas da própria história. Ao longo dos 15 encontros programados, e seguindo a metodologia da problematização para a condução das etapas do Arco de Maguerez, são desenvolvidas as seguintes temáticas:

- Matriz energética nacional e mundial;
- Tipos de energia, renováveis e não renováveis;
- Rede de transmissão de energia elétrica;
- Sustentabilidade, eficiência energética;
- Medidas de segurança em relação ao contato com a rede elétrica;
- Experimentos práticos sobre energias renováveis;
- Educação e transição energética;
- Consumo consciente, entre outros.

O intuito de cada encontro é promover a compreensão das temáticas de maneira didática e lúdica, e, para tanto, são utilizadas metodologias ativas, partindo da problematização levantada conjuntamente com as/os estudantes na etapa do Arco de Maguerez, utilizando apresentações digitais para as rodas de conversa e momentos de sistematização de conteúdos. O envolvimento das/os estudantes é fomentado pela utilização de filmes, de longa e de curta duração, experimentos, planejamento e execução de protótipo, participação em visitas técnicas ao *campus* Zeferino Vaz da Unicamp, para participação na Jornada de Olhos no Futuro, e à fábrica da empresa BYD, para conhecer os processos que envolvem a fabricação de módulos fotovoltaicos, conhecer sistemas de geração de energia solar fotovoltaica, aprender algumas informações sobre mobilidade elétrica e conhecer carros elétricos.

As metodologias ativas aplicadas ao longo do processo educativo nos 15 encontros fortalecem os conceitos e as habilidades sobre o tema e as vivências pedagógicas, que estimulam a curiosidade, a busca de informações, a oralidade, as experimentações e o desenvolvimento de protótipo como laboratório vivo de aprendizagem colaborativa, assim como os registros sobre os temas aprendidos utilizando diferentes linguagens.

A execução do plano pedagógico na escola conta com a participação das/os professoras/es responsáveis pelo acompanhamento do projeto a cada semestre. A interação entre a Universidade e a escola é de extrema importância para o bom andamento das atividades e a melhoria contínua do material didático produzido e explorado nos encontros.

A ambientação e o acolhimento das/os estudantes durante a execução do projeto acontecem de maneira planejada, mas sempre buscando a espontaneidade, ao abordar o assunto "educação energética e consumo consciente" relacionado à vida cotidiana das/os alunas/os, fazendo questionamentos simples e trazendo reflexões sobre algum acontecimento da semana, chamando, assim, a atenção para a responsabilidade de todas/os pelo encontro do dia. Os princípios e as práticas da pedagogia da cooperação[18] estão sempre presentes.

Os temas abordados ultrapassam os limites escolares, uma vez que, pelo interesse das/os próprias/os estudantes, ampliam-se as discussões, as reflexões e a aplicação dos conceitos estudados em aula na sua rotina em casa. Um exemplo dessa realidade é o fato de elas/es se interessarem por aprender sobre a leitura da conta de

[18] Brotto, 2020.

energia elétrica, o que as/os convence da importância do consumo consciente, ao mesmo tempo que as/os informa da quantidade de impostos cobrados do consumidor no Brasil.

Por vezes, são realizadas atividades sobre os tipos de energia consumidos e as maneiras possíveis de reduzir o consumo ou seus efeitos com pequenas atitudes, tais como: reduzir o tempo no banho, deixar a porta da geladeira aberta pelo menor tempo possível, ir para a escola de bicicleta, entre outros.

O despertar do interesse para um assunto tão importante e ao mesmo tão complexo, como a energia, necessita de uma abordagem que traga as metodologias ativas de ensino, como ferramentas para auxiliar no processo de aprendizagem. Entre muitas iniciativas preparadas pela equipe do Energizar, uma delas foi distribuir as/os estudantes, em grupos de três pessoas, para confeccionar seu próprio circuito elétrico. Utilizando apenas uma folha de papel A4, tiras de papel-alumínio, duas pilhas e um dispositivo eletrônico emissor de luz, chamado LED, foi possível fazer com que elas/es assimilassem que a corrente elétrica necessita de uma fonte de tensão e de um caminho para ser percorrida. Como resultado, o LED emite luz com a passagem dessa corrente elétrica, desde que esteja corretamente posicionado dentro do circuito elétrico, ou seja, polarizado. A Figura 7.4 mostra os resultados do envolvimento da turma durante essa atividade.

Outros recursos de aprendizagem também são utilizados para tratar dos variados temas que estão contemplados na matriz de conhecimento proposta no Energizar. Por exemplo, para explorar os tipos de energia existentes, mais especificamente a energia potencial e a energia cinética, as quais são essenciais para o aprendizado do funcionamento de uma usina hidroelétrica, foram utilizadas bolinhas de tênis. As/os próprias/os estudantes deram nomes para as bolinhas, e, no decorrer da explanação, foi feito um campeonato de quem conseguiria deixar a bolinha na posição mais alta e um outro para verificar quem rolaria a bolinha no chão mais rapidamente. O primeiro campeonato intensificou o conceito de energia potencial (que depende da altura da bolinha) e o de energia cinética (que depende da velocidade da bolinha).

Figura 7.4 – Imagens da atividade de simulação de circuito elétrico. Fotos: Leandro Jose Cesini da Silva.

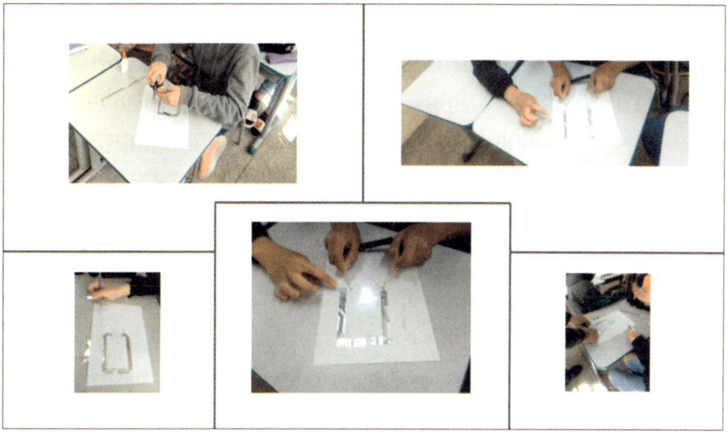

A integração do ensino com a internet, como ferramenta de aprendizado, também é bastante explorada nos encontros. Para viabilizar o acesso à internet, a escola dispõe de *notebooks* para as/aos estudantes, e, utilizando um projetor de imagens, é possível conduzir a atividade com sucesso. Em um dos encontros, a turma participou de uma competição respondendo a um *quiz*, elaborado na ferramenta Kahoot, que engloba vários temas abordados em encontros anteriores promovidos pelo Energizar. As/os estudantes buscam responder às questões corretamente e em menor tempo; essa é a chave para que a atividade estimule a criatividade e a participação ativa com sucesso, criando um clima de descontração e competição saudável na turma.

Por fim, vale ressaltar que o correto dimensionamento do tempo para a realização de todas as atividades propostas e a capacidade de adaptação das/os responsáveis pelos encontros são itens muito importantes para que estes possam acontecer de forma assertiva e produtiva. Em muitos momentos, a participação das/os estudantes nas discussões é intensificada devido ao interesse pelo tema. Nessas situações surge a necessidade de ajustes no tempo destinado às discussões seguintes, para que todo o conteúdo programado para o desenrolar dos 15 encontros possa ser executado satisfatoriamente. Estar em uma sala de aula propicia às/aos responsáveis pelo Energizar uma experiência de ensino e aprendizagem muito significativa para a vida acadêmica e para a confirmação do quanto a curricularização da extensão universitária é possível e benéfica para a formação acadêmica e profissional.

4. Resultados alcançados e considerações finais

As atividades propostas pelas/os acadêmicas/os do projeto Energizar propiciam uma dinâmica de benefício mútuo, ou seja, ambos os lados envolvidos ganham com as ações realizadas. Tanto estudantes e professoras/es da EE Telêmaco quanto as/os organizadoras/es dos encontros e responsáveis pelo projeto são significativamente beneficiadas/os. As/os estudantes podem vivenciar de forma ativa um assunto muito complexo, porém presente no dia a dia de todas as pessoas. A energia é abordada a partir do ODS 7 de forma simples e lúdica, possibilitando que cada estudante seja capaz de refletir sobre as atividades e os comportamentos referentes ao uso da energia, bem como compreender o fluxo que a energia percorre até chegar às casas e à escola, desenvolvendo, com isso, um pensamento crítico sobre a importância de todo o sistema elétrico e energético que a/o rodeia. As/os professoras/es da escola podem utilizar os encontros promovidos pelo Energizar para fortalecer os conceitos já ministrados nas aulas de ciências e validar a assimilação dos conteúdos pelas/os estudantes. Já as/os organizadoras/es do projeto podem vivenciar uma experiência única, uma vez que, em sua maioria, são estudantes de graduação e pós-graduação que ainda não tiveram experiências como docentes em sala de aula. A preparação e a execução dos encontros, bem como a realização das atividades propostas, são experiências significativas para as suas carreiras acadêmicas e também uma maneira efetiva de contribuir com as formas de implementação dos ODS.

A receptividade das/os estudantes aos temas propostos e à equipe do Energizar é um ponto marcante em todo o processo de aprendizagem. O interesse em participar e trazer exemplos do seu dia a dia possibilita discussões realísticas, considerando os seus costumes e as suas atividades, que elevam os níveis de aprendizagem e a tomada de consciência sobre a importância do tema. Isso culmina na atuação dessas/es estudantes como "agentes de transformação" na escola, na família, no bairro e nos demais espaços que ocupam como cidadãs/ãos.

O fato de o projeto Energizar ser conduzido por jovens estudantes de uma importante universidade do país contribui ainda mais para motivar as/os alunas/os da escola a seguir estudando. Isso é verificado por meio da análise de vários relatos de participantes do projeto, desejando conhecer mais sobre a Universidade e os processos de ingresso nos cursos disponíveis, principalmente sobre os cursos relacionados à energia, como a engenharia elétrica. É perceptível que, até esse primeiro contato com alunas/os da Unicamp e com o projeto, muitas/os estudantes da escola ainda não haviam despertado para essa busca em suas vidas ou achavam que ela estava longe de ser necessária.

A troca de experiências e de informações é essencial para que os resultados atingidos sejam disseminados às/aos novas/os estudantes da escola. O Energizar na EE Telêmaco passou por duas transformações importantes: a primeira foi a mudança de "projeto" para "grupo de estudos" – o Clube Energizar, organizado e coordenado pelas/os próprias/os estudantes, o que tornou esse corpo discente precursor do conhecimento através da canalização do saber pela equipe da Unicamp e pelas/os professoras/es da escola; e a segunda foi a junção do Energizar com outro projeto acadêmico conhecido como Escola 4.0, coordenado pelo professor Fabiano Fruett, da Feec/Unicamp,[19] levando conceitos da cultura *Maker* e da eletrônica para a vida dessas/es estudantes.

As experiências vividas durante todo o processo de aprendizagem do projeto são enriquecedoras. Esse é o tipo de iniciativa em que todas/os ganham: estudantes, professoras/es, organizadoras/es e toda a sociedade. A capacidade de capilaridade desses conhecimentos e dessas trocas de experiências é extremamente ampla, pois não se limita somente à escola, mas chega às casas, aos familiares, a amigas/os e vizinhas/os de todas/os as/os que participaram do Energizar.

Dada a importância que o Energizar possui na formação de pessoas conscientes das formas e dos usos da energia em um mundo cada vez mais consumista, e necessitando urgentemente de redução das emissões de gases de efeito estufa, é fundamental que iniciativas como essa sejam replicadas. Levar essa proposta a outras escolas e comunidades, transformando esse tipo de iniciativa em política pública para o desenvolvimento da sociedade e colocando a Universidade a serviço da comunidade, tem o potencial de impactar positivamente a sociedade, fazendo com que as escolas e as universidades sejam, em si mesmas, "agentes de transformação" para a construção de um mundo melhor.

[19] Escola 4.0, 2021-2024.

5. Referências bibliográficas

BERBEL, N. A. N. *Estratégias de ensino-aprendizagem*. 32. ed. Petrópolis, Vozes, 2012.

BORDENAVE, J. D. & PEREIRA, A. M. *Estratégias de ensino-aprendizagem*. 28. ed. Petrópolis, Vozes, 2007.

BRASIL. Lei n. 9.394, 1996. Disponível em <https://www.planalto.gov.br/ccivil_03/leis/l9394.htm>. Acesso em 12/3/2024.

____. Diretrizes Curriculares Nacionais Gerais da Educação Básica. Brasília, Diretoria de Currículos e Educação Integral, Secretaria de Educação Básica, Ministério da Educação, 2013.

____. Base Nacional Comum Curricular. Brasília, Ministério da Educação, 2018.

BROTTO, F. O. *Pedagogia da cooperação: por um mundo onde as pessoas possam vencer.* Rio de Janeiro, Bambual, 2020.

DE MORAES, V. R. A. & TAZIRI, J. "A motivação e o engajamento de alunos em uma atividade na abordagem do ensino de ciências por investigação". *Investigações em Ensino de Ciências*, vol. 24, n. 2, 2019, pp. 72-89.

ESCOLA 4.0. 2021-2024. Disponível em <https://escola4pontozero.fee.unicamp.br/>. Acesso em 28/8/2024.

FAZENDA, I. C. A. *Interdisciplinaridade: qual o sentido?* São Paulo, Paulus, 2003.

____. *Integração e interdisciplinaridade no ensino brasileiro: efetividade ou ideologia?* São Paulo, Edições Loyola, 2013.

FERREIRA, D. A. *Interdisciplinaridade e políticas públicas: experiência do Programa Goiás Solar.* São Paulo, Faculdade de Educação, Pontifícia Universidade Católica de São Paulo, 2018 (Tese de doutorado).

JANTSCH, E. "Vers l'interdisciplinarité et la transdisciplinarité dans l'enseignement et l'inovation". *In*: APOSTEL, L. *et al.* (org.). *L'interdisciplinarité: Problemes d'enseignement et de recherche dans les universités. Rapport du Séminaraire sur l'Interdisciplinarite.* Paris, Organisation de Coopération et de Développement Économiques, 1973, pp. 98-125.

JAPIASSU, H. *Interdisciplinaridade e patologia do saber.* Rio de Janeiro, Imago, 1976.

____. *O sonho transdisciplinar: e as razões da filosofia.* Rio de Janeiro, Imago, 2006.

ORGANIZAÇÃO DAS NAÇÕES UNIDAS (ONU). "Transformando nosso mundo: a Agenda 2030 para o desenvolvimento sustentável", 2015. Disponível em <https://brasil.un.org/sites/default/files/2020-09/agenda2030-pt-br.pdf>. Acesso em 2/5/2021.

8

Da pobreza à dignidade: potencialidades dos saberes antropológicos sobre menstruação na escola

Clarissa Reche Nunes da Costa, Naedja Cristiane Vieira Costa,
Michelle Perez dos Santos, Daniela Tonelli Manica

Eu não preciso protegê-los do meu sangue,
Preciso me proteger desse silêncio,
Incomoda?
Minha mente desperta, em alerta,
consciente, te incomoda?
Meus olhos abertos, te irritam?
Meu corpo livre, te aborrece?
Minha língua afiada, te tira da sua zona de conforto?

(Do poema "Prólogo" de Luna Beatriz, bolsista de iniciação científica do Ensino Médio, participante do projeto "Menstruação e antropologia: multiplicando possibilidades para alcançar dignidade")

1. Introdução

Grandes instituições voltadas aos direitos humanos têm abordado o tema da menstruação como um dos pilares para que alcancemos equidade entre os gêneros. O Unicef é uma dessas instituições que promovem ações para a chamada "dignidade menstrual":[1] práticas para que crianças e jovens que menstruam possam ter acesso a informações e produtos para higiene menstrual, como absorventes. Em consonância com tal interesse público, apresentamos uma pesquisa interdisciplinar chamada "Menstruação e antropologia: multiplicando possibilidades para alcançar dignidade", realizada junto com adolescentes e elaborada através do Pibic-EM e do Laboratório de Estudos Avançados (Labjor), da Unicamp. Propomos a seguinte questão: como os saberes antropológicos produzidos em contexto acadêmico podem colaborar com avanços sociais sobre dignidade menstrual, especialmente envolvendo jovens?

Por muito tempo, a menstruação figurou de forma incipiente como tema de pesquisas antropológicas, porém sempre esteve presente costurando importantes temas como: cuidados com o corpo, saúde, gênero, religiosidade, xamanismo, rituais de passagem, entre outros. Nos últimos anos, estamos presenciando um aumento expressivo no interesse em trazer a menstruação para o centro da análise. Apenas nos primeiros anos desta década, houve um aumento de 80% no número de pesquisas de pós-graduação em Antropologia sobre menstruação em comparação com a última década inteira, de acordo com dados da pesquisa de doutorado de Clarissa Reche Nunes da Costa.[2] A pesquisa em antropologia demanda um olhar atento e cuidadoso para os modos de produção e circulação de saberes e práticas em grupos sociais plurais e diversos.

1 Unicef Brasil, 2023.

2 Costa, 2024.

Normalmente nas escolas e nos meios de comunicação, a menstruação é focalizada a partir de questões que colocam em primeiro plano fatores "biológicos" associados exclusivamente a práticas médicas. Aqui, propomos ampliar esse debate a partir de uma abordagem interdisciplinar que também seja sensível às questões socioeconômicas que permeiam a menstruação. Ao colocarmos lado a lado conhecimentos advindos das ciências biomédicas e biológicas e conhecimentos antropológicos produzidos em conjunto com pessoas que menstruam em contextos urbanos e tradicionais, como populações indígenas e afrobrasileiras, temos a possibilidade de pensar a dignidade menstrual de uma forma mais ampla e democrática.

Como metodologia, propomos a realização de uma pesquisa qualitativa que utilize ferramentas usuais na antropologia, como a etnografia audiovisual. Baseando-nos no relatório do Unicef/UNFPA-2021 sobre pobreza menstrual, buscaremos inicialmente mapear os saberes de adolescentes sobre suas experiências com a menarca e a menstruação e como as escolas do ensino público estão conduzindo essa pauta em sua prática educacional.

Ao direcionarmos a pesquisa para as escolas do Ensino Fundamental, buscamos compreender como a menarca e a menstruação são observadas e vivenciadas pela geração pós-anos 2000, que já nasce conectada com diversas fontes de informação, e como essas informações, associadas a fatores socioeconômicos e familiares, atravessam suas realidades cotidianas a partir da experiência escolar. Esse projeto é desenvolvido em parceria com o Programa Olhos no Futuro.

2. Contextualização

A promoção para mudanças acerca do pensamento sobre a menstruação surge com as novas diretrizes dos ODS elaboradas pela

ONU. Indiretamente o texto levanta parâmetros sobre escassez de acesso a água, educação e saúde de qualidade para mulheres, meninas e pessoas que menstruam: ODS 1 ("Erradicação da pobreza"), ODS 3 ("Saúde e bem-estar"), ODS 5 ("Igualdade de gênero") e ODS 6 ("Água potável e saneamento"). Foi a partir desse cruzamento de informações que surgiram as observações sobre a necessidade de construção de uma política pública que direcionasse uma relação digna entre as mulheres e a menstruação.

No cenário mundial, pesquisas apontam dois dados como essenciais para repensarmos as políticas voltadas para a menstruação: o declínio da idade da menarca e a precariedade de gestão da higiene menstrual vivida por mulheres e meninas do Sul Global.[3] Em outro estudo, a autora apresenta dados sobre as dificuldades de gerenciamento da menstruação enfrentadas por adolescentes de países de baixa renda do Sul Global, especialmente países africanos.[4]

O estudo de Sommer traz à tona a complexidade da precariedade da vida de milhares de mulheres ao revelar suas dificuldades pessoais em acessar dispositivos básicos para manutenção de sua higiene pessoal e, consequentemente, menstrual. A escassez de água apresenta-se como um índice de aumento da pobreza social ao excluí-las do acesso ao recurso e negligenciar cuidados de higiene e saúde dessas mulheres.

A falta de condições mínimas de higiene e cuidados menstruais revela duas faces do mesmo constrangimento: nas mulheres que possuem acesso aos recursos materiais necessários ao resguardo de sua higiene pessoal, o constrangimento se revela na dificuldade que possuem para falar sobre o tema, tratando-o com pudores, silenciamentos e circunscrição à intimidade; já as mulheres que não possuem acesso aos recursos materiais necessários são duplamente

[3] Critchley *et al.*, 2020.

[4] Sommer, 2013.

constrangidas diante da precariedade que causa suas dificuldades na gestão do sangue menstrual.

O relatório "Saneamento e a vida da mulher no Brasil",[5] que tem como base estudos da Pesquisa Nacional por Amostra de Domicílios Contínua (PNADC) do IBGE,[6] indica que o contingente populacional de mulheres é de aproximadamente 108,4 milhões, entre as quais, 94,4 milhões (87%) moram em domicílios urbanos. Quando direcionamos o recorte para acesso à água tratada, 93% das mulheres urbanas a recebem, e, nas áreas rurais, apenas 34,6%. No quesito "faixa etária", o estudo revela que, quanto menor a idade, maior o déficit de acesso à água. O estudo ainda demonstra que em 2019 a falta de um banheiro acometia 2,545 milhões de mulheres no Brasil, e, nos grandes centros urbanos, 28,7 milhões de mulheres não possuíam escoamento sanitário adequado, representando uma em cada três mulheres.

Baseando-se nos dados do Programa Nacional de Saúde (PNS),[7] o mesmo relatório faz o recorte dos problemas que a falta de água e saneamento básico pode ocasionar: doenças do sistema respiratório, gastrointestinal e do trato ginecológico em mulheres em idade menstrual (entre 12 e 55 anos) que geram situações limitantes de afastamento de trabalho ou estudos. Os dados mostram que, no mesmo ano, 92,8 a cada mil mulheres apresentaram alguma doença ginecológica e precisaram se ausentar de suas atividades rotineiras. As mulheres adultas (40 a 49 anos) apresentaram o maior índice de afastamento, representando 142,6 casos a cada mil mulheres. No recorte por nível de instrução, a incidência foi maior entre as mulheres com Ensino Fundamental incompleto, registrando 105,1 casos a cada mil mulheres. O mesmo relatório informa que a existência de um

[5] Instituto Trata Brasil, 2022.

[6] IBGE, 2019.

[7] PNS, 2019.

banheiro exclusivo reduz em 45% a possibilidade de as mulheres adquirirem alguma doença ginecológica e precisarem se ausentar de suas atividades diárias.

Conforme as considerações anteriores, a falta de acesso à água caracteriza-se como um problema que causa danos à saúde. No caso da saúde da mulher, o dano incide sobre a qualidade do seu desenvolvimento pessoal e profissional, já que a gestão da menstruação requer água por, pelo menos, quatro ou cinco dias contínuos para realização da higiene íntima. No recorte dedicado à educação, o relatório informa que em 2019 havia 25,344 milhões de mulheres realizando algum curso regular, entre as quais, 53,1% frequentavam o Ensino Fundamental. O estudo faz um levantamento da progressão escolar e da qualidade da moradia dessas mulheres e mostra que o acesso ao saneamento básico se constitui como um elemento que pode condicionar o desenvolvimento ou o atraso escolar, podendo, consequentemente, prejudicar o desempenho daquelas que não possuem água canalizada, especialmente as mais jovens, em sua formação profissional, interferindo no acesso à formação superior e prejudicando seu ingresso no mercado de trabalho.

Para pensarmos sobre dignidade menstrual, é preciso ter consciência de que a precariedade menstrual está imersa em um cenário social de informações distorcidas sobre a menstruação. Nesse cenário, menstruar está diretamente ligado a padrões de estigmas, doenças, impurezas e a uma linguagem que utiliza eufemismos totalmente prejudiciais à dignidade menstrual, associados à falta de infraestrutura necessária para que a menstruação ocorra de uma forma digna e saudável.

A menstruação acontece de forma involuntária, não é uma opção, e a insistente negação em dialogar abertamente sobre o tema nos faz pensar acerca da importância da institucionalização de uma pedagogia que desnaturalize estigmas e preconceitos sobre o ato de menstruar. É preciso retirar a menstruação do cenário exclusivo da intimidade e colocá-la no cenário público, do diálogo aberto, onde as políticas públicas aconteçam no sentido de conscientizar sobre o menstruar como um processo comum e seguro.

3. Caminhos: percurso desenvolvido

O tema da pesquisa intitulada "Menstruação e antropologia: multiplicando saberes para alcançar a dignidade menstrual" ajusta-se às atuais políticas públicas direcionadas à agenda global sobre menstruação. O enfoque dessa nossa pesquisa é a gestão menstrual de adolescentes em países do Sul Global. O Unicef/UNFPA-2021,[8] com o relatório "Pobreza menstrual no Brasil: desigualdade e violações de direitos", levanta a preocupação com a falta de insumos materiais para gestão da menstruação por meninas em idade escolar, argumentando que isso pode prejudicar o desempenho escolar dessas estudantes e ampliar o quadro de desigualdades de gênero já existente. Dessa forma, o relatório busca observar como se desenvolvem as habilidades das meninas diante de possíveis barreiras físicas e sociais, como a falta de água, de banheiros adequados, de saneamento básico e de materiais para higiene menstrual, além das dificuldades em conversar abertamente sobre o assunto, sem pudores e constrangimentos públicos.

Para tanto, propusemos a seguinte questão: como os saberes antropológicos produzidos em contexto acadêmico podem colaborar com avanços sociais sobre dignidade menstrual, em especial envolvendo jovens? Nosso objetivo central tem sido investigar se e como os saberes antropológicos sobre menstruação podem contribuir em favor de uma maior dignidade menstrual. Normalmente, nas escolas e nos meios de comunicação, a menstruação é focalizada a partir de questões que colocam em primeiro plano fatores

[8] Unicef/UNFPA, 2021.

"biológicos", associados exclusivamente a práticas e discursos biomédicos. Propomos ampliar esse debate por meio de uma abordagem interdisciplinar que também seja sensível às questões socioeconômicas e antropológicas que permeiam a menstruação.

Temos no Brasil um *corpus* de conhecimento antropológico sobre menstruação que compreende, por exemplo, pesquisas sobre: as representações da menstruação propagadas em peças publicitárias e em mídias tradicionais;[9] o papel das mídias sociais na criação de redes para debate e discussão da menstruação;[10] a influência da menarca e da menopausa na vida de meninas e mulheres em contextos urbanos;[11] as dificuldades enfrentadas por pessoas que menstruam em contextos precários, como cárceres;[12] as abordagens biomédicas sobre o ciclo menstrual e os usos de medicamentos hormonais, bem como práticas que contestam tais abordagens;[13] os cuidados com o corpo praticados por diversas etnias indígenas, como resguardos e dietas associados à menstruação;[14] a importância do sangue menstrual em religiões de matriz africana,[15] entre outras temáticas.

Essa pesquisa emerge da trajetória acadêmica da coordenadora do projeto, a pesquisadora e professora Daniela Manica. O tema da menstruação permeia o trabalho de Manica desde sua formação. Na tese de doutorado *Contracepção, natureza e cultura: embates e sentidos na etnografia de uma trajetória*,[16] ela seguiu narrativas (auto) biográficas do ginecologista Elsimar Coutinho, criador e propagador de implantes hormonais para mulheres conhecidos como "chips da beleza", além de escritor de livros como *Menstruação, a sangria inútil*.

[9] Arndt *et al.*, 2018.
[10] Pissolito, 2021.
[11] Costa, 2007.
[12] Queiroz, 2015.
[13] Dieguez; Alzuguir & Nucci, 2021.
[14] Seraguza, 2017.
[15] Silva, 2014.
[16] Manica, 2009.

Essa tese é uma importante referência nos estudos antropológicos da menstruação, em especial nos estudos que se debruçam sobre a biomedicalização do corpo das mulheres e o desenvolvimento de produtos sociotécnicos para a gestão do sangue menstrual. Ainda no mesmo tema, Manica desenvolveu uma pesquisa sobre as células do sangue menstrual, conhecidas como CeSaM, em conjunto com pesquisadoras do Laboratório de Cardiologia Celular e Molecular (LCCM) do Instituto de Biofísica Carlos Chagas Filho (IBCCF), da Universidade Federal do Rio de Janeiro (UFRJ).[17]

Nossa pesquisa resulta, portanto, dessa trilha aberta por Manica, tanto no estabelecimento da menstruação como tema de estudo em Antropologia quanto no interesse por divulgação científica e cultural entendida, ao mesmo tempo, como pesquisa acadêmica e ação cidadã. A atuação em escolas e com as pesquisadoras bolsistas de iniciação científica do Ensino Médio completa o quadro, sendo decorrente da constatação da importância da educação menstrual para que possamos de fato caminhar para uma maior dignidade não somente menstrual, mas que contemple a diversidade humana em todos os seus aspectos.

Tais preocupações foram muito debatidas no contexto do laboratório Labirinto, coordenado por Daniela Manica. O laboratório conta também com a participação das outras pesquisadoras que estão nesse projeto: as doutorandas Clarissa Reche Nunes da Costa e Naedja Cristiane Vieira Costa, cujas pesquisas também são focadas em menstruação – a primeira está investigando a relação entre menstruação e produção de conhecimento científico no contexto de trabalhos de campo etnológicos, e a segunda está investigando a percepção de meninas e adolescentes em sua fase inicial da menstruação no contexto escolar; as bolsistas estudantes de graduação em Ciências Sociais na Unicamp Michelle Perez dos Santos, que está realizando

[17] Manica; Goldenberg & Asensi, 2018.

um levantamento sobre leis que abordem a menstruação, Kaynara Tawka e Barbara Valadão da Cruz; e as bolsistas de Pibic-EM Luna Beatriz, Rayssa Baptista Parros e Thaís Bezerra Novais.

4. Abordagem prática

Para a realização de nossa pesquisa, partimos de um arcabouço teórico-crítico feminista e decolonial. Entendemos que a produção de conhecimento científico deve basear-se em uma noção de objetividade que abrigue a situacionalidade dessa prática, ou seja, uma objetividade que parta de uma multiplicidade de pontos de vista e inclua as especificidades das pesquisadoras. Sendo assim, vislumbramos alguns desafios metodológicos: como realizar uma pesquisa coletiva que evite hierarquias? Como incluir nossa própria experiência como pessoas que menstruam?

Essa pesquisa está sendo realizada por um grupo de nove pesquisadoras, incluindo estudantes de iniciação científica do Ensino Médio, estudantes de graduação, de doutorado e uma professora doutora que coordena o projeto. Possuímos uma grande heterogeneidade de idades, bem como diferentes níveis de profundidade e experiência em práticas de pesquisa. Ainda que, na relação com a institucionalidade da Universidade, precisemos assumir posturas hierárquicas na assumpção de responsabilidades, como, por exemplo, diante do comitê de ética, procuramos, na medida do possível, que todas as decisões metodológicas sejam tomadas coletivamente, levando em consideração todas as *expertises* que possuímos.

Trabalhar junto com adolescentes pesquisadoras de iniciação científica vem se mostrando algo muito frutífero, dado nosso objetivo de atuar em escolas, uma vez que essas bolsistas trazem ideias e sugestões de um ponto de vista privilegiado de quem está inserido nesse ambiente.

Como forma de desenvolver uma prática científica situada, precisamos também considerar o fato de que todas nós pesquisadoras menstruamos. E, como formamos um grupo diverso, nossas menstruações também são diversas. A forma que encontramos para situar nossas experiências foi considerar que nosso campo de pesquisa inclui também nós mesmas, nossas histórias passadas e os modos como temos nos relacionado com os ambientes que nos cercam, sejam ambientes de estudo e trabalho, sejam ambientes de nossas intimidades, como nossas amizades e famílias. Conscientes de que o tema da menstruação está envolto em traumas e violências, buscamos alargar nosso campo de pesquisa partindo da noção de "observação vulnerável" da antropóloga cubana Ruth Behar,[18] ou seja, procuramos nos colocar "dentro da pesquisa" e ao mesmo tempo nos preservar, tentando encontrar, naquilo que temos de íntimo, o que, de fato, é possível coletivizar e transformar em dado de pesquisa.

Entendemos as disciplinas científicas como campos abertos para contaminação e mistura. Portanto, mesmo que nosso objetivo esteja relacionado com saberes antropológicos, nossa abordagem prática é interdisciplinar, com diálogos entre antropologia, educação, filosofia, estudos de gênero e estudos sociais da ciência e tecnologia. Utilizamos como metodologias a etnografia e a pesquisa-ação. A primeira nos aproxima da antropologia e permite que possamos delimitar como espaço de trabalho de campo tanto a escola quanto nossa própria experiência de pesquisadoras que menstruam. A segunda nos aproxima da educação e nos permite trabalhar a dimensão pedagógica da pesquisa ao possibilitar o desenho de experimentações práticas com as/os educandas/os e, consequentemente, a comunidade escolar como um todo.

A menstruação é um processo do cotidiano, permeando o dia a dia de todas as pessoas que convivem com quem menstrua. Pesquisar menstruação é, portanto, entremear-se nas pequenas

[18] Behar, 1996.

coisas cotidianas. A etnografia é um método de pesquisa comumente utilizado na antropologia e baseado nas vivências de quem pesquisa ao realizar um trabalho de campo circunscrito. Tal método permite justamente que nos surpreendamos com aquilo que flui no que vivenciamos de mais comum. Ao estarmos abertas ao estranhamento, tornamo-nos agentes nas etnografias, ou seja, somos ao mesmo tempo investigadoras e "nativas".[19] A experiência vivida da menstruação ganha novos contornos, abre-se a novas possibilidades, novas imaginações, em um processo transformador que está vinculado ao objetivo de nossa pesquisa.

Também nos inspiramos na pesquisa-ação como orientação metodológica para nosso trabalho. A pesquisa-ação pode ser entendida como uma estratégia de colaboração e aprendizagem com o objetivo de, através dela, provocar mudanças participativas.[20] Ainda que pela natureza de nossa pesquisa não consigamos agir com a profundidade que tal metodologia propõe, como, por exemplo, o acompanhamento das escolas após as ações realizadas, acreditamos que podemos nos beneficiar de atributos da pesquisa-ação, em especial da "espiral cíclica ascendente de ação-reflexão-ação".[21] A amplitude dessa metodologia nos possibilita aprofundar nossa pesquisa para sermos capazes de propor atividades, realizá-las e avaliá-las, com o objetivo final de produzir um experimento em divulgação científica e cultural.

Nossa abordagem prática consiste, portanto, na realização de uma série de atividades, como: oficinas, rodas de conversas, exposições artísticas (saraus), como uma forma de produção de dados etnográficos que nos ajudarão a, no final da pesquisa, produzir uma peça de divulgação científica e cultural sobre o tema da dignidade menstrual. Realizamos pequenos experimentos nesse sentido, com

[19] Peirano, 2014, p. 379.

[20] Mallmann, 2015, p. 80.

[21] *Idem*, p. 79.

exercícios de criação de peças artísticas pelas bolsistas de Pibic-EM com base na leitura de artigos científicos sobre menstruação das áreas de antropologia e ciências sociais. Também realizamos o planejamento e a implementação de oficinas voltadas a educandas/os do 8º e do 9º ano do Ensino Fundamental.

Entendemos nossa pesquisa como alinhada aos valores propostos pelo que vem sendo chamado de "ciência cidadã", ou seja, uma prática científica desenhada de modo a evitar a hierarquização dos saberes, na qual o conhecimento é construído coletivamente e emerge da ação prática no mundo, a partir das demandas e das necessidades daqueles com quem estabelecemos diálogo. Ao trabalhar com bolsistas do Ensino Médio e em espaços como a escola pública, a pesquisa ganha também um caráter de letramento científico, com a potência de formar futuras/os pesquisadoras/es,[22] bem como circunscrever a menstruação como tema.

Por fim, gostaríamos de ressaltar que os caminhos metodológicos que estamos experimentando emergem da associação entre o tema da dignidade menstrual e o objetivo do Programa Olhos no Futuro, com enfoque sobre o trabalho digno. Entendemos que, enquanto pesquisadoras, somos também trabalhadoras, e as metodologias que escolhemos para realizar nossas pesquisas devem estar de acordo com a produção científica responsável e digna que desejamos.

5. Resultados

Como resultados parciais, tivemos duas produções realizadas a partir da pesquisa: um conjunto de "fichamentos artísticos" e o planejamento detalhado de uma oficina chamada "Dignidade menstrual: culturas e artes através do olhar da juventude". Os

[22] Andrade, 2023.

"fichamentos artísticos" fizeram parte de um primeiro momento de trabalho com as pesquisadoras bolsistas do Pibic-EM, no qual estas se aproximaram de artigos acadêmicos sobre menstruação provenientes das áreas de ciências sociais e antropologia. Como um exercício de diálogo com esses textos, as bolsistas criaram uma série de peças artísticas, como música, poemas e colagens, em uma espécie de "tradução" do que leram para um campo mais sensível.

A oficina "Dignidade menstrual: culturas e artes através do olhar da juventude" tem como objetivo construir um espaço de fala e escuta sobre menstruação, fazendo emergirem as vivências pessoais e as questões socioantropológicas sobre o tema e provocando uma costura entre esses dois polos. Sabemos que falar sobre menstruação é difícil.[23] Assim, como estratégia para conseguir que vivências muitas vezes traumáticas possam vir à tona de uma forma não violenta, escolhemos utilizar recursos associados à antropologia das formas expressivas, ou seja, recursos que se apoiem nas artes como ferramentas para iniciar e aprofundar conversas. A oficina também é estruturada em uma lógica de aprendizagem por projeto, ou seja, as conversas e as reflexões surgem a partir da elaboração de um projeto final, que, nesse caso, é um "zine" sobre menstruação. "Zine", também conhecido como "fanzine", é um pequeno livro produzido de forma caseira. Trata-se de uma ferramenta muito utilizada como recurso pedagógico para que educandas/os possam compartilhar os resultados de seus trabalhos. Por ser um processo necessariamente coletivo, essa ferramenta impulsiona a análise crítica tanto individual quanto em grupo, oferecendo uma base visual que condensa o processo da oficina. Esta foi realizada em março de 2023 com 25 meninas de de 8os e 9os anos do Ensino Fundamental II na Escola Estadual Dr. Telêmaco Paioli Melges, na cidade de Campinas (SP).

[23] Mckechnie, 2004.

Observamos que, tanto com as bolsistas Pibic-EM quanto durante as oficinas na escola, os métodos de pesquisa baseados em técnicas da antropologia das formas expressivas fizeram emergir falas sobre as experiências pessoais das jovens sobre menstruação, demonstrando o desejo de expressar experiências vividas que revelam marcas profundas relacionadas a situações traumáticas. Apareceram, por exemplo, sentimentos de medo e vergonha, expressos através da elaboração de eventos como: menstruar na escola e acabar manchando a roupa ou as cadeiras; ter que buscar absorventes com funcionários homens da coordenação ou da direção da escola; ou conviver com as falas de meninos do círculo de convívio (da escola ou da família), que ridicularizam as meninas por causa da menstruação, associando tal processo a coisas nojentas e sujas.

A raiva é outro sentimento frequentemente manifestado, associado muitas vezes à falta de acolhimento não somente quando a menina está menstruada, mas também nos dias anteriores à menstruação, quando existe uma percepção de alteração no humor que não é bem--vista pelas pessoas no seu convívio. A raiva também é expressa e direcionada contra o próprio corpo, junto com demonstrações de angústia pela falta de entendimento do motivo de a menstruação existir, sendo muitas vezes sentida como um fardo. Ouvimos relatos de meninas muito jovens, entre 13 e 14 anos, desejando poder retirar o útero para não menstruar mais.

Outro dado observado é que conversar sobre menstruação parece ser um veículo para que as meninas se sintam à vontade para expressar suas dúvidas ou suas curiosidades sobre o tema da sexualidade. Ainda que propositalmente estejamos evitando trazer esse tema à tona, invariavelmente conversas sobre sexo surgem quando tratamos de menstruação, em uma demonstração de que as atividades que estamos conduzindo parecem criar um ambiente de segurança para que as meninas compartilhem conosco questões muitas vezes silenciadas nas famílias ou até mesmo na escola.

Por último, podemos observar também uma grande capacidade crítica e um entendimento da realidade, juntamente com uma força direcionada à transformação da situação atual, em especial por parte das bolsistas de Ensino Médio. É evidente que há uma vontade e um desejo grande de conversar sobre menstruação, e encontramos uma potência para que tais conversas se tornem propositivas. Dificilmente deparamos com falas resignadas, que aceitem as dores e os traumas vivenciados, sendo mais comum uma ânsia por falar e agir para que os sofrimentos sejam diminuídos.

6. Conclusão

Podemos encontrar as raízes do desenvolvimento do termo "pobreza menstrual" na emergência dos ODS e da Agenda 2030, com pressões internacionais para a materialização de mudanças necessárias à igualdade de direitos e à equidade entre os gêneros. Porém, nossos resultados prévios apontam para a inadequação e a fragilidade de tal termo aplicado ao contexto brasileiro. Uma primeira crítica possível de ser feita é o efeito redutor da complexidade que o termo "pobreza menstrual" possui, uma vez que recorta e restringe um problema muito mais abrangente, a saber, a própria pobreza. Acreditamos que não é possível combater apenas a pobreza menstrual, uma vez que a menstruação não é algo apartado da sociedade. Portanto, o termo "pobreza menstrual" reforça a crença de que a menstruação é algo tão íntimo e privado que deve ficar fora das preocupações mais "nobres" da sociedade. Porém, questões como o manejo das águas, o saneamento básico, as leis trabalhistas, entre outras, são fundamentais para que a menstruação possa se tornar um processo vivido sem dor, sofrimento e trauma.

O efeito redutor da complexidade do termo "pobreza menstrual" é agravado quando observamos que, segundo uma outra pesquisa em andamento em nosso laboratório, grande parte das leis em trâmite no Brasil que tratam da menstruação se apoia em ações necessárias, porém de resultado superficial, como, por exemplo, a distribuição de absorventes nas escolas. Acreditamos que tal enfoque raso do problema possa encontrar lastros nos ODS para sua justificação, uma vez que os ODS são formulados de modo genérico e abrangente, sem considerar especificidades locais. Assim, podemos observar uma precarização das condições mínimas para que possamos transformar o modo como vivenciamos nossas menstruações.

Países como a Espanha passaram a aprovar leis que liberam pessoas que menstruam de ir ao trabalho sem que sofram nenhum tipo de prejuízo com isso. No Brasil, vivenciamos uma realidade em que a precarização do trabalho ocorrida nos últimos anos corroeu o amparo legal às trabalhadoras, que muitas vezes ficam à própria sorte em empregos informais ou em situações de exploração mediante contratos de prestação de serviço que privilegiam o lucro dos patrões. Legislações como a que foi aprovada na Espanha devem ser debatidas no contexto brasileiro, porém entendemos que o enfrentamento da pobreza é uma tarefa mais profunda, e o tema da menstruação deve estar presente como questão a ser considerada em todas as nossas movimentações enquanto sociedade em busca de uma vida digna.

No Brasil, a precariedade de informações e dados referentes à gestão da menstruação de meninas e mulheres é uma lacuna aberta. Podemos observar essa realidade no relatório "Pobreza menstrual no Brasil: desigualdade e violações de direitos", o que nos faz lançar luz sobre a urgência em produzir pesquisas e publicações sobre como as instituições educacionais estão amparando adolescentes sobre o tema. Nossa contribuição para esse arcabouço de pesquisas ainda está em curso. Portanto, retomando nosso objetivo, podemos afirmar, com base nos resultados parciais, que os saberes antropológicos podem abrir perspectivas sobre o que é e o que pode ser a menstruação, ao confrontar nossos pensamentos e nossas práticas correntes com outras formas de viver a menstruação. Mas tal abertura de perspectivas só pode ocorrer em plenitude se o contexto for favorável a mudanças. Como pequenas sementes de novas ideias, é necessário que o solo esteja preparado e fértil (Figura 8.1). A Figura 8.1 foi feita por Thaís Bezerra Novais, bolsista de iniciação científica do Ensino Médio (Pibic-EM), participante do projeto "Menstruação e antropologia: multiplicando possibilidades para alcançar dignidade".

Figura 8.1 – Colagem digital do projeto "Menstruação e antropologia: multiplicando possibilidades para alcançar dignidade". Fonte: Disponível em https://www.labirinto.labjor.unicamp.br/menstruacao-e-antropologia-multiplicando-possibilidades-para-alcancar-dignidade/. Acesso em 13/2/2025.

O que encontramos, infelizmente, é um cenário de crescente ataque a uma formação plena não somente das crianças e das/os jovens, mas também das pessoas adultas no Ensino Superior, pautado por ideais trazidos por movimentos conservadores, que restringem as possibilidades de uma educação que trate de sexualidade e gênero. Nossa pesquisa demonstra a necessidade urgente de uma mobilização para que tais pautas entrem nos currículos nacionais de forma a integrar diversos campos do saber. Além disso, é imprescindível que tais temas estejam presentes na formação contínua de educadoras/es e que nas escolas seja incentivado e proposto o diálogo com a comunidade. Acreditamos que, justamente por serem sementes de abertura e acolhimento da diversidade, os saberes antropológicos sobre a menstruação podem ajudar nesses processos. E, como sementes, esses saberes carregam dentro de si a promessa de um futuro melhor:

> Acordei pra realidade, creio que um dia esse
> meu sonho será realizado
> E quando acordar tudo não irá ser mais um problema
> E todos viveremos sem tabus e sem julgamentos
> Mas enquanto esse dia não chegar
> Eu fico apenas com a esperança dentro de mim
> Que esse dia há de chegar.
>
> (Do poema "Um grande sonho", de Rayssa Parros, bolsista de iniciação científica do Ensino Médio (Pibic-EM), participante do projeto "Menstruação e antropologia: multiplicando possibilidades para alcançar dignidade")

7. Referências bibliográficas

ANDRADE, R. O. "A ciência em parceria com o público". Pesquisa Fapesp, ed. 323, jan. 2023, pp. 16-23. Disponível em <https://revistapesquisa.fapesp.br/o-publico-a-servico-da-ciencia>. Acesso em 10/4/2025.

ARNDT, G. J. *et al.* "'Como uma garota': novas regras na publicidade de absorventes". *Revista Estudos Feministas*, vol. 26, n. 2, 2018, pp. 1-15.

BEHAR, R. *The vulnerable observer. Anthropology that breaks your heart.* Boston, Beacon Press, 1996.

COSTA, C. R. N. C. *Manchando: (o que) fazer (com) a menstruação. Estratégias e experimentos para vazar questões feministas através das tecnociências.* Campinas, Instituto de Filosofia e Ciências Humanas, Universidade Estadual de Campinas, 2024 (Tese de doutorado).

COSTA, G. M. C. *Deixar de ser mulher: conhecimento e significado cultural da menopausa.* São Paulo, Universidade de São Paulo, 2007 (Tese de doutorado).

CRITCHLEY, H. O. D. *et al.* "Menstruation: science and society". *American Journal of Obstetrics and Gynecology*, vol. 223, n. 5, 2020, pp. 624-664.

DIEGUEZ, R. S. M.; ALZUGUIR, F. C. V. & NUCCI, M. F. "'Descolonizar o nosso corpo': ginecologia natural e a produção de conhecimento sobre corpo, sexualidade e processos reprodutivos femininos no Brasil". *Sexualidade, Saúde e Sociedade*, vol. 37, 2021, pp. 1-24.

FLEISCHER, S. & MANICA, D. T. "O podcast Mundaréu como uma experiência de antropologia pública". *Iluminuras*, vol. 22, n. 57, 2021, pp. 166-180.

INSTITUTO BRASILEIRO DE GEOGRAFIA E ESTATÍSTICA (IBGE). "Pesquisa Nacional por Amostra de Domicílios Contínua". Disponível em <https://www.ibge.gov.br/estatisticas/sociais/saude/9171-pesquisa-nacional-por-amostra-de-domicilios-continua-mensal.html/>. Acesso em 10/4/2025.

INSTITUTO TRATA BRASIL. "O saneamento e a vida da mulher brasileira", 2022. Disponível em <https://tratabrasil.org.br/o-saneamento-e-a-vida-da-mulher-brasileira-2022/>. Acesso 19/8/2024.

MALLMANN, E. M. "Pesquisa-ação educacional: preocupação temática, análise e interpretação crítico-reflexiva". *Cadernos de Pesquisa*, vol. 45, n. 155, 2015, pp. 76-98.

MANICA, D. T. *Contracepção, natureza e cultura: embates e sentidos na etnografia de uma trajetória*. Campinas, Universidade Estadual de Campinas, 2009 (Tese de doutorado).

MANICA, D. T.; GOLDENBERG, R. C. & ASENSI, K. D. "CeSaM, as células do sangue menstrual: gênero, tecnociência e terapia celular". *Interseções – Revista de Estudos Interdisciplinares*, vol. 20, 2018, pp. 93-113.

MCKECHNIE, R. "The identification of menstrual change: Working with biographies of reproduction". *In*: TREMAYNE, S. (org.). *Special issue on fertility and reproduction*. Chippenham, Jaso, 2004.

PEIRANO, M. "Etnografia não é método". *Horizontes Antropológicos*, vol. 20, n. 42, 2014, pp. 377-391.

PISSOLITO, C. *Um novo capítulo para velhos problemas: o compartilhamento online de experiências e o uso da pílula anticoncepcional*. Campinas, Universidade Estadual de Campinas, 2021 (Dissertação de mestrado).

PROGRAMA NACIONAL DE SAÚDE (PNS). "Pesquisa Nacional de Saúde". Disponível em <https://www.ibge.gov.br/estatisticas/sociais/saude/9160-pesquisa-nacional-de-saude.html>. Acesso em 10/4/2025.

QUEIROZ, N. *Presos que menstruam: a brutal vida das mulheres – tratadas como homens – nas prisões brasileiras*. Rio de Janeiro, Record, 2015.

SERAGUZA, L. "Do fluxo do sangue aos cortes da vida em reserva: sangue, ritual e intervenção entre as mulheres Kaiowa e Guarani em MS". *Tellus*, vol. 17, n. 33, 2017.

SILVA, L. L. "Tabu e poder político: um estudo da interdição feminina na tradição religiosa afro-aparense mina nagô". *Margens*, vol. 8, n. 11, 2014, pp. 89-110.

SOMMER, M. & MURAT, S. "Overcoming the taboo: Advancing the global agenda for menstrual hygiene management for schoolgirls". *American Journal of Public Health*, vol. 103, n. 9, 2013, pp. 1.556-1.559.

UNICEF BRASIL – FUNDO DAS NAÇÕES UNIDAS PARA A INFÂNCIA BRASIL. "Dignidade Menstrual", 2023. Disponível em <https://www.unicef.org/brazil/dignidade-menstrual>. Acesso em 20/8/2024.

UNICEF/UNFPA – FUNDO DE POPULAÇÃO DAS NAÇÕES UNIDAS/FUNDO DAS NAÇÕES UNIDAS PARA A INFÂNCIA. "Pobreza menstrual no Brasil: desigualdade e violações de direitos", 2021. Disponível em <https://www.unicef.org/brazil/relatorios/pobreza-menstrual-no-brasil-desigualdade-e-violacoes-de-direitos>. Acesso em 20/8/2024.

9
Nosso Busão: curso de formação de cidadãs/os orientado para o desenvolvimento sustentável aplicado ao uso de ônibus

Hugo Muniz Bolognesi, Alyson da Luz Pereira Rodrigues, Wedja da Silva Clementino, Mozart Otávio Guedes Maia, Ângela Soares, *Suely Arias, Daniel de Araujo Rodrigues, Guilherme Bonome Soares da Silva, Daniela Godoy Falco, Marlene Godoy Falco, Sônia Regina da Cal Seixas, Carla Kazue Nakao Cavaliero*

1. Introdução

A mobilidade urbana vem sendo promovida com forte apelo ambiental, especialmente em relação à redução da poluição atmosférica. No entanto, para contribuir com uma discussão pautada no contexto da sustentabilidade, é preciso ir muito além. Assim, o projeto Nosso Busão foi desenvolvido a fim de contribuir para a percepção social do transporte coletivo urbano, mantendo-o como pano de fundo para proporcionar reflexões sobre sustentabilidade e os Objetivos de Desenvolvimento Sustentável da Agenda 2030 da Organização das Nações Unidas,[1] a partir de métodos educacionais orientados a projetos. O público-alvo inclui jovens do Ensino Médio, cuja primeira turma foi do 2º ano da Escola Estadual Dr. Telêmaco Paioli Melges. Ao longo de cerca de dois meses, elas/es receberam materiais para desenvolver quatro fases que buscaram introduzi-las/los ao tema "sustentabilidade", contribuindo para a formação de futuras/os agentes transformadoras/es. As fases iniciaram com "Conhecendo o EU", na qual as atividades propiciaram reflexões sobre sentimentos e relacionamentos. Na sequência, a fase "Conhecendo o OUTRO" expandiu as discussões em torno de outras pessoas, promovendo a empatia. A fase "Conhecendo o NÓS" trouxe atividades que buscaram estimular a criticidade e o planejamento de ações orientadas na forma de projetos. Para finalizar, a fase "Nosso Busão" apresentou formas de colocar os projetos em prática na sociedade. Devido ao isolamento social decorrente da pandemia de covid-19 iniciada em março de 2020, foi necessário realizar adaptações, que focaram a promoção de interações a distância com as/os estudantes, através de um grupo de comunicação (WhatsApp) e uma página em rede social (Instagram). Os conteúdos foram apresentados em formato de vídeo, imagens, questionários e perguntas, e o engajamento só foi possível com a atuação de duas professoras da escola, colaboradoras do projeto, as quais incorporaram atividades do Nosso Busão ao conteúdo regular de suas disciplinas. As/os estudantes acompanharam de forma remota e realizaram algumas atividades práticas, o que enriqueceu a experiência de imersão no projeto. Mesmo com os desafios enfrentados pela pandemia, o retorno das/os estudantes sobre os conteúdos e as atividades realizadas foi muito bom. Os resultados evidenciaram a importância do engajamento das educadoras da escola na realização das atividades, incentivando as/os estudantes e se configurando como

[1] ONU, 2015.

elo entre estas/es e as/os pesquisadoras/es do projeto. Ao mesmo tempo, promoveram a reflexão da equipe quanto a melhorias de conteúdos pedagógicos e metodologias ativas necessárias a futuras edições do projeto. Mostraram também a importância da abordagem interdisciplinar em um projeto de intervenção nas escolas, pautado nas vivências que somente um "laboratório vivo" pode proporcionar a todas/os as/os envolvidas/os. Assim, o projeto Nosso Busão reforça o alinhamento de seus objetivos e resultados ao Escritório Campus Sustentável da Unicamp e ao Programa Olhos no Futuro, promovendo uma experiência transformadora, enriquecedora e gratificante, exatamente o que se espera de uma atividade de extensão.

2. Contextualização

O conceito de sustentabilidade e a sua materialização através da definição dos ODS, na Agenda 2030, têm sido adotados em vários setores. Um deles, o setor de educação, é o ponto focal do ODS 4 ("Educação de qualidade"), o qual, entre muitas metas, inclui:

> Até 2030, garantir que todos/as os/as alunos/alunas adquiram conhecimentos e habilidades necessárias para promover o desenvolvimento sustentável, [...] por meio da educação (de) estilos de vida sustentáveis, direitos humanos, igualdade de gênero, promoção de uma cultura de paz e não violência, cidadania global e valorização da diversidade cultural e da contribuição da cultura para o desenvolvimento sustentável.[2]

Para que as pessoas possam realmente internalizar e incorporar práticas para o desenvolvimento sustentável em suas vidas cotidianas, é essencial correlacionar esse conceito com suas atividades diárias.

[2] *Idem.*

Foi justamente essa busca que levou à realização do projeto Nosso Busão.

O ônibus tem a função primária de locomoção, mas também se configura como um espaço de socialização, de exercício da empatia, de identificação de direitos e deveres, de reconhecimento das diversidades, entre outros. Ao mesmo tempo, também causa impactos ao meio ambiente local, através da emissão de poluentes gasosos, e global, contribuindo para as mudanças climáticas. Assim, o transporte por ônibus é um exemplo de correlação entre conceito/teoria e atividade cotidiana que pode contribuir, de forma integrada e natural, na promoção da educação para o desenvolvimento sustentável.

O projeto Nosso Busão tem como objetivo promover a educação crítica, emancipadora e promotora da autonomia das/os estudantes mediante a criação e a divulgação de conhecimentos e valores acerca do desenvolvimento sustentável, usando como contexto o transporte público por ônibus. Ele faz parte do Programa Olhos no Futuro, com colaboração da Coordenação de Pesquisa e Extensão da Faculdade de Engenharia Mecânica (FEM) e do Programa de Pós-Graduação em Planejamento de Sistemas Energéticos (PSE), todos vinculados à Unicamp.

O Nosso Busão se baseia na pedagogia de Paulo Freire, a qual propõe uma educação ampla, plena e humana fundada em princípios da ética, respeito à dignidade e estímulo à autonomia da/o estudante.[3] Justamente com base na educação para a autonomia de Paulo Freire, o projeto Nosso Busão sustenta-se em métodos ativos para uma aprendizagem baseada em problemas ou projetos (ABP), abordando temáticas transversais relacionadas ao transporte por ônibus de relevância ético-político-social, tendo em vista o emergir da cidadania em novas/os "agentes de transformação". Como

3 Freire, 2002.

suporte, é apresentada e trabalhada a técnica de comunicação não violenta (CNV), criada por Rosenberg,[4] que promove a comunicação consciente, pela percepção, pelos sentimentos e pelos desejos.

Assim, visando valorizar saberes e despertar a curiosidade de estudantes do Ensino Médio por novos conhecimentos, o projeto Nosso Busão adota um conteúdo pedagógico que proporciona desafios de maior complexidade, norteados pelos ODS 4 ("Educação de qualidade"), 11 ("Cidades e comunidades sustentáveis"), 7 ("Energia acessível e limpa") e 8 ("Trabalho decente e crescimento econômico"). As discussões e as reflexões orientadas aos ODS mencionados e aos direitos humanos perpassam o transporte público por ônibus em suas diversas funções: espaço público, meio de transporte, instrumento de acesso a outros direitos, entre outras.

As atividades propostas levam as/os estudantes do Ensino Médio a: i) experimentar vivências relacionadas à mobilidade urbana por ônibus, tanto do ponto de vista pessoal quanto coletivo; ii) elaborar o senso crítico quanto às informações disponíveis sobre o transporte por ônibus, especialmente as chamadas *fake news*; iii) utilizar a estratégia didática da aprendizagem baseada em projetos em diferentes temáticas: tecnológica (ônibus a combustão e elétrico), ambiental (emissões de poluentes gasosos etc.), social (violência, acessibilidade, condições de trabalho, entre outros) e econômica (custo da tarifa de transporte, entre outros); e iv) exercitar a participação cidadã na elaboração e na proposição de soluções para os problemas e os desafios da mobilidade urbana por ônibus. Para chegar a esses resultados, foram desenvolvidas cinco fases, a saber: Fase 1 – Conhecendo o EU; Fase 2 – Conhecendo o OUTRO; Fase 3 – Conhecendo o NÓS; Fase 4 – Nosso Busão: Participação cidadã das/os "agentes de transformação"; e Fase 5 – Consolidação dos saberes.

[4] Rosenberg, 2006.

A Fase 1 introduz o projeto, abordando conceitos fundamentais sobre ônibus urbanos, explorando significados, observações, sentimentos e necessidades individuais das/os estudantes. Na Fase 2, o foco está na construção da empatia das/os estudantes, por meio do mapeamento dos diversos atores impactados pelo uso de ônibus urbanos, identificando seus sentimentos e suas necessidades. A Fase 3 busca promover o desenvolvimento e a aplicação do método científico em projetos realizados em equipes, abordando diferentes temáticas, como emissões, condições de trabalho dos condutores, violência, custo da tarifa e acessibilidade. Já a Fase 4 tem como propósito trabalhar o conceito de "participação cidadã", discutindo suas diversas formas e como exercê-las, aplicando essa compreensão à integração dos produtos gerados pelas equipes. Por fim, a Fase 5 almeja: i) proporcionar uma nova avaliação das tecnologias empregadas, comparando-as com as sensações e os sentimentos vivenciados após a construção do conhecimento obtido no projeto; e ii) ampliar a disseminação de informações para além das/os estudantes e educadoras/es, envolvendo também suas respectivas famílias no convívio da escola e nas atividades desenvolvidas, por meio da realização de um evento com atividades interativas e palestras com estudantes e pesquisadoras/es do projeto sobre os temas abordados.

3. Caminhos: percurso desenvolvido

A concepção do projeto iniciou-se em 2019 e previa atividades presenciais com interação significativa entre estudantes, educadoras/es e pesquisadoras/es da Unicamp. Contudo, diante dos desafios impostos pela pandemia de covid-19, foi necessário repensar e adaptar as atividades do projeto. A elaboração e a execução das etapas foram conduzidas pela equipe, composta de docentes, professoras da Escola Telêmaco, pós-graduandas/os do PSE e estudantes de graduação da FEM da Unicamp. A primeira turma do projeto Nosso Busão foi composta de estudantes do 2º ano do Ensino Médio da Escola Estadual Dr. Telêmaco Paioli Melges, que participaram das atividades entre outubro e dezembro de 2021. Localizada na Vila San Martin, na região Norte de Campinas (SP), a escola faz conurbação com o município de Sumaré, também no estado de São Paulo. Sua posição estratégica facilita o acesso da população entre os dois municípios e resulta em uma grande demanda pelo serviço de transporte público por ônibus. Isso coloca a comunidade no contexto do público-alvo do projeto, destacando-se como uma das razões para a sua execução.

Surgiram diversos desafios durante o processo de transição para o modelo remoto, resultando em modificações tanto no conteúdo quanto na forma de aplicação do projeto. Isso incluiu a escolha do tipo de interação virtual a ser adotado e a revisão do cronograma para as interações. Um dos principais desafios enfrentados foi a necessidade de redefinir o conteúdo do projeto para manter sua essência e torná-lo viável para ser aplicado virtualmente. Aqui, a criatividade e o engajamento de toda a equipe foram essenciais para apresentar os conteúdos de forma leve, porém com a profundidade necessária para introduzir as/os estudantes às temáticas propostas, mesmo sendo ainda um projeto-piloto.

Uma série de reuniões com a equipe do projeto, incluindo as professoras Ângela Soares e Suely Arias, de português e física da Escola Telêmaco, respectivamente, foi realizada para discutir a concepção e o formato de execução das fases. Outro desafio foi a maneira de interação virtual e a distância. Nesse ponto, tentou-se conciliar ações expositivas, apresentando o conteúdo por meio de vídeos e imagens, e ações interativas, aplicando-as mediante perguntas e atividades práticas. Esse desafio foi acompanhado de perto a partir da criação de um cronograma de interações virtuais e publicações de conteúdo às/aos estudantes. Além disso, o distanciamento promovido durante a pandemia de covid-19 exigiu que a Fase 5 fosse radicalmente alterada, buscando consolidar os saberes entre as/os estudantes, em vez de avaliar as sensações e os sentimentos vivenciados e trazer os familiares para essa vivência.

O público-alvo do projeto incluiu jovens com um perfil inovador, curioso e altamente conectado à internet. Portanto, entender como elas/es seriam influenciadas/os ao participar de uma formação a distância foi crucial para o desenvolvimento do material pedagógico. Nesse sentido, o projeto foi concebido em torno de ações audiovisuais registradas nas redes sociais, estruturadas de forma sequencial e interativa.

Para criar um método multimídia eficaz, combinamos técnicas pedagógicas tradicionais com três abordagens distintas. As aulas expositivas foram integradas a *designs* gráficos produzidos na plataforma Canva, os quais também continham *links* para acessar formulários no Google Forms. Os vídeos foram enriquecidos com intervenções audiovisuais, incluindo imagens, trilha sonora, efeitos e computação gráfica, para tornar o conteúdo mais dinâmico e envolvente. As imagens digitais foram aprimoradas com a adição de textos, ilustrações e animações, visando torná-las mais atrativas e compreensíveis para as/os participantes.

Por fim, o material de avaliação, apresentado em forma de questionário, foi elaborado de acordo com cada fase do projeto e incluiu referências a textos, imagens, *websites* e vídeos *on-line*. Além disso, foram fornecidas instruções didáticas que incentivaram a criatividade e o pensamento crítico das/os participantes durante todo o processo de aprendizagem.

No total, foram produzidas 48 imagens destinadas à publicação em formato de *post* e 18 imagens interativas para *stories*, com o intuito de atender às diretrizes de publicação da rede social Instagram. Além disso, foram criados 15 formulários através do Google Forms. A Figura 9.1 ilustra as fases executadas e os conteúdos compartilhados via Instagram.

A divulgação dos materiais pelo WhatsApp foi oportuna para a formação de um grupo de interesse e a criação de um ambiente virtual que permitisse uma comunicação espontânea e simultânea entre participantes e equipe. As interações sociais nessas plataformas foram altamente produtivas, oferecendo possibilidades tanto para disseminar informações quanto para estabelecer relações que facilitassem o diálogo.

Durante o desenvolvimento do projeto, foram realizadas duas interações presenciais em sala de aula. Na primeira, que ocorreu em 26/10/2021, a equipe apresentou o projeto de maneira informal, buscando estimular a participação voluntária e acolher as percepções iniciais das/os estudantes, a fim de ajustar o processo de ensino às expectativas gerais e aos perfis individuais das/os participantes. Na segunda ocasião, em 4/11/2021, foi possível reduzir a sensação de isolamento das/os participantes no processo de aprendizagem, o que resultou em um envolvimento mais ativo no projeto, além de fortalecer as interações por meio do grupo criado no WhatsApp.

As visitas presenciais foram fundamentais para reduzir a distância transacional, na medida em que permitiram aumentar o diálogo. Conforme sugerido por Keegan,[5] o sucesso do ensino a distância depende da criação de oportunidades adequadas para o diálogo, além de materiais didáticos bem estruturados. O autor ressalta que, na ausência de diálogo, as/os estudantes acabam decidindo por si próprios/as quando, como e em que medida realizarão as atividades, independentemente da organização do curso. A construção de um método que integrasse uma variedade de recursos audiovisuais permitiu uma articulação eficaz entre a forma e o conteúdo, tornando cada fase do projeto atraente para as mídias digitais e, consequentemente, para as/os estudantes.

5 Keegan, 1993.

FIGURA 9.1 – FLUXOGRAMA DE FASES E ATIVIDADES REALIZADAS.

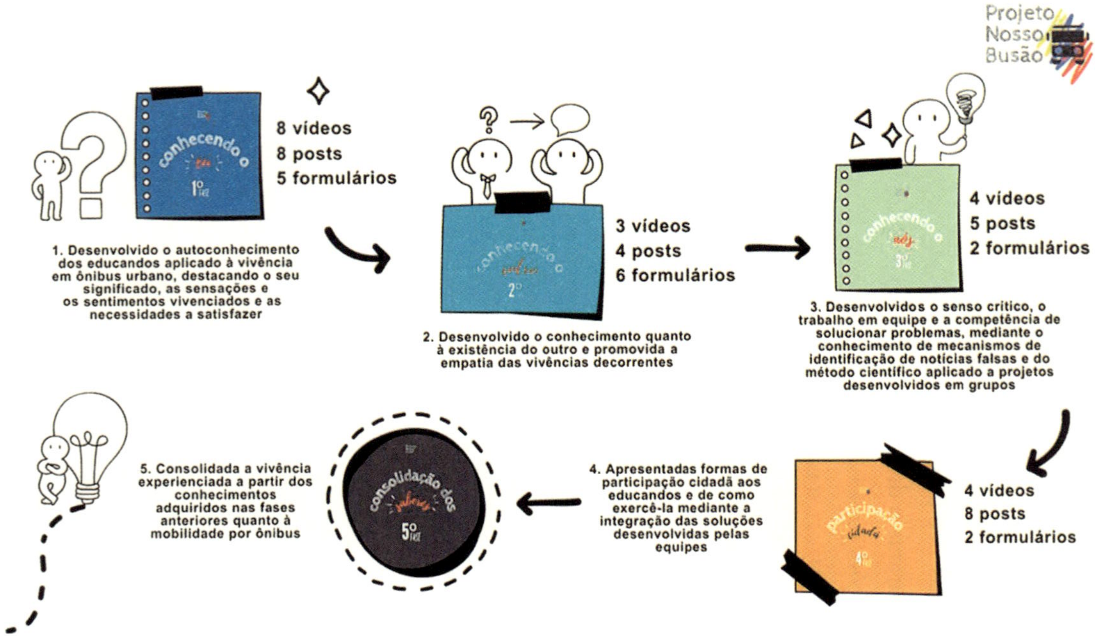

4. Abordagem prática

Após adaptar o conteúdo ao formato remoto e interagir com as/os estudantes por meio das redes sociais, deu-se início à execução das atividades. Com o retorno parcial das aulas presenciais, as professoras Suely Arias e Ângela Soares complementaram os conteúdos virtuais com discussões e atividades práticas durante suas aulas, especialmente nas de português. A seguir, é comentada a execução de cada fase do projeto.

Fase 1: Conhecendo o EU

A primeira fase do projeto, "Conhecendo o EU", buscou resgatar e ressignificar o ônibus para as/os estudantes através da identificação de suas necessidades pessoais ao utilizar o transporte público. Foi discutida a percepção do "eu" com o apoio da técnica da comunicação não violenta (CNV), através do direcionamento de reflexões sobre seus três primeiros componentes: a observação sem avaliação, a identificação dos sentimentos e as necessidades por trás desses sentimentos.[6] A ideia por trás da introdução da CNV é estimular a sua aplicação na utilização do transporte público e nas diversas interações geradas em seu uso. Contudo, vale destacar que a sua utilização transcende o uso considerado nesse projeto, sendo capaz de proporcionar a construção de um novo "eu" através da reformulação da maneira pela qual as pessoas se expressam e ouvem umas às outras, levando a profundas mudanças em nossa sociedade. Nesse sentido, Rosenberg[7] evidencia que a CNV possibilita o florescimento da compaixão natural do ser humano, promovendo maior profundidade no escutar, fomentando o respeito e a empatia e provocando o desejo mútuo de nos entregarmos de coração nas interações cotidianas.

6 Silva *et al.*, 2020.

7 Rosenberg, 2006.

O cerne das interações foi mantido como direcionador no processo de adaptação à modalidade a distância, sendo mantidas as três questões norteadoras: i) “Qual o significado do ônibus para mim?”; ii) “O que observo e sinto ao andar de ônibus?”; e iii) “Quais as minhas necessidades ao andar de ônibus?”. Assim, foram desenvolvidas quatro atividades com as/os estudantes, compostas de ações expositivas e interativas, possibilitando a construção do conhecimento de forma coletiva. As três primeiras atividades foram dedicadas a aprofundar o debate acerca das três primeiras componentes da CNV. Primeiramente, evidenciou-se a importância de realizar observações cotidianas isentas de julgamentos. Em seguida, as dificuldades na identificação dos sentimentos e das necessidades que estão por trás desses sentimentos foram discutidas. A confusão existente no uso do verbo “sentir” foi destacada – normalmente esse verbo é usado para expressar um pensamento e não um sentimento –, e um vocabulário de sentimentos foi construído de forma coletiva para auxiliar as/os estudantes na identificação dos seus sentimentos no dia a dia. Além disso, demonstrou-se que esses sentimentos resultam da forma como se recebe o que os outros fazem e dizem, bem como das necessidades e das expectativas específicas do momento. Elaborou-se, também de forma coletiva, um vocabulário de necessidades básicas. Por fim, os direitos e os deveres de usuárias/os de transporte coletivo foram evidenciados. A quarta e última atividade buscou consolidar o conhecimento das/os estudantes propondo uma ação interativa na qual deveriam analisar situações cotidianas relacionadas ao transporte público considerando o uso da CNV.

Fase 2: Conhecendo o OUTRO

Para conhecer o “outro”, optou-se inicialmente por identificar quem de fato são esses “outros” no contexto do transporte público, e quais são os seus sentimentos e as suas necessidades nesses espaços. A fase se inicia aprofundando os conceitos que promovem a empatia a partir da CNV, mostrando a importância de nos conhecermos e falarmos sobre nossos sentimentos e nossas necessidades, para conseguir construir a inter-relação de empatia com outros indivíduos.

A forma de promover a empatia se deu pela prática da escuta ativa empática, com técnicas que permitem uma conexão de forma mais profunda com o interlocutor, prestando atenção plena no que está sendo dito, sem julgamentos. Particularidades de experiências, sentimentos e percepções de cada indivíduo mostram como essa construção muda de pessoa para pessoa, causando dores e necessidades que podem ser completamente distintas. Entender que isso muda em cada um permite olhar para o outro sem julgamentos.

Para entrar no cenário do transporte público e elencar seus desafios, buscou-se, num primeiro momento, contextualizar a mobilidade urbana a partir de vídeo e mapa mental. Em seguida, foram apresentados alguns conflitos no transporte público por meio de notícias e manchetes ilustradas, evidenciando os impactados, assim como seus sentimentos e suas necessidades. O objetivo foi compreender os cenários estabelecidos e analisá-los a partir das técnicas de empatia. Com isso, as/os estudantes puderam identificar os desafios para a melhoria do ambiente do transporte público não apenas para seus usuários, mas para a sociedade.

Fase 3: Conhecendo o NÓS

A partir das percepções das fases anteriores, a Fase 3 buscou desenvolver o senso crítico, o trabalho em equipe e aprimorar competências para resolução de problemas, mediante o conhecimento de mecanismos de identificação de notícias falsas e do método científico PDCA: planejar (*plan*), fazer (*do*), checar (*check*) e agir (*act*). Para isso, foram realizadas atividades visando estimular a empatia, a criatividade, o improviso e a tomada de decisão.

Inicialmente, foram realizadas discussões sobre a importância de identificar notícias falsas, com ênfase na sua disseminação através das redes sociais. As/os estudantes foram orientadas/os a verificar a origem do conteúdo, identificar autores e datas para discernir a veracidade das informações. Em seguida, foram apresentados exemplos de notícias falsas para análise e discussão, ampliando a capacidade das/os alunas/os para detectar e compreender os efeitos da manipulação de dados.

Posteriormente, o método PDCA foi introduzido por meio de aulas expositivas, vídeos e exemplos práticos, permitindo às/aos estudantes aplicá-lo na identificação e na resolução de problemas relacionados ao transporte público urbano coletivo, como superlotação, assédio sexual, ausência de ônibus em determinadas áreas, entre outros aspectos.

Fase 4: Participação cidadã

Com base na formulação e na aplicação do PDCA, as/os estudantes puderam internalizar conceitos de cidadania e promover a participação na sociedade como cidadãs/ãos conscientes de seus direitos e de suas responsabilidades. Os conteúdos abordaram a participação cidadã no contexto do transporte público, destacando as diversas formas de organização social, o papel da/o cidadã/ão na reivindicação de direitos e a importância do senso crítico na análise das desigualdades e das políticas públicas.

Em princípio, foram apresentados os avanços dos direitos sociais no Brasil e discutidas as formas de participação cidadã, tanto individualmente quanto em grupo. As/os estudantes foram expostas/os a diferentes demandas e formas de ativismo, relacionando-as aos ODS. Um exemplo prático de ativismo comunitário foi apresentado mediante uma entrevista com um líder comunitário durante um evento na comunidade local.

Como parte das atividades, as/os estudantes desenvolveram um plano de ação com base no ciclo PDCA, identificando as partes interessadas e as estratégias para promover ações eficazes. Elas/

es foram incentivadas/os a compreender o impacto positivo de suas ações, identificar possíveis aliados e negociar apoio para a implementação das iniciativas propostas.

Fase 5: Consolidação dos saberes

A consolidação do projeto foi executada na forma de um vídeo contendo um resumo dos objetivos de cada fase e da participação das/os estudantes. O vídeo buscou mostrar a conexão entre as fases e as atividades realizadas, tendo o ônibus como pano de fundo, reforçando a importância da expressão dos sentimentos; da atitude empática; da identificação de informação falsa e de desafios; da construção coordenada de soluções e da sua implementação; e da ação individual e/ou coletiva na busca por direitos e no cumprimento dos deveres.

5. Resultados

A receptividade das/os estudantes ao conteúdo disponibilizado foi crescendo ao longo das semanas, e as interações em sala de aula foram essenciais para a absorção dos principais conceitos.

Considerando o contexto de distanciamento e a transição para atividades semipresenciais, o objetivo das ferramentas utilizadas na transmissão de conteúdos foi alcançar as/os estudantes por meio de estímulos visuais e abordagens metodológicas inovadoras. Essa estratégia visou criar espaços de reflexão sobre emoções e necessidades individuais, além de promover um sentimento de pertencimento que encoraja a reflexão sobre a sociedade em sua totalidade.

Inicialmente, a participação das/os estudantes através dos ambientes virtuais criados ficou aquém do esperado. Os conteúdos compartilhados no Instagram receberam poucas interações, refletidas em uma porcentagem reduzida de "curtidas". Diante dessa percepção, a equipe adotou novas estratégias: i) estimular a adesão às atividades através do envio do conteúdo pelo WhatsApp, cujo grupo contava com a presença das professoras da escola; ii) incluir mais a discussão dos tópicos abordados nas aulas das professoras; e iii) executar duas atividades presenciais com as/os estudantes. Assim, a receptividade aos conteúdos do Nosso Busão foi crescendo ao longo das semanas, e as interações em sala de aula foram essenciais para a absorção dos principais conceitos.

Tudo isso promoveu um engajamento mais expressivo, porém com algumas oscilações durante o projeto, como pode ser visto na Figura 9.2. O contexto de distanciamento social e o retorno gradual às atividades presenciais impactaram a vida de todas/os, o que também pode explicar tais oscilações. As respostas obtidas nos formulários do Google Forms enviados corroboraram essa observação, mostrando um aumento no número de participações após os encontros presenciais. O primeiro encontro presencial ocorreu durante a aplicação da segunda fase (18 a 29/10/2021), enquanto o segundo ocorreu entre o final da terceira (9/11/2021) e o início da quarta fase (16/11/2021).

Figura 9.2 – Número total de respostas no Google Forms em cada fase.

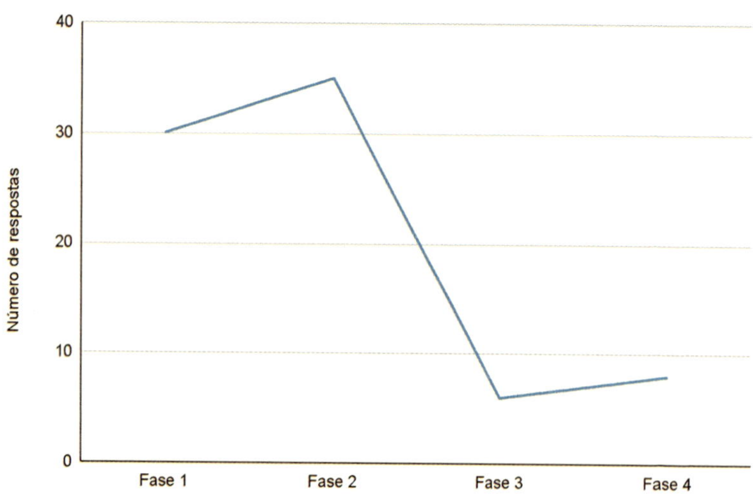

As atividades realizadas em sala de aula proporcionaram à equipe a oportunidade de apresentar o material de forma envolvente e de esclarecer dúvidas em relação ao conteúdo impresso fornecido. Através da discussão de ideias e conceitos com a equipe e as professoras, as/os estudantes foram incentivadas/os a aprofundar sua compreensão das informações e a desenvolver suas próprias perspectivas. Isso resultou em uma participação mais engajada, proativa e criativa por parte delas/es.

Os resultados da Fase 1 mostraram que a maioria das/os participantes soube, a partir da CNV, diferenciar sentimento de necessidade e expressou seus sentimentos quando suas necessidades foram ou não atendidas. Já na Fase 2, todas/os as/os participantes expressaram suas preocupações umas/uns com as/os outras/os e refletiram sobre a escuta empática, tanto com seus familiares quanto com amigas/os. Nessa fase, elas/es também identificaram desafios para a mobilidade urbana. A maioria conseguiu identificar *fake news* e aplicou corretamente o método PDCA nos desafios identificados anteriormente, atendendo aos objetivos da Fase 3. Também na Fase 4, a maioria soube identificar a participação cidadã na história brasileira e refletiu sobre como os ODS podem ajudar a melhorar seus ambientes de convívio. Por fim, o vídeo produzido pela equipe do projeto na Fase 5 foi apresentado às/aos estudantes, que puderam fazer comentários e sugestões para as próximas edições do projeto Nosso Busão.

As propostas de atividades que apresentaram resultados mais significativos em termos de ganhos de aprendizagem foram aquelas que adotaram o PDCA como metodologia de gestão interativa, permitindo que as/os estudantes desempenhassem um papel de destaque. A estrutura orientadora para uma abordagem ativa e dialógica na resolução dos problemas apresentados proporcionou-lhes a oportunidade de aplicar os conteúdos discutidos em diversos contextos de uso do ônibus, de acordo com suas experiências individuais.

6. Conclusão

O projeto Nosso Busão tem como objetivo ressignificar o ônibus às/aos estudantes, incorporando sentimentos, empatia, informação fidedigna e métodos de ação e participação cidadã. Esse foi apenas um exercício direcionado, mas que poderia ser aplicado em outros contextos, mostrando às/aos estudantes a interconexão, os desafios e as ações entre os diversos setores para o atendimento dos ODS.

O contexto da pandemia de covid-19 e do isolamento social exigiu uma grande alteração no formato do projeto Nosso Busão. A equipe precisou desenvolver um material pedagógico para publicação nas redes sociais, com ações audiovisuais estruturadas de forma sequencial e interativa, o que foi inovador para seus integrantes. Ao mesmo tempo, as/os estudantes também vivenciavam a educação no formato remoto e, diante de todo o contexto, não se sentiram estimuladas/os, em princípio, à participação no projeto. Isso foi mudando com as ações de ajustes da equipe, a ação das professoras da escola nas respectivas aulas e as duas aulas presenciais que puderam ser realizadas quando do retorno gradual das atividades no formato semipresencial. Ao final, foi possível evidenciar três fatores fundamentais para o engajamento das/os estudantes ao projeto: i) a interação presencial, com a equipe do projeto se apresentando pessoalmente e conversando com as/os estudantes; ii) a cooperação das/os professoras/es da escola em todo o processo, desde a elaboração das atividades até a ação em sala de aula; iii) a adoção de material pedagógico atrativo, do ponto de vista audiovisual; objetivo, como o uso de formulários; e realista, conectando o conhecimento ao dia a dia da/o estudante.

Nesse sentido, acredita-se que projetos interdisciplinares de intervenção na escola têm o potencial de trazer ganhos significativos à vida de todas/os: estudantes, professoras/es, pesquisadoras/es e familiares. O reconhecimento do benéfico impacto que pode ser vivenciado desde a infância, na educação escolar, é a motivação para a execução de projetos de extensão, em especial dos que fazem parte do Escritório Campus Sustentável da Unicamp e do Programa Olhos no Futuro.

7. Agradecimentos

Esse projeto foi executado graças à participação da equipe de professoras/es e estudantes do PSE/Unicamp e da FEM/Unicamp, e das/os estudantes e das professoras Ângela Soares e Suely Arias, da Escola Estadual Dr. Telêmaco Paioli Melges; ao apoio institucional desse estabelecimento de ensino, e do Programa Olhos no Futuro, o qual faz parte do eixo V do CPTEn da Unicamp; e aos recursos financeiros da Pró-Reitoria de Extensão, Esporte e Cultura da Unicamp, através do 2º Edital Proeec – PEX 2020. A todas/os, prestamos nossos sinceros agradecimentos.

8. Homenagem

A equipe do projeto Nosso Busão presta homenagem ao doutorando Pablo Dadalti Borba Barroso (*in memoriam*), que elaborou e aplicou a Fase 1. Suas contribuições ao projeto e às nossas vidas jamais serão esquecidas.

9. Referências bibliográficas

FREIRE, P. *Pedagogia da autonomia: saberes necessários à prática educativa*. 25. ed. Rio de Janeiro, Paz e Terra, 2002.

KEEGAN, D. "Reintegration of the teaching acts". *In*: KEEGAN, D. (org.). *Theoretical principles of distance education*. London/New York, Routledge, 1993, pp. 113-134.

ORGANIZAÇÃO DAS NAÇÕES UNIDAS (ONU). "Transformando nosso mundo: a Agenda 2030 para o desenvolvimento sustentável", 2015. Disponível em <https://brasil.un.org/sites/default/files/2020-09/agenda2030-pt-br.pdf>. Acesso em 21/4/2023.

____. "Os Objetivos de Desenvolvimento Sustentável no Brasil – Objetivo de Desenvolvimento Sustentável 4: Educação de qualidade", 2023. Disponível em <https://brasil.un.org/pt-br/sdgs/4>. Acesso em 15/12/2023.

ROSENBERG, M. B. *Comunicação não violenta: técnicas para aprimorar relacionamentos pessoais e profissionais*. São Paulo, Ágora, 2006.

SILVA, L. N. S. *et al.* "Guia prático para a comunicação não violenta", 2020. Disponível em <https://www.mppi.mp.br/internet/wp-content/uploads/2020/09/Ebook-Comunicac%CC%A7a%CC%83o-Na%CC%83o-Violenta_MPPI-1-1-1.pdf>. Acesso em 10/7/2021.

10

ReciclaMente

Beatriz de Aragão Sadalla, Flávia Consoni,
Júlia Moreira Costa, Danúsia Arantes Ferreira

1. Introdução

O presente capítulo diz respeito a um dos projetos desenvolvidos no Programa Olhos no Futuro, o ReciclaMente, conduzido pela equipe do Instituto de Geociências da Unicamp. O fio condutor do ReciclaMente foi o ODS 12, da Agenda 2030 da ONU, o qual busca "assegurar padrões de produção e de consumo sustentáveis"; com base nesse direcionamento, foram definidos os conteúdos a serem trabalhados no ambiente escolar, tais como: a sensibilização ambiental, a formação de professoras/es para ações em educação ambiental, o descarte e o tratamento adequados de resíduos e a promoção do trabalho decente, a partir da aproximação com a realidade das/os trabalhadoras/es da gestão de resíduos (como catadoras/es, associadas/os em cooperativas de reciclagem, entre outros). Dentre as metas colocadas para o ODS 12, foram elencadas as seguintes como as mais relevantes para o ReciclaMente:[1]

[1] ONU, 2015.

- Meta 12.5: "Até 2030, reduzir substancialmente a geração de resíduos por meio de prevenção, redução, reciclagem e reuso";
- Meta 12.8: "Até 2030, garantir que as pessoas, em todos os lugares, tenham informação relevante e conscientização para o desenvolvimento sustentável e estilos de vida em harmonia com a natureza".

Com o objetivo de fortalecer a identidade visual e o conceito do projeto na comunidade escolar, foi criado o *logo* do projeto ReciclaMente, que está ilustrado na Figura 10.1, juntamente com um trecho do livro *Retrato do artista quando coisa*, de Manoel de Barros. A arte foi concebida por Júlia Moreira Costa.[2]

FIGURA 10.1 – *LOGO* DO PROJETO RECICLAMENTE E TRECHO DE POEMA.

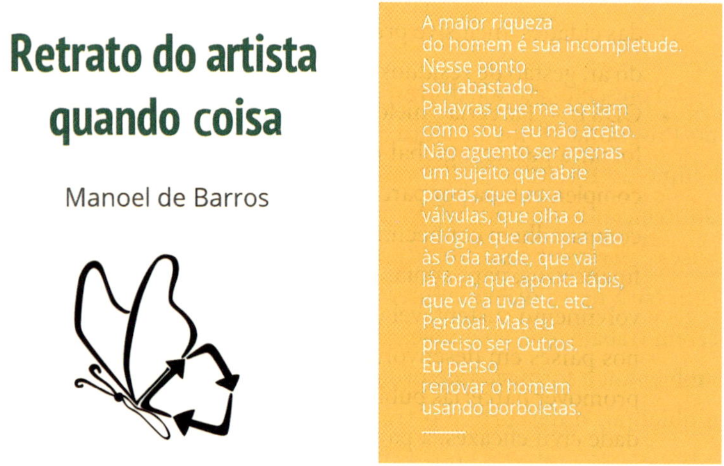

Com esse objetivo e essas metas norteadoras, e com a clareza de que não é possível considerar os ODS por uma ótica individualista e segregadora, uma vez que todos estão necessariamente ligados de

[2] Barros, 1998, p. 79.

forma a construir soluções complexas e colaborativas para problemas complexos e urgentes, o ReciclaMente também aborda os seguintes ODS, com algumas de suas metas associadas:[3]

- ODS 4 – "Educação de qualidade". Meta 4.7: "Até 2030, garantir que todos os alunos adquiram conhecimentos e habilidades necessárias para promover o desenvolvimento sustentável, inclusive, entre outros, por meio da educação para o desenvolvimento sustentável e estilos de vida sustentáveis, direitos humanos, igualdade de gênero, promoção de uma cultura de paz e não violência, cidadania global e valorização da diversidade cultural e da contribuição da cultura para o desenvolvimento sustentável";
- ODS 11 – "Cidades e comunidades sustentáveis". Meta 11.6: "Até 2030, reduzir o impacto ambiental negativo *per capita* das cidades, inclusive prestando especial atenção a qualidade do ar, gestão de resíduos municipais e outros";
- ODS 17 – "Parceria e meios de implementação". Meta 17.16: "Reforçar a parceria global para o desenvolvimento sustentável, complementada por parcerias multissetoriais que mobilizem e compartilhem conhecimento, *expertise*, tecnologia e recursos financeiros, para apoiar a realização dos objetivos do desenvolvimento sustentável em todos os países, particularmente nos países em desenvolvimento"; e Meta 17.17: "Incentivar e promover parcerias públicas, público-privadas e com a sociedade civil eficazes, a partir da experiência das estratégias de mobilização de recursos dessas parcerias".

Os ODS 4, 11 e 17 foram selecionados após um estudo detido de todos os objetivos e de suas metas, considerando a centralidade do ensino e da aprendizagem para o projeto e, mais ainda, para a realização de mudanças estruturais e de estilos de vida almejadas

[3] ONU, 2015.

pela Agenda 2030. Em consonância com a ideia de integralidade dos ODS, deve haver também a cooperação entre os atores sociais interessados e capazes de construir novos paradigmas de consumo, trabalho, educação e produção. Por fim, sendo nós da equipe do Instituto de Geociências, onde o ReciclaMente foi concebido, seria impossível realizar esse projeto sem considerar o espaço em que se dão as relações humanas, os modos de produção e a distribuição da população que faz parte de seu cotidiano, condicionando as atividades dos indivíduos e sua prática social.[4] Com isso, temos a cidade como palco desse contexto, mais especificamente o município de Campinas, que exerce pressões *no* e sofre pressões *do* sistema global.

Trabalhar com os ODS no ambiente escolar passa, sobretudo, por considerar estas questões: para qual ambiente estamos olhando? Em que território maior essas questões são colocadas? Com qual realidade queremos trabalhar?

Com tais questões em mente, este capítulo busca relatar como foi implementado o ReciclaMente com as/os estudantes da Escola Estadual Dr. Telêmaco Paioli Melges (EE Telêmaco), da Vila San Martin, na cidade de Campinas (SP). O trabalho se encontra organizado em mais três seções, que trazem as bases conceituais que orientaram essa atividade, para, na sequência, ser apresentado o seu planejamento (antes e depois da pandemia de covid-19), finalizando com sua aplicação na escola. Há também uma discussão acerca dessa experiência, sinalizando os passos para avançar nessa pesquisa com as/os estudantes em idade escolar, do Ensino Fundamental ao Médio.

A experiência do ReciclaMente, descrita neste capítulo, foi conduzida pela equipe formada por Danúsia Arantes Ferreira, pela orientadora do projeto Flávia Consoni (do Departamento de Política Científica e Tecnológica do Instituto de Geociências da Unicamp), pela então graduanda Júlia Moreira Costa (bolsista, aluna de geografia

4 Santos, 1979.

e bacharel em Direito), integrante da fase de pesquisa e idealização do projeto, e por Beatriz de Aragão Sadalla (do Programa de Pós-Graduação em Política Científica e Tecnológica), todas autoras deste capítulo.

2. Orientações conceituais para estruturar o ReciclaMente

O primeiro momento do ReciclaMente envolveu atividades de levantamento bibliográfico sobre a temática do ODS 12 e de abordagens e metodologias educacionais que dessem conta da complexidade do projeto. Foi realizada uma triagem *on-line* de materiais com conteúdo para educação ambiental, utilizando palavras-chave como: "cartilha", "apostila", "educação ambiental", "resíduos sólidos", "pegada ecológica", "sustentabilidade", entre outras. Os materiais encontrados passaram por uma seleção prévia, considerando a confiabilidade das fontes das informações, a maioria tendo sido escolhida em *sites* de secretarias de governo, e sua qualidade.[5,6,7,8] Entre as publicações, encontram-se cartilhas sobre resíduos sólidos, livros infantis e infantojuvenis utilizados para a prática da educação ambiental, bem como outros materiais pedagógicos sobre a temática.

A avaliação de uma série de materiais – *Cartilha de educação ambiental para militares da Marinha Brasileira*,[9] *Cartilha de educação ambiental: base para elaboração de projetos ambientais*,[10] *Guia de atividades ambientais*,[11] *Consumo susten-*

5 Secretaria do Meio Ambiente do Estado do Ceará, 2017a.
6 Secretaria do Meio Ambiente do Estado do Ceará, 2017b.
7 Secretaria do Meio Ambiente do Estado do Ceará, 2017c.
8 Secretaria do Meio Ambiente do Estado do Ceará, 2017d.
9 Brasil, 2012.
10 Dalsasso & Holgetop, 2012.
11 Abdala *et al.*, 2013.

tável,[12] *Almanaque jovem do ecocidadão*,[13] *EcoCartilha do pequeno cidadão*,[14] *Se liga no lixo! Resíduos sólidos para crianças*,[15] *Viveiros educadores – plantando vida*[16] e *Cartilha de educação ambiental: semeando um mundo melhor*[17] – demonstrou a pouca adequação e atratividade para o público almejado (crianças e jovens do Ensino Fundamental e Médio), uma vez que os textos tendem a ser prolixos, e a diagramação e a arte dos materiais são simplórias e pouco lúdicas.

Em termos do conteúdo explorado, nota-se o predomínio da orientação das ações a partir da chamada política dos R's ou Princípio dos R's,[18] que variam entre três R's (reduzir, reutilizar, reciclar) e cinco R's (os mesmos, acrescidos das ações repensar e recusar). Avaliamos que as ações compreendidas pelos três R's (reduzir, reutilizar, reciclar) estão situadas no que Bengstsson *et al.*[19] denominaram "abordagem eficiente", que busca melhorar os processos e os métodos da produção, bem como os produtos, sobretudo pelo uso de tecnologias e pela "escolha informada do consumidor" para o consumo sustentável. Diante dessa solução pela via da modernização ecológica e da individualização das responsabilidades, eles seriam insuficientes para a promoção de mudanças imprescindíveis e urgentes.

Por outro lado, os cinco R's, ao incorporarem atitudes como repensar e recusar, aproximam-se mais da abordagem sistêmica, uma vez que focam as necessárias mudanças estruturais e expandem o escopo de ação da educação ambiental, fortalecendo sua

[12] Coelho, 2013.

[13] Secco & Pereira, 2013a.

[14] Secco & Pereira, 2013b.

[15] Souza *et al.*, 2014.

[16] Brasil, 2008.

[17] Bailone; Sano & Ferrari, 2020.

[18] Brasil, 2020.

[19] Bengtsson *et al.*, 2018.

fundamentação com base na noção de que os estilos de vida e padrões de consumo estabelecidos devem ser revisados e modificados.[20,21] Assim, a perspectiva sistêmica dos cinco R's, repensar, recusar, reduzir, reutilizar, reciclar, foi basilar no desenho do ReciclaMente, orientando as ações propostas.

Além disso, é necessário dar ênfase a outros elementos sustentadores do projeto, como a abordagem da perspectiva emancipatória e crítica de Paulo Freire[22] para a concretização do direito-dever constitucional à educação ambiental (artigo 225, da Constituição Federal de 1988 e Política Nacional de Educação Ambiental (Pnea), lei n. 9.795/1999), uma base afetiva, lúdica e aterrada na realidade local freiriana, que se somou ao desafio da interdisciplinaridade.[23] A partir dessa base, perseguimos o objetivo maior de promover à comunidade escolar a sensibilização ambiental, acerca do trabalho decente e da importância do manejo adequado de resíduos, buscando contribuir para "assegurar padrões de produção e de consumo sustentáveis", do ODS 12 ("Consumo e produção responsáveis").

Dessa forma, as atividades conduzidas no âmbito do ReciclaMente buscam estimular a reflexão crítica sobre modelos de produção e consumo e estilos de vida (ODS 11 e ODS 12) e em que medida eles contribuem para "o impacto ambiental negativo *per capita* das cidades" do ODS 11,[24] para a qualidade de vida (ODS 3: "Saúde e bem-estar") e a geração de renda e valor (ODS 8: "Trabalho decente e crescimento econômico", e ODS 9: "Indústria, inovação e infraestrutura"). Essa proposta se concretiza por meio de atividades que buscam trabalhar e dar sentido aos seguintes conceitos: a política dos cinco R's, com atenção especial ao seu significado na vida real e às formas

20 Barciott & Sacarro, 2012.
21 Zaneti & Sá, 2002.
22 Freire, 1980.
23 Fazenda, 2011.
24 ONU, 2015.

de operacionalização no dia a dia da escola e da comunidade; e aos conceitos de "pegada ecológica", ciclo de vida, logística reversa, entre outros relevantes à tarefa da educação ambiental.

Esse planejamento, entretanto, foi interrompido em função da pandemia de covid-19, em março de 2020, que trouxe consigo o isolamento e o distanciamento, com muitas perdas, mas também oportunidades de aprendizado, levando a uma reestruturação do ReciclaMente num primeiro momento, até a retomada ao convívio escolar pós-isolamento, seguida do processo de aprendizagem com o tempo-espaço da escola, estabelecendo diálogos e encontrando a melhor forma de interação, vivências e práticas. A próxima seção explora a estrutura inicial do projeto, sua reformulação para o formato de ensino a distância e, por fim, a execução possível e adaptada que foi feita presencialmente após o fim das medidas restritivas de isolamento social e nossa inserção na EE Telêmaco em 2022.

3. O ReciclaMente ganha vida na escola

O ReciclaMente abrange uma temática interdisciplinar e, portanto, pode ser trabalhado em diferentes disciplinas. E, de fato, são diversas as possibilidades de atividades para trabalhar os temas relacionados ao ODS 12 com indivíduos em idade escolar. O importante nesse planejamento é não se desprender dos conceitos orientadores do ReciclaMente e de qual o ponto de chegada que se quer alcançar.

No caso da EE Telêmaco, o ReciclaMente foi trabalhado durante as aulas de artes com estudantes do 7º ano do Ensino Fundamental I, de 12 a 13 anos.

Assim, intencionalmente, houve um enfoque maior em atividades de desenho, colagem e montagem de objetos utilizando resíduos, com o objetivo de interligar melhor a disciplina de artes e as atividades propostas pelo ReciclaMente.

Um aspecto importante dessa atividade foi contar com a cooperação da professora de sala, nesse caso, a responsável pela disciplina de artes, o que garantiu o sucesso do trabalho e a maior aceitação por parte da turma, que percebeu uma legitimação da atividade pela professora.

É importante ressaltar que as atividades foram planejadas de modo a não separar teoria e prática, haja vista serem indissociáveis. Como citado por Ferreira e Aragão,[25] a teoria e a prática se constituem e se complementam, não podendo ser separadas. Todos os encontros buscaram articular os conceitos necessários a partir de uma atividade que envolvia as/os estudantes.

Também é relevante mencionar que essas atividades foram desenvolvidas considerando a realidade da/o aluna/o, no local em que ela/e se insere geograficamente, o bairro em que a escola está localizada, a realidade do entorno, para que a temática do ODS 12 pudesse estar relacionada com a vida das/os estudantes e com o seu cotidiano. Um exemplo disso é que, nas redondezas da escola, foi identificada, junto com as/os estudantes participantes, grande quantidade de "lixo" disposto em locais irregulares, sendo parte da paisagem que se tornou naturalizada por quem estuda na EE Telêmaco e vive no bairro.

O contato inicial com a turma gerou a demanda de repensar o planejamento inicial e a organização de algumas adaptações, com as mais relevantes sendo elencadas a seguir. A primeira foi mapear o conhecimento prévio que as/os estudantes tinham acerca dessa temática, o que ocorreu por meio de um questionário de "sondagem" sobre o tema, ainda no primeiro encontro. Essa sondagem indicou pontos que precisariam ser mais bem enfatizados para a turma. A segunda mostrou-se necessária por meio da observação de uma certa

25 Ferreira & Aragão, 2020.

dificuldade pedagógica das/os estudantes em produzir/redigir textos individuais, o que levou à proposta de construção coletiva dos textos. E, por fim, adaptações precisaram ser feitas devido à necessidade de organizar a disposição da sala de aula; o que inicialmente parecia se tratar simplesmente de mudar a disposição das carteiras no espaço acabou gerando uma maior atenção por parte da coordenação às atividades que envolviam estar juntos para estudar, discutir, tomar decisões e produzir coletivamente.

Considerando elementos como adaptações às necessidades, aos interesses das/os estudantes e à realidade local, e direcionando as atividades a uma abordagem interdisciplinar com as artes, as sete atividades conduzidas na EE Telêmaco foram organizadas e executadas ao longo de sete encontros presenciais, em que cada encontro compreendeu uma aula dupla de artes no cronograma matutino da escola entre 9h10 e 11h com intervalo de 15 minutos, abrangendo cerca de 25 estudantes. Finalmente, ocorreu o encontro final, marcado pela presença das/os estudantes da EE Telêmaco no *campus* Zeferino Vaz da Unicamp, momento dedicado à culminância das atividades do projeto.

Na sequência, são apresentadas as sete atividades que integraram a execução do projeto ReciclaMente.

Atividade 1: Questionário de diagnóstico e de avaliação processual da aprendizagem

Objetivo: Compreender e analisar o conhecimento das/os estudantes sobre os temas propostos pelo ReciclaMente, bem como mensurar a evolução de seu entendimento.

Execução: Aplicação de um questionário e sua reaplicação no final da atividade, por meio do Google Forms, para ser respondido individualmente.

Com isso, foi possível identificar quais temas foram mais marcantes para a turma, quais respostas diferiram mais entre as duas aplicações e o que absorveram e conseguiram sistematizar dessas atividades. Ademais, esse mapeamento inicial permitiu conhecer as principais lacunas de informações e conhecimentos relacionados ao tema por parte das/os estudantes e enfatizá-las nas ações ao longo das atividades propostas.

Foram elaboradas oito questões (já prevendo que se tratava de estudantes de 7º ano) que versavam sobre os temas de desenvolvimento sustentável, consumo, meio ambiente e descarte de lixo. O questionário foi respondido em um tempo reservado para esse fim na sala de multimídia da escola. Pelo fato de o questionário ter sido elaborado por meio da utilização do Google Forms, as respostas a ele foram registradas e arquivadas *on-line*. As questões foram:

1. Você já ouviu falar nos Objetivos de Desenvolvimento Sustentável? Se sim, o que são e para que servem? Se não, o que você acha que são?
2. Você considera que desenvolvimento sustentável e meio ambiente são temas importantes? Justifique.
3. O que é consumo?
4. Para você, o que são práticas sustentáveis de consumo?
5. Você considera que adota práticas sustentáveis em relação a seu próprio lixo? Por quê?
6. Descreva como você descarta o seu lixo (Separa? Coloca tudo em um saco?).
7. Você considera que é importante descartar o lixo no lugar correto? Justifique.
8. Você já ouviu falar em "reduzir, reutilizar e reciclar"? O que você acha que isso significa e para que serve?

Atividade 2: Introdução e sensibilização da temática dos resíduos

Objetivo: Identificar diferentes tipos de resíduos e compreender o tempo que levam para se decompor, gerando impactos quando descartados de forma inadequada.

Execução: Distribuição de imagens de resíduos a grupos de estudantes para identificação dos tipos de materiais presentes e estimativa de quanto tempo imaginavam que cada material identificado levaria para se decompor na natureza (Figura 10.2).[26]

As/os estudantes puderam indicar quanto tempo imaginavam que determinado material, comum em seu cotidiano, duraria até se decompor, como, por exemplo, uma garrafa PET. Após discussões, cada grupo pôde expor sua opinião, e, ao final do debate, foi compartilhado com a turma o tempo correto de decomposição. O objetivo dessa atividade foi sensibilizar as/os estudantes acerca do impacto causado pelo descarte incorreto de lixo, além de ensiná-los sobre o tempo de decomposição de diferentes materiais. Ou, ainda, acerca do impacto do descarte incorreto de uma simples garrafa de plástico na natureza, uma vez que ela pode durar aproximadamente 450 anos.

Figura 10.2 – Imagem distribuída para grupos de estudantes durante a atividade. Fonte: disponível em https://smart-cities.pt/opiniao-entrevista/lixo-indiferenciado1406-quercus/. Acesso em 3/2/2025.

[26] Campos, 2018.

Atividade 3: Tipos e separação de resíduos

Objetivo: Identificação de tipos de resíduos e sua respectiva separação nas categorias: recicláveis, orgânicos e perigosos.

Execução: Entregar "figurinhas" (Figura 10.3) que representam materiais diferentes para as/os estudantes e pedir que separem esses objetos em três categorias: recicláveis, orgânicos e perigosos. Para cada uma das categorias, pedir que desenhem latas de lixo e coloquem cada figurinha em seu respectivo local de descarte.

As/os estudantes foram separadas/os em trios e desenharam as latas de lixo em folhas de papel. Em diversos grupos, cada estudante ficou responsável por desenhar uma lata de lixo que representaria uma das categorias de separação. Com isso, as/os estudantes posicionaram cada uma das figurinhas recebidas: lâmpada, pilhas, casca de banana, rolo de papel higiênico, lata de alumínio e garrafas de vidro.

Figura 10.3 – Fotos das atividades das/os estudantes, com seus respectivos desenhos das latas e as figurinhas coladas. Fotos: Leda Matheus da Silva.

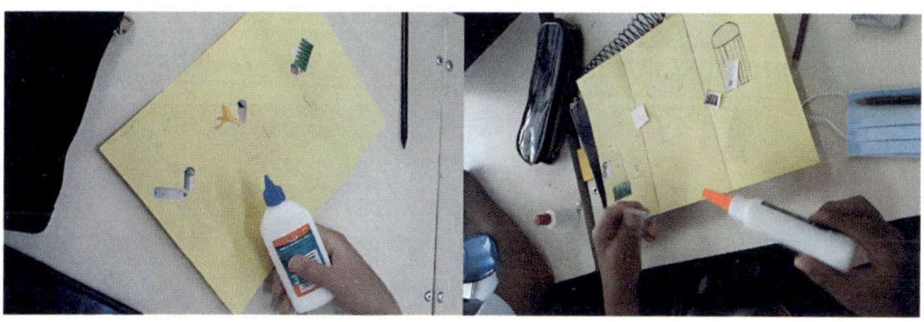

Atividade 4: Processo de reciclagem

Objetivo: Compreender as etapas do processo de reciclagem e sua elevada complexidade. Reiterando que a reciclagem não deve ser priorizada em detrimento de soluções mais sustentáveis (reutilizar, reparar, remanufaturar, entre outros).

Execução: Utilização de vídeo que mostra o funcionamento do processo de reciclagem de latinhas de alumínio e posteriormente discussão sobre cada uma das etapas mostradas.

Buscou-se compreender quais os conhecimentos prévios que as/os estudantes tinham sobre essa temática, o que ocorreu por meio de recurso audiovisual, com vídeo[27] do canal Manual do Mundo do YouTube sobre a reciclagem de alumínio, com destaque para as etapas e os processos envolvidos. A intenção dessa atividade foi apresentar uma noção da complexidade do processo de reciclagem, que constitui a descaracterização total de materiais, que retornam às suas características originais para que possam ser reintroduzidos no início da cadeia de produção. Com isso, a reciclagem não deve ser utilizada como solução primária para os problemas dos resíduos.

Essa atividade permitiu discutir que, antes do processo de reciclagem, há outras opções de destinação de resíduos, conforme explicitado na lei 12.305 da Política Nacional de Resíduos Sólidos, em que a ordem de prioridades, da maior para a menor, inclui: a não geração de resíduos, a redução, a reutilização, a reciclagem e o tratamento dos resíduos sólidos, bem como a disposição final ambientalmente adequada dos rejeitos.[28]

Atividade 5: Alternativas à reciclagem: reuso e reaproveitamento

Objetivo: Compreensão de alternativas anteriores à reciclagem que podem ser utilizadas, como reaproveitamento e reuso.

Execução: Confecção de objetos a partir de resíduos de plásticos, como, por exemplo, garrafas PET ou potes de sorvete.

A importância das atividades relacionadas a essa temática é evidenciar alternativas ao descarte de materiais logo após seu uso, podendo haver seu reaproveitamento e seu reuso. Ao considerar a

[27] Manual do Mundo, 2016.

[28] Brasil, 2010, cap. II, art. 7º, inciso II.

abordagem da economia circular, o reuso é uma das primeiras etapas a serem priorizadas, sendo a terceira opção de 17 alternativas, antes da disposição final como rejeito.

Dessa forma, e considerando que o ReciclaMente ocorreu nas aulas de artes, as atividades desenvolvidas buscaram trabalhar com a criatividade das/os estudantes. Utilizando materiais plásticos que já haviam sido usados e que seriam descartados, os grupos puderam montar objetos. Como resultado, foram feitos brinquedos como carrinho, boneca, robô, além de objetos como porta-canetas e outros (Figura 10.4).

Figura 10.4 – Objetos produzidos pelas/os estudantes a partir de resíduos plásticos. Fotos: Flávia Luciane Consoni de Mello.

Atividade 6: Visita à Unicamp para outras vivências

Essa etapa teve o objetivo de propiciar às/aos estudantes da EE Telêmaco uma vivência no *campus* Zeferino Vaz da Unicamp, uma universidade pública e gratuita. Em consonância com o ReciclaMente, foram organizadas atividades interativas com estudantes indígenas do Instituto de Geociências, para entender como funciona o manejo de resíduos em suas comunidades de origem, já que o tipo de material produzido e descartado pode ser diferente daqueles experienciados pelas/os estudantes da EE Telêmaco, assim como pode haver diferenças nas práticas para descarte.

Atividade 7: Proposta de ação

Com a intenção de "aplicar" alguns dos conhecimentos aprendidos nas atividades, buscou-se a percepção das/os estudantes sobre alternativas para melhorar as práticas na escola e na sua própria casa, como, por exemplo, a proposta de separação do lixo gerado na escola entre recicláveis e orgânicos. A apresentação da proposta foi feita no Clube de Sustentabilidade da EE Telêmaco e despertou o interesse de outras/os alunas/os da escola pelo assunto em pauta, representando uma possibilidade de aumentar o número de estudantes atuando no tema. Essa etapa deu maior enfoque ao papel das/os estudantes como "agentes de transformação" e promotoras/es de soluções. A atividade se mostrou bem-sucedida, uma vez que o Clube SustentavelMente e o Clube Energizar (clubes de outros dois projetos do Programa Olhos no Futuro), que são espaços de debate entre estudantes no contraturno das aulas, mantêm-se atuantes na escola e contam com estudantes que participaram do projeto ReciclaMente e que continuam disseminando as boas práticas para transformar a EE Telêmaco em uma comunidade urbana sustentável.

É importante destacar que a experiência do projeto ReciclaMente, em parceria com a disciplina de artes, em 2022, gerou o engajamento dos estudantes com os clubes SustentavelMente e Energizar em 2023, e, no primeiro semestre de 2024, o projeto também foi concebido como clube – o Clube ReciclaMente – e segue o fluxo da sua execução integrando estudantes do Ensino Fundamental II.

4. Considerações finais e outras ações no ReciclaMente

Este capítulo resume a abordagem conceitual e metodológica, o planejamento e as principais atividades realizadas no âmbito do projeto ReciclaMente, que buscou avançar em práticas pedagógicas que pudessem explorar o tema do ODS 12 ("Consumo e produção sustentáveis"), com estudantes do 7º ano do Ensino Fundamental I, na disciplina de artes.

O projeto foi norteado pelos conceitos originais que se pretendia trabalhar nas atividades, quais sejam, a política dos cinco R's e conceitos como "pegada ecológica", ciclo de vida, logística reversa, entre outros. Em um esforço de combinar teoria e prática, as ações e as atividades planejadas foram adaptadas ao perfil das/os estudantes da turma que integrou o projeto ReciclaMente, isto é, estudantes de uma escola pública, localizada em um bairro de baixa renda.

A ordem das atividades foi cuidadosamente planejada para que se seguisse uma linha lógica de pensamento, do ciclo de vida dos produtos ao descarte final, com ênfase ao início da cadeia (consumo, produção, entre outros).

Num primeiro momento, buscou-se demonstrar às/aos estudantes o quanto o lixo está presente em seu cotidiano e o tempo que os materiais comuns do nosso dia a dia levam para se decompor, o que acarreta problemas diversos para a natureza e para a saúde humana. Feita essa sensibilização, buscou-se compreender se as/os estudantes sabiam identificar os tipos de lixo e qual deveria ser sua classificação e sua separação no momento do descarte. Foi destacado que essa atividade não seria um fim em si mesmo, já que existem diversas etapas anteriores que devem ser priorizadas. Ou seja, o início das atividades se deu a partir do fim da cadeia de produção & consumo, em que o lixo já foi gerado, após o descarte dos bens. Contudo, existem inúmeras etapas na cadeia e possíveis soluções que devem ser priorizadas.

Compreender o processo de reciclagem também é importante para que as/os estudantes saibam do que se trata, já que é uma atividade amplamente divulgada como solução praticamente exclusiva para a questão dos resíduos; entretanto, por ser um processo complexo que descaracteriza totalmente os materiais, ele não deve ser priorizado em detrimento de outras etapas. Com isso, na fase seguinte, foi retomada um pouco mais a cadeia produtiva dos materiais, considerando as etapas de reaproveitamento e reuso, que são opções que devem ser priorizadas, por ocorrerem logo após o consumo e o descarte, que não envolvem processos complexos; muitas vezes o material apenas recebe um novo uso, sem ser alterado.

Por fim, o ReciclaMente buscou motivar uma ação prática e crítica por parte das/os estudantes com base no que aprenderam nas atividades e na realidade da escola, considerando os principais problemas e as possíveis soluções. Por exemplo, em rodas de conversa, as/os estudantes argumentaram que na escola não há separação dos resíduos, de forma que todo lixo, seja orgânico ou reciclável, é descartado conjuntamente. A realidade da escola reflete o que ocorre no bairro, que não é atendido pela coleta seletiva. Isso motivou questionamentos por parte das/os estudantes sobre como poderiam intervir na realidade local, estimulando ações para a coleta seletiva.

É importante ressaltar que, devido às inúmeras adaptações que precisaram ser feitas por causa das necessidades das/os estudantes ou de estimativas equivocadas de tempo em que as atividades seriam realizadas, nem tudo o que foi planejado pôde ser executado, o que sinaliza para a continuidade dessas ações em outros momentos. Aqui, apresentaremos dois debates que tiveram início, mas não foram concluídos da forma como havíamos planejado.

Um deles diz respeito à discussão sobre as/os trabalhadoras/es que atuam na coleta desses materiais (as/os catadoras/es, sejam empregadas/os pela prefeitura, sejam autônomas/os que coletam material na rua). Convidamos as/os estudantes a escrever questões sobre o que gostariam de saber sobre essa atividade profissional. Algumas das questões formuladas foram: há quanto tempo trabalham com isso? Quantas horas por dia trabalham? Ganham por dias, meses ou horas trabalhadas? Usam roupas especiais? Gostam dos parceiros de trabalho? Gostam dos trabalhos que realizam? Quais são os valores de cada item que coletam – plástico, papel, papelão, vidros, alumínio, latinha? O que fazem com os lixos não recicláveis? O que incentiva essas pessoas a trabalhar com isso? O que fazem com os itens que coletam na rua? Onde jogam o lixo? Por que os caminhões de lixo continuam em movimento enquanto as/os trabalhadoras/es coletam os lixos? A partir dessas perguntas, pretendia-se realizar atividades que reunissem as/os catadoras/es, as/os estudantes e a comunidade em geral em uma feira voltada à reciclagem de materiais na própria escola. Essa seria uma atividade conectada com o ODS 8.

Outro debate consistia em ampliar a reflexão das/os estudantes sobre o consumo – não somente o consumo para atendimento de necessidades, mas a análise recaiu também sobre o próprio ato da compra. A proposta seria despertar o senso crítico acerca do consumo consciente e sustentável, que envolveria o uso de sacolas retornáveis (em vez das sacolinhas de plástico) e a aquisição de produtos "sustentáveis".

Por fim, é necessário reconhecer que as atividades empreendidas no âmbito do ReciclaMente foram relevantes para que as/os estudantes se familiarizassem com conceitos como desenvolvimento sustentável e ODS. Entretanto, mostraram-se insuficientes para provocar mudanças reais no comportamento de parte dessas/es alunas/os, sem alterar suas rotinas e suas práticas. Essa constatação ficou clara ao compararmos as respostas ao questionário de sondagem nas etapas inicial e final do trabalho. Isso é um alerta para que as ações extensionistas não sejam pontuais e que possam continuar a dialogar com estudantes ao longo de sua vida escolar, em sintonia com as demais disciplinas e os trabalhos realizados no ambiente de ensino.

5. Referências bibliográficas

ABDALA, A. J. *et al. Guia de atividades ambientais.* São Paulo, Secretaria de Meio Ambiente, 2013.

BAILONE, A. L.; SANO, A. M. & FERRARI, R. *Cartilha de educação ambiental - semeando um mundo melhor.* São Paulo, Associação Obra do Berço/Instituto Camargo Corrêa, 2020.

BARCIOTT, M. L. & SACCARO, N. L. J. "A importância da educação ambiental na gestão dos resíduos sólidos". *Revista Desafios do Desenvolvimento*, vol. 9, n. 74, 2012.

BARROS, M. *Retrato do artista quando coisa*. Rio de Janeiro, Record, 1998.

BENGTSSON, M. *et al.* "Transforming systems of consumption and production for achieving the sustainable development goals: Moving beyond efficiency". *Sustainability Science*, vol. 13, n. 6, 2018, pp. 1.533-1.547.

BRASIL. "Viveiros educadores: plantando vida". Brasília, Ministério do Meio Ambiente, 2008.

____. *Cartilha de educação ambiental para militares da Marinha do Brasil*. Rio de Janeiro, Agência 2A Comunicação, 2012.

____. Base Nacional Comum Curricular. Brasília, Ministério da Educação, 2018.

____. "O que é o princípio dos 3R's?". Brasília, Ministério do Meio Ambiente, 2020. Disponível em <https://antigo.mma.gov.br/responsabilidade-socioambiental/producao-e-consumo-sustentavel/consumo-consciente-de-embalagem/principio-dos-3rs.html>. Acesso em 8/4/2025.

CAMPOS, S. "Lixo indiferenciado, uma expressão que tem de passar à história", 2018. Disponível em <https://smart-cities.pt/opiniao-entrevista/lixo-indiferenciado1406-quercus/>. Acesso em 20/8/2024.

COELHO, M. R. F. *Coleta seletiva: na escola, no condomínio, na empresa, na comunidade*. São Paulo, Secretaria de Meio Ambiente, 2013.

DALSASSO, L. & HOGETOP, J. (org.). *Cartilha de educação ambiental: base para elaboração de projetos ambientais*. Porto Alegre, Catarse – Coletivo de Comunicação, 2012.

FAZENDA, I. C. A. *Integração e interdisciplinaridade no ensino brasileiro: efetividade ou ideologia?* São Paulo, Edições Loyola, 2011.

FERREIRA, L. H. & ARAGÃO, A. M. F. "Coma tudo, mas sem saborear: a relação indissociável entre fazer e pensar a docência". *In*: VALLE, L. E. L. R. (org.). *Neurociências e saúde educacional: vencendo limites*. Rio de Janeiro, Wak, 2020.

FREIRE, P. *Conscientização: teoria e prática da libertação – uma introdução ao pensamento de Paulo Freire*. 4. ed. São Paulo, Moraes, 1980.

____. *Pedagogia da autonomia: saberes necessários à prática educativa*. 28. ed. São Paulo, Paz e Terra, 2003.

GADOTTI, M. *Perspectivas atuais da educação*. Porto Alegre, Artes Médicas, 2000.

MANUAL DO MUNDO. "Como funciona a reciclagem de latinhas de alumínio #Boravê", 2016. Disponível em <https://youtu.be/wgPn3kZZtIY?si=HLWQECogsNsExotq>. Acesso em 21/5/2024.

ORGANIZAÇÃO DAS NAÇÕES UNIDAS (ONU). "Transformando nosso mundo: a Agenda 2030 para o desenvolvimento sustentável", 2015. Disponível em <https://brasil.un.org/sites/default/files/2020-09/agenda2030-pt-br.pdf>. Acesso em 2/5/2021.

SANTOS, M. *Espaço e sociedade.* Petrópolis, Vozes, 1979.

SECCO, P. E. & PEREIRA, D. S. *Almanaque jovem do ecocidadão.* São Paulo, Secretaria do Meio Ambiente, 2013a.

____. *EcoCartilha do pequeno cidadão.* São Paulo, Secretaria do Meio Ambiente, 2013b.

SECRETARIA DO MEIO AMBIENTE DO ESTADO DO CEARÁ. *Curso de formação de educadores ambientais*, vol. II, 2017a. Disponível em <https://www.sema.ce.gov.br/wp-content/uploads/sites/36/2018/11/M2-Sociedade-%C3%89tica-Natureza-Cultura-e-Cidadania.pdf>. Acesso em 17/1/2020.

____. *Curso de formação de educadores ambientais*, vol. IV, 2017b. Disponível em <https://www.sema.ce.gov.br/wp-content/uploads/sites/36/2018/11/M2-Sociedade-%C3%89tica-Natureza-Cultura-e-Cidadania.pdf>. Acesso em 17/1/2020.

____. *Curso de formação de educadores ambientais*, vol. V, 2017c. Disponível em <https://www.sema.ce.gov.br/wp-content/uploads/sites/36/2018/11/M3-Saneamento-Ambiental-e-Infraestrutura.pdf>. Acesso em 17/1/2020.

____. *Curso de formação de educadores ambientais*, vol. III, 2017d. Disponível em <https://www.sema.ce.gov.br/wp-content/uploads/sites/36/2018/11/M3-Saneamento-Ambiental-e-Infraestrutura.pdf>. Acesso em 17/1/2020.

SOUZA, A. Q. *et al. Se liga no lixo! Resíduos sólidos para crianças.* São Paulo, Secretaria do Meio Ambiente, 2014.

ZANETI, I. C. B. B. & SÁ, L. M. "Educação ambiental como instrumento de mudança na concepção de gestão dos resíduos sólidos domiciliares e na preservação do meio ambiente". *Prateleira ambiental.* São Paulo, Portal de Educação Ambiental, 2002.

11

SustentavelMente: água, solo e reaproveitamento de resíduos

Rafael Minazaki Pereira, Leda Matheus da Silva, Bárbara Teruel, Danúsia Arantes Ferreira

1. Introdução

O SustentavelMente é um dos projetos do Programa Olhos no Futuro e se integra ao tema dos ODS com foco na formação das/os "agentes de transformação", como promotoras/es do trabalho decente e da infância e da juventude. A equipe do SustentavelMente é composta de uma docente e de discentes da Faculdade de Engenharia Agrícola (Feagri) da Unicamp.

O objetivo geral do projeto SustentavelMente prevê a construção teórico-prática das temáticas: compostagem orgânica, sistemas de distribuição e de captação de água, análise granulométrica e características químicas do solo. A partir desses conceitos, presentes na formação da/o engenheira/o agrícola, formaliza-se o diálogo acadêmico integrando os conhecimentos da Universidade com o conteúdo do currículo da escola, organizado a partir da BNCC[1] nas áreas de matemática, ciências da natureza e ciências humanas.

[1] Brasil, 2018.

O protagonismo que envolve a implementação dos ODS pode ser considerado um ponto alto na concepção e no desenvolvimento do SustentavelMente. Assim, foram estabelecidos quais ODS[2] seriam importantes para interpretar a realidade e as demandas internas da comunidade escolar envolvida no projeto, na perspectiva de uma comunidade urbana sustentável, compromissada com a formação de novas mentalidades. Definiu-se que o projeto SustentavelMente trabalharia com o ODS 2 ("Fome zero e agricultura sustentável"), o ODS 4 ("Educação de qualidade"), o ODS 6 ("Água potável e saneamento"), o ODS 11 ("Cidades e comunidades sustentáveis"), o ODS 12 ("Consumo e produções sustentáveis") e o ODS 17 ("Parcerias e meios de implementação"), e algumas metas selecionadas, apresentadas mais adiante.

O desenvolvimento do projeto considerou também que a integração universidade-escola busca promover o princípio educativo e que os conteúdos de aprendizagem podem ser organizados em factuais, conceituais, procedimentais e atitudinais. Os factuais e os conceituais fazem referência ao que se deve aprender; os procedimentais se importam com os modos como se deve agir; enquanto os atitudinais são dedicados a como a/o cidadã/ão deve ser.[3] A abordagem conceitual e metodológica do SustentavelMente propicia a formação complementar das/os estudantes do Ensino Fundamental II e do Ensino Médio, credenciando-as/os para a atuação como "agentes de transformação" na comunidade escolar de que participam e para a disseminação, no núcleo familiar e na comunidade onde vivem, dos conhecimentos adquiridos.

Ademais, os conhecimentos produzidos pelas/os estudantes do curso de Engenharia Agrícola da Unicamp são compartilhados no ambiente escolar e ressignificados conjuntamente com as crianças

[2] ONU, 2015.

[3] Zabala, 2010.

e as/os adolescentes, ampliando a compreensão, a visão crítica e as tomadas de decisão diante dos desafios que envolvem a temática da sustentabilidade, o consumo e a produção sustentáveis e a melhoria da qualidade de vida no planeta Terra.

2. Contextualização

O projeto SustentavelMente adota como proposta a disseminação dos conceitos básicos de produção alimentar em pequena escala para a comunidade escolar e para isso busca, na base do currículo de formação das/os estudantes de Engenharia Agrícola, os fundamentos da compostagem orgânica, dos sistemas de distribuição e de captação de água, da análise granulométrica e das características químicas do solo.

A reflexão para a escolha dos ODS do projeto SustentavelMente indicou o ODS 11 ("Cidades e comunidades sustentáveis") como base para fundamentar a tomada de decisão de tornar os espaços comunitários e os assentamentos humanos inclusivos, seguros, resilientes e sustentáveis. Por outro lado, a incorporação do ODS 2 ("Fome zero e agricultura sustentável") traz consigo o compromisso do acesso a uma alimentação de qualidade e a uma dieta nutritiva e diversificada, mobilizando a comunidade local para o cumprimento desse direito primário estabelecido. Já o ODS 12 aponta para padrões de "produção e de consumo sustentáveis", como o próprio nome diz. Por fim, o ODS 4 ("Educação de qualidade") contribui enormemente para a interdisciplinaridade do projeto, ao buscar a integração e a interação da universidade com a escola pública na construção de conhecimentos e habilidades necessárias para promover o

> [...] desenvolvimento sustentável, [...] por meio da educação (de) estilos de vida sustentáveis, direitos humanos, igualdade de gênero,

promoção de uma cultura de paz e não violência, cidadania global e valorização da diversidade cultural; e o ODS 17 ("Parcerias e meios de implementação") aponta para a relevância do trabalho conjunto em prol dos demais ODS.[4]

A implementação das ações dos ODS 2, 4, 11, 12 e 17 é coordenada levando em consideração a definição das seguintes metas e indicadores com o compromisso do acompanhamento e da avaliação dos resultados ao longo do processo:

- ODS 2:[5] "busca acabar com a fome, alcançar a segurança alimentar e a melhoria da nutrição e promover a agricultura sustentável".
  - Meta 2.1: "Até 2030, erradicar a fome e garantir o acesso de todas as pessoas, em particular dos pobres e das pessoas em situações vulneráveis, incluindo crianças e idosos, a alimentos seguros, culturalmente adequados, saudáveis e suficientes durante todo o ano".
    - Indicador 2.1.2: "Prevalência de insegurança alimentar moderada ou grave, baseado na Escala de Experiência de Insegurança Alimentar (Fies)".
- ODS 4:[6] "assegurar a educação inclusiva e equitativa e de qualidade, e promover oportunidades de aprendizagem ao longo da vida para todos".
  - Meta 4.7: "Até 2030, garantir que todos os alunos adquiram conhecimentos e habilidades necessárias para promover o desenvolvimento sustentável, inclusive, entre outros, por meio da educação para o desenvolvimento sustentável e estilos de vida sustentáveis, direitos humanos, igualdade de gênero, promoção de uma cultura de paz e não violência,

[4] ONU, 2015.

[5] Ipea, 2019a.

[6] Ipea, 2019b.

cidadania global e valorização da diversidade cultural e da contribuição da cultura para o desenvolvimento sustentável".

- Indicador 4.7.1: "Em que medida i) a educação para a cidadania global e ii) a educação para o desenvolvimento sustentável, incluindo a igualdade de gênero e os direitos humanos, são incorporadas a todos os níveis de: a) políticas nacionais de educação; b) currículos escolares; c) formação dos professores; e d) avaliação dos alunos".

- ODS 11[7]: "tornar as cidades e os assentamentos humanos inclusivos, seguros, resilientes e sustentáveis".
  - Meta 11.7: "Até 2030, proporcionar o acesso universal a espaços públicos seguros, inclusivos, acessíveis e verdes, em particular para as mulheres, crianças e adolescentes, pessoas idosas e pessoas com deficiência, e demais grupos em situação de vulnerabilidade".
    - Indicador 11.7.1: "Proporção da área construída das cidades que é espaço público aberto para uso de todos, por sexo, idade e pessoas com deficiência".
- ODS 12:[8] "assegurar padrões de produção e de consumo sustentáveis".
  - Meta 12.8: "Até 2030, garantir que as pessoas, em todos os lugares, tenham informação relevante e conscientização sobre o desenvolvimento sustentável e estilos de vida em harmonia com a natureza, em consonância com o Programa Nacional de Educação Ambiental (Pronea)".
    - Indicador 12.8.1: "Grau com que a i) educação para a cidadania global e a ii) educação para o desenvolvimento sustentável, incluindo a igualdade de gênero e os direitos

[7] Ipea, 2019c.
[8] Ipea, 2019d.

humanos, são disseminadas a todos os níveis em: a) políticas educativas nacionais; b) programas educativos; c) formação de professores; e d) avaliação de estudantes".

- ODS 17:[9] "fortalecer os meios de implementação e revitalizar a parceria global para o desenvolvimento sustentável".
    - Meta 17.16: "reforçar a parceria global para o desenvolvimento sustentável, complementada por parcerias multissetoriais que mobilizem e compartilhem conhecimento, *expertise*, tecnologia e recursos financeiros, para apoiar a realização dos objetivos do desenvolvimento sustentável em todos os países, particularmente nos países em desenvolvimento".
        - Indicador 17.16.1: "número de países que reportam progressos na eficácia dos quadros de monitoramento de múltiplos atores que apoiam o cumprimento dos objetivos de desenvolvimento sustentável".

A implementação do SustentavelMente está embasada em conceitos e metodologias que consideram a pesquisa como princípio educativo, "a formação do sujeito competente, no sentido de ser capaz de, tomando consciência crítica, formular e executar projeto próprio de vida no contexto histórico".[10] Assim, o processo educativo alicerçado na investigação contribui para que as/os estudantes aprendam a argumentar e desenvolver o pensamento crítico, a comunicação e a compreensão de si mesmos e do seu papel na sociedade. Segundo Ramos,[11] "tudo em um movimento espiralado com a aprendizagem centrada no aluno". Outro fundamento presente na concepção do projeto está relacionado aos tipos de conteúdo em sua essência: aprender a conhecer – objetivos factuais e conceituais –, aprender a

[9] Ipea, 2019e.

[10] Demo, 2011, p. 13.

[11] Ramos, 2004.

fazer – objetivos procedimentais – e aprender a viver juntos e ser – objetivos atitudinais.[12]

A adoção das oficinas de aprendizagem como metodologia central para a execução do projeto coloca em destaque, segundo Fazenda,[13] a importância dos processos educativos embasados nos projetos interdisciplinares, de modo a promover conteúdos conceituais, procedimentais e atitudinais. Em destaque,[14]

> [...] um conteúdo procedimental [...] é um conjunto de ações ordenadas e com um fim, quer dizer, dirigidas para a realização de um objetivo. São conteúdos procedimentais: ler, desenhar, observar, calcular, classificar, traduzir, recortar, saltar, inferir, espetar etc.

Quanto ao "termo conteúdos atitudinais [este] engloba valores, normas e atitudes.[15]

O plano pedagógico para o desenvolvimento do projeto está alicerçado no desenvolvimento de oficinas planejadas para atender também às competências e às habilidades da Base Nacional Comum Curricular,[16] cujo objetivo prevê "o aprimoramento do educando como pessoa humana e a compreensão dos fundamentos científico--tecnológicos dos processos produtivos", com foco no protagonismo juvenil.

Na Figura 11.1, é apresentado o fluxo de articulação entre a BNCC[17] e o SustentavelMente, aplicado de forma interdisciplinar

[12] Zabala, 2010, pp. 41-42.

[13] Fazenda, 1997, pp. 11-15.

[14] Zabala, 1998, p. 43.

[15] *Idem, ibidem.*

[16] Brasil, 2018.

[17] *Idem.* A definição das siglas pode ser consultada no texto da Base Nacional Comum Curricular, referindo-se à habilidade das unidades temáticas listadas na figura. EF = ensino fundamental; 06, 07, 08 são os anos do Ensino Fundamental II; CI, MA, GE referem-se a ciências, matemática e geografia, respectivamente.

nos diferentes contextos que envolvem estudantes do Ensino Básico, do Ensino Fundamental II e do Ensino Médio.

Figura 11.1 – Fluxo de articulação entre a BNCC e o conteúdo do SustentavelMente.

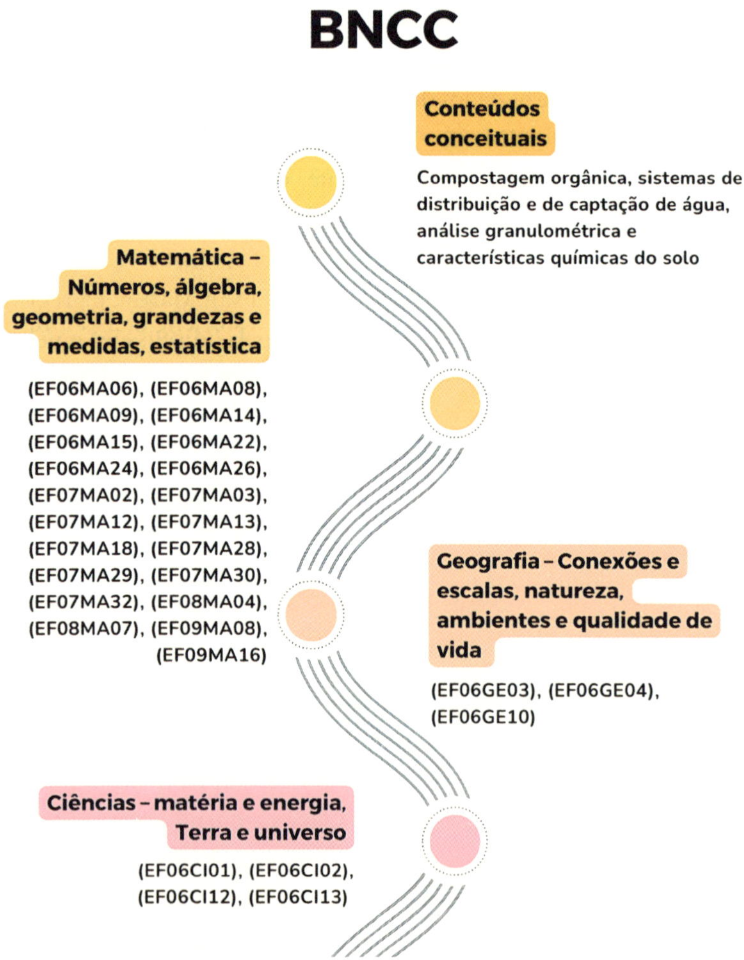

3. Abordagem prática

O projeto começou a ser estudado e planejado no segundo semestre de 2019, com o objetivo de estruturar atividades presenciais envolvendo a equipe do SustentavelMente. Na época, foi delineada a proposta inicial, marcando o compromisso das/os participantes com o planejamento das seguintes etapas: pesquisa bibliográfica, pesquisa documental sobre os dados da escola e a escrita formal do projeto de extensão SustentavelMente.

A equipe, formada pelos estudantes de graduação Rafael Loati e Rafael Minazaki, pela professora Bárbara Teruel, da Feagri da Unicamp, e por professoras/es da Escola Estadual Dr. Telêmaco Paioli Melges (EE Telêmaco), situada na vila San Martin, na região norte de Campinas (SP), foi responsável pelas discussões e pelos alinhamentos conceituais que deram origem aos objetivos das oficinas e, consequentemente, à organização metodológica das etapas. É relevante destacar o quanto a integração Universidade-escola foi importante para assegurar o espaço de diálogo, cooperação e alinhamento pedagógico para a construção das diretrizes do projeto SustentavelMente para o alcance dos resultados almejados.

Em março de 2020, a pandemia de covid-19 chegou exatamente no período em que os estudantes da Feagri/Unicamp estavam preparados para iniciar os trabalhos na EE Telêmaco. O impacto no andamento dos trabalhos foi imediato, gerando impasses na idealização das ações do projeto e a necessidade de formalizar adaptações para o modelo remoto, o que levou a modificações tanto no conteúdo como no formato de execução do projeto. A escolha do tipo de interação virtual e a revisão do cronograma para as atividades foram parte desse processo. Uma das principais dificuldades enfrentadas foi redefinir o conteúdo do projeto de forma a preservar a sua essência e torná-lo utilizável virtualmente.

Assim, para cada tópico do projeto SustentavelMente, foram elaborados e produzidos vídeos para serem distribuídos para as/os estudantes no período de isolamento. O objetivo desse material virtual foi propiciar a melhor dinâmica possível, de maneira acessível, seguindo as ideias de ações pedagógicas sugeridas na literatura.[18] Neles, as aulas expositivas foram combinadas com *designs* gráficos criados na plataforma Canva. Além disso, esses *designs* incluíram *links* para acesso de conteúdo midiático, criado a partir do programa SonyVegasPró18®, sempre com o intuito de dar dinamicidade e interatividade ao material. Os vídeos foram enriquecidos com intervenções audiovisuais, como imagens, trilha sonora, efeitos e computação gráfica. Para tornar as imagens digitais mais atraentes e de fácil compreensão para as/os participantes, foram adicionados textos, ilustrações e animações. Os materiais didáticos produzidos estão disponíveis no canal Feagri Olhos no Futuro, no YouTube.[19]

Pode-se dizer que o período de execução da primeira versão do projeto SustentavelMente foi marcado por resiliência envolvendo todas/os as/os participantes da Universidade e da escola e permitiu a manutenção de um ambiente colaborativo que garantisse a continuidade e nunca a desistência. Foi nesse espírito que as adaptações dos conteúdos e das metodologias para o formato remoto integrando as/os estudantes da escola, por meio do WhatsApp e das redes sociais, seguiram. Uma experiência trabalhosa, repleta de grandes desafios, aprendizagens e a certeza de que o SustentavelMente sobreviveria à covid-19.

Com o término do isolamento social, uma nova fase de preparação para a execução presencial na escola foi iniciada. A primeira experiência presencial foi realizada em parceria com o professor

[18] Trentini *et al.*, 2021.

[19] Feagri Olhos no Futuro, 2020-2021.

apoiador do SustentavelMente na escola, que abriu espaço na carga horária da sua disciplina para a integração da turma com a equipe da Unicamp. O resultado foi satisfatório, mas a direção da escola repensou o formato e optou pela definição de uma agenda semanal com carga horária de 1h30 para a realização das atividades do projeto.

Essa decisão contribuiu para o alcance de dois objetivos importantes: o primeiro está diretamente relacionado às/aos estudantes do Ensino Fundamental II, participantes do projeto, que foram estimuladas/os ao protagonismo ficando responsáveis pela criação e pelo desenvolvimento de um clube juvenil, o Clube SustentavelMente. O segundo está diretamente relacionado aos estudantes da Feagri/Unicamp, que se responsabilizaram pelo tempo-espaço com as crianças e as/os adolescente, no processo de planejamento e desenvolvimento do clube, como um espaço pedagógico dedicado à realização do projeto de extensão. Essa nova realidade passou a exigir mais atenção, responsabilidade, preparo conceitual e metodológico por parte da equipe da Unicamp. Também merecem destaque dois aspectos relevantes que contribuíram para os avanços da abordagem interdisciplinar do projeto: a) interação das/os estudantes do 6º ao 9º ano do Ensino Fundamental II na formação do clube, proporcionando diálogo, vivências e colaboração mútua para os avanços do projeto; b) a oportunidade de interação com as disciplinas eletivas da EE Telêmaco, como a disciplina "mistérios da natureza", que a cada semestre planeja e desenvolve uma agenda de ações interdisciplinares com o Clube SustentavelMente.

A partir de 2022, as atividades programadas no formato de oficinas avançaram para o desenvolvimento de aulas, com momentos expositivos, para a fundamentação dos conceitos do projeto, seguidos de vivências na área externa à sala de aula, para a construção da horta comunitária e da composteira no pátio da escola. Os fluxos produzidos propiciaram, gradativamente, o fortalecimento da parceria com a comunidade escolar, e a evidência da relação teoria e prática fundamentada por Freire[20] tornou-se uma realidade nas diferentes etapas do projeto, que segue evoluindo semestre a semestre no Clube SustentavelMente. Os resultados estão materializados na construção coletiva, a partir das vivências e das experimentações na horta comunitária (Figuras 11.2 e 11.3), das composteiras aberta e fechada e, em 2024, da Mandala medicinal (Figura 11.4).

Figura 11.2 – Hortaliças produzidas na horta da escola no projeto SustentavelMente. Fotos: Leda Matheus da Silva.

Figura 11.3 – Construção da Composteira na EE Telêmaco no projeto SustentavelMente. Fotos: Danúsia Arantes Ferreira.

A partir de 2022, as/os estudantes passaram a participar do evento Jornada Olhos no Futuro, promovido pelo Programa Olhos no

[20] Freire, 1983.

Futuro, que acontece semestralmente e que compõe a culminância de várias oficinas e vivências simultâneas no espaço do *campus* Zeferino Vaz da Unicamp.

Figura 11.4 – Construção da Mandala medicinal na escola, no projeto SustentavelMente. Fotos: Leda Matheus da Silva.

O projeto SustentavelMente proporcionou algumas atividades/oficinas nessas jornadas: a) Oficina de dobradura, com a utilização de materiais recicláveis, tendo por objetivo confeccionar marcadores de páginas; b) Oficina de granulometria do solo, na qual peneiras granulométricas da Feagri/Unicamp foram disponibilizadas, a fim de mostrar às/aos estudantes a composição do solo, atividade que estimulou a curiosidade e o desejo de realizar os experimentos (*hands-on*) com o solo da escola e do terreno da ocupação que fica ao lado do estabelecimento. Na oficina, seguiram também explorando a curiosidade com húmus de minhoca, que permitiu fazer comparações. Ao término, as/os estudantes eram capazes de compreender que o solo é composto de silte, areia e argila, explorando conceitos de compactação, porosidade e espaços vazios.

O projeto SustentavelMente promove 15 encontros no decorrer de cada semestre letivo, e, a cada virada de semestre, existe a oportunidade, para as/os estudantes que assim o desejarem, de permanecer por mais tempo no projeto, mas o projeto também recebe novas/os estudantes que optam por experimentar as vivências e as aprendizagens propiciadas por esse trabalho.

A dinâmica proposta pelos vários projetos do Programa Olhos no Futuro, que acontecem no espaço escolar de forma concomitante, promove o movimento do circuito pedagógico interdisciplinar de aprendizagens significativas, que gradativamente segue contribuindo para a formação das/os "agentes de transformação". Pensamentos e atitudes são reconstruídos, e ações em prol de uma escola sustentável são propagadas e difundidas pelas vias dos conteúdos factuais, conceituas, procedimentais e atitudinais vivenciados nas diferentes etapas do projeto SustentavelMente.

4. Conclusão

A partir da experiência consolidada no projeto SustentavelMente relatada neste capítulo, é possível sistematizar evidências de aprendizagem, passíveis de ser replicadas em outras comunidades escolares. No aspecto relacional e de convivência com estudantes, foi possível perceber o aumento gradativo em sua receptividade em relação aos conteúdos compartilhados e desenvolvidos ao longo dos encontros, na mesma proporção em que também cresceu a maturidade acadêmica e a capacidade pedagógica do estudante da Unicamp Rafael Minazaki para conduzir o processo pedagógico, tanto no estabelecimento da relação teórico-prática com maior desenvoltura e segurança quanto no encaminhamento das atividades em sala de aula e na área externa da escola.

Os encontros com maior participação de estudantes foram aqueles conduzidos com a utilização de ferramentas de apoio pedagógico, como estímulos visuais e atividades lúdicas, criando espaços de reflexão sobre as necessidades e as emoções individuais. Também foram fomentados nesses encontros o senso de pertencimento que estimulou a reflexão sobre a sociedade como um todo e o papel da/o cidadã/ão comprometida/o com o cuidado e a preservação do meio ambiente.

A experiência vivenciada pelos estudantes de graduação da Feagri/Unicamp no desenvolvimento do projeto SustentavelMente no período das restrições impostas pela covid-19 gerou muita insegurança. Contudo, as lições aprendidas permitiram o crescimento de seu nível de maturidade e de engajamento no projeto. O resultado dos encontros em ambiente virtual ficou aquém do esperado, o que foi evidenciado pela proporção de curtidas no YouTube, menor em comparação aos conteúdos compartilhados no Instagram. Diante dessa percepção, a equipe desenvolveu novas estratégias, incluindo a realização de oficinas integradoras e discussões mais frequentes sobre os temas abordados em sala de aula. A partir da liberação para os encontros presenciais, foi possível reavaliar e propor melhorias. Assim, as atividades presenciais propiciaram a teoria, a prática e a exploração do espaço físico da escola, para a construção da horta e das composteiras aberta e fechada. Elas geraram muito envolvimento, alegria, participação e sensação de pertencimento para as crianças e as/os adolescentes nas atividades realizadas e, primordialmente, a sensação de responsabilidade de cuidar e manter a horta sempre produzindo.

As atividades programadas em sala de aula deram à equipe da Unicamp a oportunidade de apresentar o material de forma envolvente e de esclarecer quaisquer dúvidas sobre o conteúdo conceitual. Como suporte didático, foi elaborado e disponibilizado às/aos estudantes um livreto impresso contendo todos os projetos e planos de trabalho idealizados (horta, composteira e mandala). Com isso, elas/es podem aplicar os conceitos e as metodologias em outros espaços e atuar como "agentes de transformação".

A interação entre estudantes da Unicamp e estudantes da EE Telêmaco propiciou a discussão de conceitos e ideias que permitiram melhorar a qualidade do material didático aplicado nas aulas. Da mesma forma, estimulou as crianças e as/os adolescentes ao diálogo e ao desejo de exprimir suas próprias opiniões, resultando em estudantes mais engajadas/os, proativas/os e criativas/os.

A forma encontrada pela escola para implementar os clubes juvenis criou a ambiência pedagógica para os projetos de extensão vinculados ao Programa Olhos no Futuro e fortaleceu os vínculos entre a Unicamp e a EE Telêmaco.

Por fim, o projeto SustentavelMente segue a sua trajetória, oportunizando que outras/os estudantes da Feagri participem e possam, inclusive, contabilizar sua carga horária obrigatória de curricularização da extensão. O projeto segue também criando a ambiência para a construção gradativa da "Comunidade Escolar Sustentável", com a participação efetiva das/os estudantes que participam do Programa Olhos no Futuro.

5. Referências bibliográficas

BRASIL. Lei n. 12.305, de 2 de agosto de 2010. Política Nacional de Resíduos Sólidos (PNRS), 2010. Disponível em <https://www.planalto.gov.br/ccivil_03/_ato2007-2010/2010/lei/l12305.htm>. Acesso em 8/4/2025.

____. Base Nacional Comum Curricular. Brasília, Ministério da Educação, 2018.

DEMO, P. *Educar pela pesquisa*. Campinas, Autores Associados, 2011.

FAZENDA, I. C. A. "Sobre a arte ou a estética do ato de pesquisar na educação". *A pesquisa em educação e as transformações do conhecimento*. 2. ed. Campinas, Papirus, 1997, pp. 11-15.

FEAGRI OLHOS NO FUTURO. Vídeos, 2020/21. Disponível em <https://www.youtube.com/@feagriolhosnofuturo4397>. Acesso em 21/5/2024.

FREIRE, P. *Extensão ou comunicação?* 8. ed. Rio de Janeiro, Paz e Terra, 1983.

INSTITUTO DE PESQUISA ECONÔMICA APLICADA (IPEA). "2 – Fome zero e agricultura sustentável", 2019a. Disponível em <https://www.ipea.gov.br/ods/ods2.html>. Acesso em 28/3/2024.

____. "4 – Educação de qualidade", 2019b. Disponível em <https://www.ipea.gov.br/ods/ods4.html>. Acesso em 28/3/2024.

INSTITUTO DE PESQUISA ECONÔMICA APLICADA (IPEA). "11 - Cidades e comunidades sustentáveis", 2019c. Disponível em <https://www.ipea.gov.br/ods/ods11.html>. Acesso em 28/3/2024.

____. "12 - Consumo e produção responsáveis", 2019d. Disponível em <https://www.ipea.gov.br/ods/ods12.html>. Acesso em 28/3/2024.

____. "17 - Parcerias e meios de implementação", 2019e. Disponível em <https://www.ipea.gov.br/ods/ods17.html>. Acesso em 28/3/2024.

ORGANIZAÇÃO DAS NAÇÕES UNIDAS (ONU). "Transformando nosso mundo: a Agenda 2030 para o desenvolvimento sustentável", 2015. Disponível em <https://brasil.un.org/sites/default/files/2020-09/agenda2030-pt-br.pdf>. Acesso em 2/5/2021.

RAMOS, M. G. "Educar pela pesquisa é educar para a argumentação". *In*: MORAES, R. & LIMA, V. M. R. (org.). *Pesquisa em sala de aula: tendências para a educação em novos tempos*. Porto Alegre, ediPUCRS, 2004, pp. 25-50.

TRENTINI, F. *et al*. *Diálogos para o direito e cidadania no campo*. São Carlos, Pedro & João Editores, 2021.

ZABALA, A. *A prática educativa, como ensinar*. Trad. Ernani F. da F. Rosa. Porto Alegre, Artmed, 2010 [1998].

12

Jornada Olhos no Futuro

Danúsia Arantes Ferreira, Roberta Ceriani,
João Guilherme Ito Cypriano, Luiz Carlos Pereira da Silva

1. Introdução

A Jornada Olhos no Futuro é uma das modalidades de extensão do Programa Olhos no Futuro; ela integra professoras/es, pesquisadoras/es e estudantes de graduação e de pós-graduação da Unicamp e envolve a participação de estudantes e professoras/es do Ensino Básico de escolas públicas. O objetivo da Jornada Olhos no Futuro é promover a vivência e a inclusão dessas/es alunas/os em atividade de estudo do meio que permita sua imersão no *campus* Zeferino Vaz da Unicamp, promovendo uma sensação de pertencimento e de conquista desse espaço público.

A Jornada Olhos no Futuro é constituída de vivências interdisciplinares em formato de oficinas no *campus* da Unicamp, como um laboratório vivo, tendo como pauta a Agenda 2030 da ONU. O percurso da Jornada acontece no formato de "trilhas" em um circuito itinerante, passando por oficinas temáticas nas unidades participantes da Unicamp, com o objetivo de promover vivências alinhadas às metas dos ODS. As oficinas são elaboradas a partir de abordagens adaptadas ao espaço/tempo da Jornada, dos projetos de extensão do Programa Olhos no Futuro, bem como de projetos convidados pela equipe gestora da Jornada.

O evento tem periodicidade semestral; sua organização e sua logística requerem muito engajamento, responsabilidade e compromisso, tanto em seu planejamento quanto em sua execução, com o objetivo maior de promover a formação das/os "agentes de transformação", a partir dos princípios e objetivos do Programa Olhos no Futuro.

2. O evento e suas oficinas

As propostas de interação da comunidade envolvida no evento com os ODS da Agenda 2030 são ancoradas nos princípios da epistemologia da interdisciplinaridade[1] e do ensino pela pesquisa[2] e na curricularização da extensão pautada na tríade ensino-pesquisa-extensão.[3]

Devido à pandemia de covid-19 e como consequência das restrições sanitárias, a I Jornada Olhos no Futuro[4] ocorreu somente em 4 de junho de 2022, como uma oficina educativa no Fórum Permanente Especial Desafios da Sustentabilidade na Unicamp, entre 9 e 17 horas. O público-alvo do evento foi composto de 80 estudantes de Ensino Básico de duas escolas da rede pública de Campinas, a Escola Estadual Telêmaco Paioli Melges (EE Telêmaco), localizada na Vila San Martin, e a Escola Estadual Prof. Milton de Tolosa, localizada no Jardim Leonor, região da Vila Marieta (Diretoria de Ensino Oeste), acom-

[1] Ferreira, 2018.

[2] Demo, 2006.

[3] Forproex, 2012.

[4] Campus Sustentável, 2022a.

panhadas/os por professoras/es das instituições. Além da pauta da transição energética, a oficina teve como objetivo articular os saberes da Universidade com os caminhos possíveis para a implementação da Agenda 2030, trabalhados nos projetos do Programa Olhos no Futuro. As atividades foram realizadas no Instituto de Matemática, Estatística e Computação Científica (Imecc), no Museu Exploratório de Ciências e no ônibus elétrico, uma parceria da Unicamp e da CPFL Energia. Essa oficina contou com a participação da autora do livro *Descarrego*,[5] Juliana Rabelo, contando a saga da protagonista Janaína da Silva Brasil, desde o seu nascimento até o ingresso na universidade pública, por meio de ações afirmativas. Juliana Rabelo iniciou sua atividade na oficina com o seguinte diálogo com as/os estudantes, apresentando questões de sustentabilidade a partir de uma linguagem envolvente:

> Nós acreditamos que podemos ajudar a mudar o mundo. Somos corajosos e audaciosos para criar rumos melhores. E vocês, por que estão aqui? Porque nós confiamos que vocês têm interesses por novas ideias e a conectividade para multiplicá-las, e possuem interesses por histórias de heróis – vocês podem ser os heróis que modificam o mundo.

Na oportunidade, a autora também revelou uma perspectiva bastante interessante da Agenda 2030, que traz os ODS agrupados em quatro pilares entrelaçados na saga de Janaína (Figura 12.1).

Em 27 de agosto de 2022, o Programa Olhos no Futuro ofereceu a primeira oficina na 17ª Unicamp de Portas Abertas (UPA).[6] O público-alvo do evento foram estudantes interessadas/os em conhecer e ingressar na Universidade. Nessa oficina, foram abordados alguns dos projetos do Programa Olhos no Futuro, promovendo a Unicamp como um espaço de aprendizagem, investigação, práticas

[5] Rabelo, 2022.

[6] Campus Sustentável, 2022b.

e oportunidades. O evento também contou com passeio no ônibus elétrico, com o objetivo de promover a vivência do circuito pelas várias ruas da Universidade, apresentando os espaços e as usinas solares fotovoltaicas espalhadas pelo local, intencionando a compreensão do *campus* como um laboratório vivo.

Figura 12.1 – Agenda 2030 em perspectiva. Legenda: ODS 1 ("Erradicação da pobreza"), ODS 2 ("Fome zero e agricultura sustentável"), ODS 3 ("Saúde e bem-estar"), ODS 4 ("Educação de qualidade"), ODS 5 ("Igualdade de gênero"), ODS 6 ("Água potável e saneamento"), ODS 7 ("Energia acessível e limpa"), ODS 8 ("Trabalho decente e crescimento econômico"), ODS 9 ("Indústria, inovação e infraestrutura"), ODS 10 ("Redução das desigualdades"), ODS 11 ("Cidades e comunidades sustentáveis"), ODS 12 ("Consumo e produção sustentáveis"), ODS 13 ("Ação contra a mudança global do clima"), ODS 14 ("Vida na água"), ODS 15 ("Vida terrestre"), ODS 16 ("Paz, justiça e instituições eficazes") e ODS 17 ("Parcerias e meios de implementação").

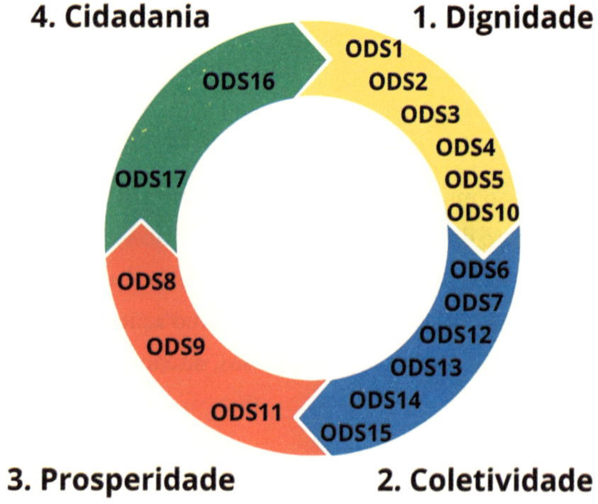

Desde a II Jornada Olhos no Futuro, que ocorreu no dia 7 de novembro de 2022, o evento tem tido como escola pública piloto a EE Telêmaco e como público majoritário estudantes do Ensino Fundamental II, sempre acompanhadas/os por professoras/es da escola. Dessa edição, participaram 160 estudantes de Ensino Fundamental II e Médio da EE Telêmaco. Um dos espaços do evento foi o Instituto de Geociências, na exposição "Areias do Mundo".[7]

A III Jornada Olhos no Futuro "Circuito para a Transição Energética" ocorreu no dia 27 de junho de 2023. Participaram 134 estudantes da EE Telêmaco, acompanhadas/os por professoras/es da escola. O circuito contou com atividades simultâneas na Feec, na Feagri, na Fecfau, no IG e na DMA da Unicamp. Além dessas atividades, o grupo visitou as usinas fotovoltaicas (Figura 12.2), passeou de ônibus elétrico e visitou a oficina da Escola 4.0, na qual teve a oportunidade de criar circuitos luminosos utilizando uma placa-base e um *kit* de componentes eletrônicos.[8]

O circuito foi percorrido das 8 às 16 horas e finalizado com um debate no Teatro de Arena da Praça da Paz. Ao final, foi plantada uma muda de pau-brasil pelas/os estudantes da EE Telêmaco (Figura 12.3), para simbolizar a continuidade da Jornada Olhos no Futuro e a presença consolidada da escola na Unicamp. Para a professora e vice-diretora da EE Telêmaco,[9] a Jornada Olhos no Futuro é

> [...] um processo muito importante, porque mostra aos estudantes uma visão que dentro da escola elas/es não têm.
>
> A dimensão que percebemos dessa parceria é de elas/es estarem observando até onde podem chegar. É uma ação que nos transmite possibilidades de conhecer novas coisas, situações diferentes. Quero

7 Campus Sustentável, 2022c.

8 Paula, 2023.

9 *Idem.*

> até repetir uma frase que uma estudante disse durante o almoço, sobre essa possibilidade de sair de dentro da escola, "que isso é ótimo para a transformação do conhecimento" delas/es, porque faz com que tenham mais vontade de estudar e ir além.

A IV Jornada Olhos no Futuro contou com a participação de 87 estudantes de Ensino Fundamental II e de Ensino Médio da EE Telêmaco Paioli Melges. O evento ocorreu no dia 1 de dezembro de 2023, das 8 às 16 horas. Dessa edição, participaram as equipes dos projetos Águas do Ribeirão Quilombo (coordenado pela professora Luana Mattos de Oliveira Cruz, da Fecfau), CANAlise (coordenado pelas professoras Roberta Ceriani e Aline Carvalho da Costa, da FEQ), Energizar (coordenado pelo professor Luiz Carlos Pereira da Silva e pela pós-doutoranda Danúsia Arantes Ferreira, da Feec), Escola 4.0 (coordenado pelo professor Fabiano Fruett, da Feec), ReciclaMente (coordenado pela professora Flávia Consoni, do IG) e SustentavelMente (coordenado pela professora Bárbara Teruel, da Feagri), contando com pelo menos 15 monitoras/es (estudantes de graduação e pós-graduação da Unicamp).

Houve também uma atividade no espaço temático de imersão virtual em anatomia humana da Biblioteca da Faculdade de Ciências Médicas (FCM). Na parte da manhã, as oficinas foram realizadas na Faculdade de Engenharia Elétrica e Computação (Feec), na Faculdade de Engenharia Civil, Arquitetura e Urbanismo (Fecfau), na Faculdade de Engenharia Química (FEQ), na Faculdade de Engenharia Agrícola (Feagri) e na FCM. Na sequência, as/os participantes almoçaram no Restaurante Saturnino (RS). Em seguida, houve a oficina no IG. Foi também nesse instituto o encerramento do evento, que contou com o Grupo de Teatro Arteiros, sob a direção de Carmen Freitas (perfil do Instagram disponível em @arteirosteatro), apresentando a peça *O safado do macaco*. Esteve presente no evento de encerramento o pró-reitor de Extensão, Fernando Antonio Santos Coelho.[10]

Figura 12.2 – Conjunto de painéis fotovoltaicos na Feec/ Unicamp visitado na III Jornada Olhos no Futuro. Fonte: Equipe de Comunicação do Escritório Campus Sustentável.

Em 11 de junho de 2024, entre 9 e 17 horas, aconteceu a V Jornada Olhos no Futuro. Nessa edição, além dos projetos que haviam sido apresentados na edição anterior, houve o desenvolvimento dos projetos ComunicAção (coordenado pela professora Denise Carvalho, do Instituto de Artes – IA) e Nosso Busão (coordenado pela professora Carla Cavaliero, da Faculdade de Engenharia Mecânica – FEM). Também foram oferecidas: a oficina Cadê a Merenda, pela professora Cinthia Baú Betim Cazarin, da Faculdade de Engenharia de Alimentos – FEA; a oficina Mandala Medicinal, pela funcionária Cristina Tanikawa, na Diretoria de Meio Ambiente (DMA); e uma

[10] Proeec, 2023.

oficina na exposição "Os Pilares da Sustentabilidade na Unicamp de 2014 a 2024", que ocorreu durante a Semana do Meio Ambiente 2024, no saguão da Diretoria Geral da Administração (DGA), conduzida pelo funcionário Washington Roberto Rodrigues da Silva, que atua na Gestão Ambiental e de Resíduos da Unicamp. Ademais, foi planejado um circuito por laboratórios da Feec, contando com a colaboração das equipes responsáveis por estes espaços: Laboratório de Física Moderna, Laboratório de Alta Tensão e Laboratório de Redes Elétricas Inteligentes.

Figura 12.3 – Muda de pau-brasil sendo plantada na Praça da Paz no *campus* Zeferino Vaz da Unicamp por ocasião da III Jornada Olhos no Futuro. Fonte: Equipe de Comunicação do Escritório Campus Sustentável.

Nessa última edição, houve a participação de 132 estudantes do Ensino Fundamental II da EE Telêmaco, acompanhadas/os por 6 professoras/es, e de 41 monitoras/es (estudantes de graduação e pós-graduação da Unicamp), sendo, assim, o evento com maior número de participantes até então.

Na parte da manhã, as/os estudantes foram divididas/os em seis grupos de 22 integrantes, que participaram de seis oficinas simultâneas com duração de 1h30. Na sequência, foi promovido o almoço no RS, e, saindo de lá, os grupos participaram de um circuito, de 1h30 de duração, com as oficinas na DAG, ônibus elétrico e laboratórios da Feec.

Por fim, o encerramento do evento foi feito no Teatro de Arena da Praça da Paz da Unicamp, localizada na rua Elis Regina, no *campus* Zeferino Vaz (Figura 12.4). No palco do teatro, a pintura de um baobá, árvore emblemática da resistência negra, dominava o cenário. Suas raízes se estendiam pelos bancos adornados com símbolos das culturas africanas e afro-diaspóricas. Na ocasião, as/os participantes da V Jornada Olhos no Futuro figuraram como parte das raízes do baobá, numa simbologia bastante marcante para as/os presentes.

Figura 12.4 – Encerramento da V Jornada Olhos no Futuro realizado no Teatro de Arena da Praça da Paz da Unicamp. Fonte: Equipe de Comunicação do Escritório Campus Sustentável.

É muito importante destacar o envolvimento de diversas unidades e pessoas da comunidade da Unicamp na tarefa de promover a Jornada Olhos no Futuro. O apoio da Prefeitura Universitária da Unicamp, por meio da Divisão de Alimentação e da Unitransp, é sempre fundamental para a organização do almoço e do passeio no ônibus elétrico.

3. A Jornada como um espaço para a curricularização da extensão

Na oportunidade da V Jornada Olhos no Futuro, a disciplina EX052 (educação e interdisciplinaridade – planejamento e prática de projetos de extensão universitária) estava sendo oferecida pela primeira vez no primeiro semestre de 2024. A disciplina EX052 prevê o desenvolvimento dos projetos de extensão que foram elaborados na disciplina EX027 (educação e interdisciplinaridade de Olhos no Futuro: caminhos para curricularização da extensão e possibilidades de implementação dos Objetivos de Desenvolvimento Sustentável – ODS), oferecida, também pela primeira vez, no segundo semestre de 2023.

Conforme a deliberação CCG n. 20/2021 (versão consolidada), as disciplinas EX envolvem atividades de extensão ligadas diretamente às comunidades externas à Unicamp. Assim, a Jornada Olhos no Futuro pode ser um espaço para a execução de atividades extensionistas da disciplina EX052, por parte das/os estudantes matriculadas/os.

Com uma ação que contempla uma certa dose de ousadia, a coordenação do Programa Olhos no Futuro oportunizou a V edição da Jornada, como atividade prática de extensão (código PE) da disciplina EX052, na qual uma parte das/os estudantes matriculadas/os pôde desenvolver suas atividades de extensão cumprindo os créditos da disciplina na presença da/o docente. Os relatos feitos pelas/os estudantes na atividade avaliativa da disciplina, um relatório final escrito e uma apresentação *pitch* nos seminários, mostraram que a participação na Jornada Olhos no Futuro trouxe aprendizados, reflexões sobre a prática profissional e inspirações para a transformação pessoal e coletiva desses/as estudantes. Com isso, a equipe docente da EX052 pôde validar a Jornada Olhos no Futuro como um espaço oportuno para integrar, vivenciar e até ressignificar as jornadas acadêmicas de estudantes universitárias/os.

4. Visões conclusivas e continuidades

A Jornada Olhos no Futuro, motivada pela Agenda 2030 da ONU, promove o empoderamento de jovens no Ensino Básico público em visão crítica e capacidade argumentativa para o protagonismo juvenil. A Jornada é constituída de uma vivência interdisciplinar de estudantes no *campus* da Unicamp, como um laboratório vivo, partindo da compreensão sistêmica que entrelaça os 17 ODS da Agenda 2030. A Jornada Olhos no Futuro busca ampliar sinergicamente os diálogos entre a comunidade mais ampla e a Universidade, relacionando-se aos ODS específicos trabalhados por cada oficina e, ao mesmo tempo, potencializando o ODS 17 ("Parcerias e meios de implementação"). Nesse sentido, a ideia da Jornada é que o aprendizado das/os estudantes seja capilarizado para outros espaços. Empoderados pela visão crítica e pela capacidade argumentativa, esses indivíduos podem desenvolver novas habilidades, tornando-se agentes protagonistas no seu espaço social.

Na ocasião do "Circuito para a transição energética", a reportagem veiculada no *site* do Escritório Campus Sustentável[11] trouxe o depoimento de Lucas Felipe dos Reis, estudante do 9º ano do Ensino

[11] Paula, 2023.

Fundamental II da EE Telêmaco, que evidencia ser, o ODS 4 ("Educação de qualidade"), um dos pilares de sustentação dos eventos do Programa Olhos no Futuro, na medida em que pode gerar, nas/os estudantes do Ensino Básico, uma melhor compreensão do papel da Universidade e uma maior expectativa em relação à possibilidade concreta de ter acesso a ela. O estudante Lucas destaca que

> [...] a Unicamp tem aberto as portas para a nossa escola, e isso significa oportunidades para que nós possamos atingir uma realidade diferente. Nossa escola está localizada num lugar que é considerado periferia. Estando aqui, a Universidade nos mostra que a vida pode ser bem mais, que podemos ir mais além e, quem sabe, futuramente, estaremos aqui cursando uma graduação.

Além disso, os eventos do programa, como a Jornada, constituem um espaço oportuno para a curricularização da extensão universitária.

5. Referências bibliográficas

CAMPUS SUSTENTÁVEL. "Construa a sua jornada: Olhos no Futuro", 2022a. Disponível em <https://www.youtube.com/watch?v=tQmgMoQ1dnY>. Acesso em 21/8/2024.

____. "Construa a sua jornada de Olhos no Futuro", 2022b. Disponível em <https://youtu.be/nIzfZJeurQc?si=cwMJo8T14om6JNI3>. Acesso em 21/8/2024.

____. "Construa sua jornada Olhos no Futuro", 2022c. Disponível em <https://www.instagram.com/tv/CkqrYY2AMrb/?igshid=YmMyMTA2M2Y=>. Acesso em 21/8/2024.

DEMO, P. *Pesquisa: princípio científico e educativo*. 12. ed. São Paulo, Cortez, 2006.

FERREIRA, D. A. *Interdisciplinaridade e políticas públicas: experiência do Programa Goiás Solar*. São Paulo, Faculdade de Educação, Pontifícia Universidade Católica de São Paulo, 2018 (Tese de doutorado).

FÓRUM DE PRÓ-REITORES DE EXTENSÃO DAS INSTITUIÇÕES PÚBLICAS DE EDUCAÇÃO SUPERIOR BRASILEIRAS (FORPROEX). "Política Nacional de Extensão Universitária", 2012. Disponível em <https://proex.ufsc.br/files/2016/04/Pol%C3%ADtica-Nacional-de-Extens%C3%A3o-Universit%C3%A1ria-e-book.pdf>. Acesso em 28/3/2024.

PAULA, I. P. "'Circuito para a Transição Energética' recebe estudantes da rede pública para experiências no Laboratório Vivo", 2023. Disponível em <https://www.campus-sustentavel.unicamp.br/2023/07/05/circuito-para-a-transicao-energetica-recebe-estudantes-da-rede-publica-para-experiencias-no-laboratorio-vivo/>. Acesso em 8/7/2024.

PRÓ-REITORIA DE EXTENSÃO, ESPORTE E CULTURA (PROEEC). "Programa Olhos no Futuro encerra atividades semestrais", 2023. Disponível em <https://www.proeec.unicamp.br/programa-olhos-no-futuro-encerra-atividades-semestrais/>. Acesso em 20/12/2024.

RABELO, J. *Descarrego*. São Paulo, Insígnia Editorial, 2022.

SEÇÃO III

AMPLIAÇÃO DO PROGRAMA OLHOS NO FUTURO

13
Extensão e resiliência social: o caso do Projeto Alento

Muriel de Oliveira Gavira, Ana Maria Nunes Gimenez, Caroline Dário Capitani

1. Introdução

Este capítulo, de natureza descritiva, pretende apresentar o projeto de extensão "Construindo alento: extensão para emprego digno e autonomia produtiva", iniciado em janeiro de 2022 e financiado pelo 3º Edital Proeec – PEX 2021 e pelo 4º Edital Interno de Apoio à Extensão da Faculdade de Ciências Aplicadas (FCA). O projeto, alocado e apoiado pela FCA da Unicamp, também atua na mesma região que o Programa Olhos no Futuro, do qual é parceiro.

Uma das motivações para o desenvolvimento do projeto foi a pandemia de covid-19, que provocou severas alterações nas dinâmicas da vida em sociedade, acirrando as desigualdades sociais e amplificando a exclusão já presente no cotidiano dos municípios.[1] Partimos da compreensão de que o acesso a um trabalho digno, além de um direito de todo ser humano, também é uma condição

[1] Simet; Ramachandra & Saadoun, 2020.

necessária para a fruição de outros direitos, como saúde, moradia, alimentação adequada etc.

Por meio do projeto, buscamos oferecer condições para o fortalecimento, ou mesmo desenvolvimento, de capacidades voltadas à empregabilidade e ao empreendedorismo dos membros de duas comunidades do entorno da Unicamp: Vila Paula (inserida na Vila San Martin, no município de Campinas, SP) e Bairro Geada (no município de Limeira, SP). Para isso, propomos iniciativas dialógicas e participativas na área de emprego digno e autonomia produtiva (empreendedorismo). Especificamente para comunidades que ocupam áreas públicas, como era o caso de uma das selecionadas (Vila Paula), o emprego formal ou uma fonte de renda estável é, muitas vezes, uma precondição para a regularização e a posse da moradia.

O Projeto Alento foi concebido com base em entendimentos consolidados, na literatura especializada, sobre o papel fundamental que as universidades, especialmente as públicas, podem desempenhar, principalmente em momentos de grandes desafios e crises. As universidades têm sido vistas como "instituições âncoras" (ou, ainda, "de ancoragem") de suas comunidades,[2] que podem e devem oferecer contribuições importantes à construção de capacidades de resiliência social. Por resiliência social entende-se a capacidade de grupos ou comunidades de lidar com distúrbios resultantes de diferentes tipos de mudanças, sejam sociais, políticas, ambientais, entre outras.[3]

Além desta introdução e das considerações finais, o trabalho apresenta outras quatro partes: i) uma contextualização do projeto; ii) o detalhamento de como o Projeto Alento foi estruturado; iii) a apresentação e a discussão do andamento e dos resultados do projeto;

[2] Taylor & Luter, 2013.

[3] Adger, 2000.

e iv) uma conclusão. Convém informar que uma versão reduzida deste capítulo foi publicada na *Revista Internacional de Extensão* da Unicamp.[4]

2. Contextualização

Em 2020, o Banco Mundial estimava que a renda *per capita* sofreria uma redução de cerca de 4% e que entre 40 e 60 milhões de pessoas corriam o risco iminente de enfrentar a pobreza extrema.[5] No caso do Brasil, um inquérito realizado pelo Fundo de Emergência Internacional das Nações Unidas para a Infância (Unicef) apontou alguns dos principais impactos da covid-19 nas famílias brasileiras, a saber: o percentual de pessoas com 18 anos ou mais que estavam trabalhando havia caído de 64% (antes da pandemia) para 50% (durante a pandemia); 55% da população teve um decréscimo na renda familiar durante esse período (chegando a 63% entre os que residiam com crianças ou adolescentes); cerca de 20% das/os brasileiras/os com 18 anos ou mais haviam passado por alguma experiência de insegurança alimentar, ou seja, incertezas sobre o acesso a alimentos, ou mesmo sobre sua quantidade e sua qualidade, além da efetiva falta de dinheiro para adquirir alimentos.[6]

Dados da Pesquisa Nacional por Amostra de Domicílios (Pnad), por sua vez, indicavam que, entre 20 e 26 setembro de 2020, o Brasil contava com 15,3 milhões de pessoas que não procuraram trabalho em decorrência da pandemia ou devido à falta de postos de trabalho na localidade.[7] Além disso, segundo o Banco Mundial:[8]

[4] Gavira; Gimenez & Capitani, 2023.

[5] UNDP, 2020.

[6] Unicef, 2020.

[7] IBGE, 2020.

[8] Banco Mundial, 2024.

> [...] a baixa qualificação profissional perpetua a pobreza e a desigualdade. Quando feito da forma certa, o desenvolvimento de habilidades pode reduzir o desemprego e o subemprego, aumentar a produtividade e melhorar os padrões de vida.

O Projeto Alento foi concebido visando à realização de ações de extensão nas duas comunidades citadas, sendo que uma delas é considerada um aglomerado subnormal (Vila Paula). Segundo o Instituto Brasileiro de Geografia e Estatística,[9] aglomerados subnormais são ocupações irregulares em terrenos de propriedade alheia – públicos ou privados – para fins de habitação em áreas urbanas e, em geral, caracterizados por um padrão urbanístico irregular, carência de serviços públicos essenciais e localização em áreas com restrição à ocupação.

A comunidade da Vila Paula está localizada a cerca de 13 km da Unicamp e contava com aproximadamente 700 moradoras/es no final de 2022. Posteriormente, a área foi desocupada para urbanização, como resultado de negociações conduzidas entre as/os líderes comunitárias/os e a prefeitura de Campinas. Por esse motivo, o Projeto Alento deslocou suas atividades para a Vila San Martin (que compreende também a Vila Paula). Sabe-se também que a referida comunidade já enfrentou diversas adversidades, como um incêndio, em 2020, que provocou a perda de moradias e pertences pessoais de muitas/os moradoras/es em plena pandemia.

Para ampliar o alcance do projeto, realizamos parcerias com o Serviço Nacional de Aprendizagem Industrial (Senai) e a Escola Estadual Dr. Telêmaco Paioli Melges (EE Telêmaco), localizada a 50 m da Vila Paula. Como resultado dessas parcerias, desde maio de 2023, são oferecidos cursos e oficinas na EE Telêmaco para as/os moradoras/es do bairro San Martin, incluindo as/os estudantes da

[9] IBGE, 2021.

escola do Ensino Básico (Ensino Fundamental II e Ensino Médio). As oficinas são realizadas em horário de aula, e os cursos do Senai, entre os turnos. Os detalhes das oficinas e dos cursos fazem parte de uma negociação com a escola, tendo sido aprovada a realização de uma oficina de elaboração de currículo.

O Bairro Geada, estabelecido em 2014, diferentemente da Vila Paula, é constituído de casas populares e apresenta outros tipos de necessidades, como: desemprego, pobreza, falta de espaços de lazer na comunidade, entre outras – demandas consideravelmente diferentes das observadas no bairro San Martin.

O Bairro Geada está localizado na região Noroeste do município de Limeira (a cerca de 4 km do *campus* II da Unicamp) com 395 moradias construídas e destinadas a famílias com renda de até R$ 1.600 mensais. São dois conjuntos de casas, Geada I e Geada II, que contam com cerca de 2 mil moradoras/es. Os terrenos residenciais são de 200 metros quadrados, e a área construída é de 47 metros quadrados. O bairro conta com um centro comunitário (Centro de Esportes e Artes Unificado de Limeira – CEU) localizado a cerca de 1,5 km do bairro.

3. Caminhos: percurso desenvolvido

Para a concepção do Projeto Alento, realizamos uma ampla pesquisa bibliográfica a fim de conhecer o estado da arte da literatura que versa sobre os papéis das instituições de ensino superior na sociedade contemporânea, bem como a extensão crítica, dialógica e participativa, conforme preconizado por Paulo Freire[10] e por outros defensores de uma extensão que fuja de orientações assistencialista-

[10] Freire, 1983.

-paternalistas, como Gadotti,[11] Thiollent[12] e Gurgel.[13] Também buscamos documentos do Fórum de Pró-Reitores de Extensão das instituições públicas de educação superior brasileiras (Forproex) e da legislação atual sobre extensão universitária. Superada essa etapa, com o projeto concluído e selecionado pelo Edital PEX 2021, passamos a estruturar as estratégias para a sua consecução.

O primeiro passo foi conhecer as demandas e as necessidades das comunidades. Para tanto, elaboramos um questionário (aprovado pelo Comitê de Ética em pesquisa da Unicamp, Caae n. 56612722.1.0000.5404) a ser aplicado nas comunidades participantes, com o propósito de coletar informações que orientassem a equipe na estruturação das ações de extensão vinculadas ao projeto, o mais próximo possível das demandas apontadas.

Em seguida, para atender ao princípio da indissociabilidade entre ensino, pesquisa e extensão, previsto na Constituição Federal de 1988 (artigo 207), bem como na Resolução CNE/CES 7/2018, decidimos que seria importante conduzir, concomitantemente ao projeto de extensão, um projeto de pesquisa que possibilitasse a geração e a difusão de novos conhecimentos sobre extensão. Em vista disso, os questionários serviram a um duplo propósito: i) identificar as demandas das comunidades; ii) fornecer dados para a pesquisa.

No caso da comunidade da Vila Paula (Campinas), as principais demandas apontadas foram apoio ao empreendedorismo local e busca de emprego formal para mulheres da comunidade. Já no que diz respeito à comunidade do Bairro Geada (Limeira), as principais demandas foram de formação, acesso ao ensino técnico e superior e busca de emprego para jovens participantes do CEU e demais moradoras/es.

[11] Gadotti, 2017.

[12] Thiollent, 2002.

[13] Gurgel, 1986.

Durante o projeto, dois levantamentos de dados foram realizados por meio de documentos disponíveis na internet na Vila San Martin. Nesses levantamentos foram criadas listas de empresas e outras instituições locais que poderiam apoiar o projeto e a comunidade. Levantamentos semelhantes estão sendo realizados para o Bairro Geada e devem virar um guia em formato eletrônico para apoio às/aos moradoras/es desses dois bairros. Finalmente, a partir desse conjunto de informações, foram concebidas as ações que serão descritas e analisadas na seção adiante.

4. Abordagem prática

Nesta seção, são apresentados os resultados parciais do projeto, tanto para a Unicamp e as/os participantes quanto para as comunidades parceiras.

4.1 Para a Unicamp e as/os participantes

Para a Unicamp e as/os participantes (docentes, pesquisadoras/es e estudantes), os resultados do projeto de extensão foram:

- Integração com ensino e formação estudantil engajada: formação de estudantes bolsistas dos cursos de Administração, Administração Pública, Nutrição e Engenharia (cerca de 12 estudantes); formação de estudantes formandas/os em Administração e Administração Pública (cerca de 35);
- Integração da extensão com a prática de pesquisa, para ampliar e difundir conhecimentos sobre a perspectiva extensionista universitária, uma vez que também estamos conduzindo um projeto de pesquisa, conforme regras do Comitê de Ética em Pesquisa da Unicamp, na medida em que o projeto de exten-

são faz parte das ações do Grupo de Estudos sobre Relações Universidade e Sociedade (Grus/Unicamp);

- Oportunidades de publicações e de difusão de conhecimento: apresentação de trabalho no 4º Congresso de Extensão e Cultura da Unicamp; apresentação de palestra sobre o projeto em disciplinas de graduação; convite para a elaboração deste capítulo de livro, bem como para uma publicação em revista acadêmica;
- Parcerias com instituições e comunidades locais, por meio do diálogo com a Associação de Moradores da Vila San Martin, com a Associação de Moradores do Bairro Geada II, com o CEU do Bairro Geada, e com a EE Telêmaco;
- Parcerias com organizações estudantis, como o Centro de Voluntariado Universitário de Limeira e a Empresa Júnior de Ciências do Esporte e Nutrição (Cens Jr.), e possível parceria com Raízes do Esporte e com Engenheiros sem Fronteiras;
- Parcerias com outras instituições, como o Serviço Nacional de Aprendizagem Industrial (Senai, unidades de Campinas), para fornecimento de cursos profissionalizantes. Temos também parceria com o Programa Olhos no Futuro e com o projeto de extensão Promoção de Cidadania e Saúde em Área de Ocupação Urbana, que atuam no mesmo bairro, para troca de experiências, produção acadêmica, participação em eventos e atividades conjuntas e complementares;
- Coleta de informações do território: levantamento das empresas locais, dados de contatos e de suas áreas de gestão de pessoas e levantamento de recursos e atores locais do território (ONGs, igrejas e outros).

4.2 Para as comunidades parceiras

As ações de extensão foram construídas para atender a demandas identificadas, descritas a seguir.

4.2.1 Vila Paula – Campinas, SP

Em parceria com outros projetos de extensão e com moradores e líderes comunitários da Vila Paula e da Vila San Martin, foram realizadas rodas de conversa, visitas e oficinas, conforme descrição que se segue.

Rodas de conversas e visitas

Foram realizadas duas visitas à comunidade da Vila Paula, em 2022. Na primeira, foi possível mapear a problemática e obter uma compreensão inicial sobre os principais desafios da comunidade e das oportunidades de parcerias. Essas questões foram apuradas por meio de uma roda de conversa organizada pela equipe do projeto. Na segunda visita, estudantes dos cursos de Nutrição, Administração e Administração Pública, da FCA/Unicamp, realizaram uma dinâmica, denominada "Teia de envolvimento", com uma parcela das/os moradoras/es, utilizando um barbante e perguntas norteadoras a respeito de identificação, características pessoais em potencial e comida favorita. O objetivo era conhecer um pouco melhor aquelas pessoas e promover uma boa interação entre todas/os as/os participantes, o que se evidenciou ao final da dinâmica. Foi realizada, então, uma roda de conversa em que as/os participantes foram convidadas/os a falar sobre suas experiências e suas habilidades em relação ao preparo e à comercialização de alimentos, uma vez que muitas/os tinham como objetivo ter uma renda a partir disso, conforme observado nas falas (Figura 13.1).[14]

Figura 13.1 – Fotos da roda de conversa na Vila Paula. Fonte: Gavira *et al.*, 2023.

Observamos que as participantes da roda de conversa estavam motivadas a aprimorar seus conhecimentos acerca do preparo e da comercialização dos alimentos, havendo grande demanda por informações acerca de boas práticas de manipulação destes e estratégias para sua comercialização. Concomitantemente a essas ações, houve a aplicação de 23 questionários não somente às participantes das dinâmicas, mas também a outras/os moradoras/es da comunidade, em suas residências. A partir daí, houve diversas reuniões com as/os estudantes, visando elaborar o material e as estratégias para a realização de uma oficina a fim de atender às demandas identificadas.

Entre 2023 e 2024, as/os moradoras/es da Vila Paula foram deslocadas/os para outros lugares, pois o local estava em processo de urbanização pela Prefeitura de Campinas em acordo com as lideranças da vila.

[14] Gavira; Gimenez & Capitani, 2023.

Oficina de boas práticas de manipulação de alimentos

Após consultarmos a comunidade, estruturamos e realizamos oficinas (Figura 13.2)[15] na Associação de Moradores da Vila San Martin, próxima à comunidade da Vila Paula, pois era o único local na região com cozinha ampla. O conteúdo da oficina foi dividido em três etapas: i) roda de conversa com perguntas e respostas sobre higienização e manipulação correta dos alimentos;[16] ii) dinâmica com tinta guache visando abordar aspectos de higienização correta das mãos;[17] e, por fim, iii) prática tipo *hands-on*, em que as/os participantes desenvolveram receitas de brigadeiros diferenciados, finalizando com o preenchimento de uma ficha técnica padronizada, com cálculo de custo e precificação, visando instruir a comunidade participante acerca da comercialização adequada de alimentos. Ao final, houve degustação dos produtos elaborados e *feedback* por parte das/os participantes.

Participaram das oficinas sete mulheres da comunidade e dez estudantes dos cursos de Nutrição, Administração e Administração Pública, da FCA/Unicamp. Depois do encontro presencial da oficina, as/os estudantes elaboraram dois vídeos para o canal do projeto no YouTube sobre boas práticas de manipulação dos alimentos e preenchimento de ficha técnica padronizada. Os vídeos visam alcançar um maior número de interessadas/os, uma vez que permitem acesso ilimitado.

15 *Idem.*

16 Anvisa, 2004.

17 *Idem.*

Figura 13.2 – Fotos da oficina realizada na Vila San Martin. Fonte: Gavira *et al.*, 2023.

Observamos, a partir da vivência e do relato das/os estudantes, um aprendizado substancial para sua prática profissional, o que supre a lacuna existente na maioria dos cursos de graduação no que se refere à experiência de trabalho conjunto com comunidades externas, especialmente as mais vulneráveis. Notamos, na primeira visita, que as/os estudantes ficaram muito impactados diante das condições precárias da comunidade – moradia, saneamento básico, entre outras.

Nos encontros subsequentes, a vontade de se colocar a serviço da comunidade foi se sobrepondo ao choque inicial. Em seguida, verificamos que os desafios iniciais foram superados pelas trocas de conhecimento, pelo aprofundamento nos conceitos da formação acadêmica e pelo ganho de maturidade durante a estruturação e a condução das atividades. Assim, a motivação demonstrada pelas/os alunas/os nos permite afirmar que a atuação nas comunidades trouxe um ganho de conhecimento, sobretudo acerca das adaptações e dos improvisos que as atividades práticas muitas vezes requerem. Especialmente para as/os estudantes de Nutrição, foi possível colocar em prática componentes curriculares específicos de disciplinas profissionalizantes do curso, somando assim um ganho de conhecimento e aprendizagem.

4.2.2 Bairro Geada – Limeira, SP

No Bairro Geada, em Limeira, foram realizadas rodas de conversa, visitas, oficinas e cinco trabalhos de conclusão de cursos (TCC) de Administração e Administração Pública. A parceria com o Centro de Esportes e Artes Unificado de Limeira (CEU) tem sido fundamental para a realização dessas ações.

Rodas de conversas e visitas

Foram realizadas três rodas de conversa no Bairro Geada (Figuras 13.3 e 13.4), sendo duas à noite, no CEU de Limeira, e uma à tarde, na casa de uma líder comunitária do Geada II. As duas visitas do período noturno foram realizadas como atividade do TCC em Administração e Administração Pública, que será detalhado mais adiante.

Também foi realizada uma visita de cerca de 30 jovens e três pessoas adultas participantes do CEU à FCA para apresentar os espaços do *campus* às/aos visitantes, bem como realizar uma dinâmica esportiva. As/os visitantes conheceram as salas de aula, o cinema, a biblioteca, os laboratórios de administração, química, nutrição, engenharia e esportes, bem como as áreas comuns (Figura 13.3).[18] Para tanto, firmamos parceria com organizações estudantis da FCA, com o Centro de Voluntariado Universitário (CVU) e com o Raízes do Esporte. Nessa visita, o CVU realizou uma roda de conversa com as/os visitantes para esclarecer que o espaço da Universidade também era delas/es. Notamos que as/os visitantes ficaram bastante interessadas/os nas atividades realizadas durante as visitas, fazendo várias perguntas e participando ativamente.

[18] Gavira; Gimenez & Capitani, 2023.

Figura 13.3 – Fotos da visita das/os participantes do Centro de Esportes e Artes Unificado de Limeira à Faculdade de Ciências Aplicadas/Unicamp. Fonte: Gavira *et al., 2023*.

Trabalho de Conclusão de Curso

No primeiro semestre de 2022, iniciou-se a disciplina de Trabalho de Conclusão de Curso (TCC), para os cursos de Administração e Administração Pública da FCA/Unicamp. Diversos projetos foram conduzidos durante o semestre, cinco deles com a comunidade do Bairro Geada e um com uma empreendedora da Vila Paula.

Para o desenvolvimento dos TCC, foram realizadas duas visitas ao Bairro Geada, no período noturno (Figura 13.4),[19] anteriormente citadas. A primeira serviu para que estudantes se conectassem com a comunidade, levantando interesses e dados. Na segunda, as/os estudantes validaram cinco projetos planejados a partir dos interesses/demandas identificados. Ao longo do processo de construção do TCC, as/os estudantes estiveram em contato constante com os membros da comunidade envolvidos nos projetos e receberam apoio da coordenadora do projeto e do CEU.

Os cinco projetos versaram sobre: i) formalização de ONG; ii) emprego formal; iii) noções de controle financeiro para pequenas/os empreendedoras/es; iv) acesso ao ensino técnico; e v) acesso ao Ensino Superior. Os resultados dos projetos foram os seguintes:

[19] *Idem.*

a) Realização de oficina sobre emprego formal;
b) Elaboração de guias:
  - Sobre as escolas técnicas locais: nome, cursos, data do vestibulinho, entre outras informações;
  - Para pequenas/os empresárias/os: *marketing* e finanças;
  - Guia sobre o Ensino Superior local e suas políticas de ações afirmativas e de inclusão: nome, cursos e datas importantes;
c) Material audiovisual sobre os temas anteriores.

Esses materiais foram compartilhados, de forma impressa e digital, com as/os parceiras/os, as/os demais estudantes e docentes da disciplina de TCC.

Figura 13.4 – Rodas de conversa e apresentação de projetos no Centro de Esportes e Artes Unificado de Limeira do Bairro Geada. Fonte: Gavira *et al.*, 2023.

Os próximos passos do projeto são a realização de rodas de conversas e o oferecimento de cursos e oficinas na área de nutrição e desenvolvimento profissional a serem realizados na FCA, no CEU e na própria comunidade do Geada.

Oficina de boas práticas de manipulação de alimentos – Geada

Também foram realizadas duas oficinas de manipulação de alimentos com a comunidade do Bairro Geada nos mesmos moldes.

Tentou-se reforçar a possibilidade de venda dos produtos preparados durante as oficinas. Essas oficinas envolveram jovens e mulheres da comunidade. Na oportunidade, foram preparados brigadeiros e sanduíches naturais (Figura 13.5).[20]

Figura 13.5 – Oficina de Boas Práticas realizada na FCA. Fotos: Muriel de Oliveira Gavira.

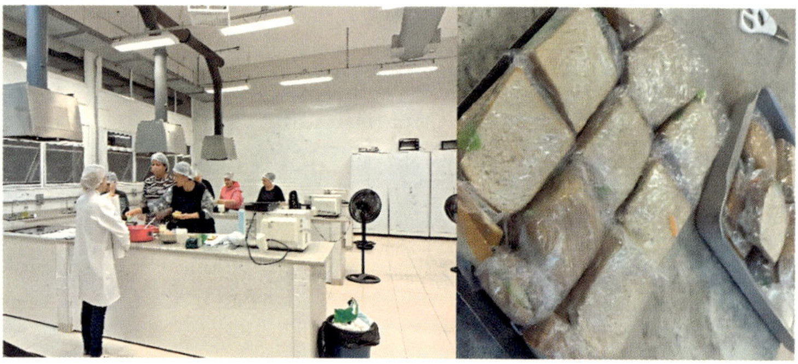

Oferecimento da disciplina GL404 – Liderança e estratégias para extensão universitária e engajamento com comunidades

No primeiro semestre de 2024, foi proposta a disciplina GL404 com o objetivo de discutir conceitos e teorias da área de extensão universitária e engajamento com comunidades (*community engagement*), bem como estratégias e ferramentas de gestão de relacionamento, planejamento e avaliação de ações integradas com comunidades. Também compreendia o planejamento e a execução das ações de extensão, com a participação de representante da associação de moradoras/es e da coordenadora do CEU Geada. Os projetos acordados e executados foram quatro oficinas e material de apoio à gestão de associações de moradoras/es. Duas oficinas foram realizadas com foco em pais/mães/responsáveis (Gestão

[20] Arquivos do Projeto Alento.

de Associações de Moradores e Boas Práticas de Manipulação de Alimentos) e duas com foco nas crianças (*origami* e cinema). As oficinas com as crianças permitiram explorar a arte, ao mesmo tempo que pais/mães ou avós estavam nas demais oficinas (Figura 13.6).[21]

Figura 13.6 – Oficinas de Gestão de Associações de Moradoras/es e de Cinema. Fotos: Juliana Abbade Pereira.

Foram criados materiais de apoio à associação: manual de boas práticas de manipulação de alimentos, receitas de alimentos para venda, guia de gestão (com versão só áudio), tutorial de gestão financeira em vídeo e modelo de relatório periódico. As/os estudantes também auxiliaram a comunidade na arrecadação de caixas de bombom para a Páscoa de 2024 do bairro.

5. Reflexões sobre os desafios dos projetos de extensão

Por meio do projeto, foi possível vivenciar a extensão, seus resultados e seus desafios. Nesta seção, refletimos sobre pontos importantes para uma melhor gestão das ações de extensão e do apoio institucional a elas. Destacamos que, para o desenvolvimento

[21] *Idem.*

adequado das atividades dos projetos (de extensão e de pesquisa), é necessário que a equipe esteja apta a lidar com diversos temas, a saber: organização e gestão de projetos; elaboração e apresentação de propostas de ações – em reuniões internas e externas; diálogo com a comunidade, com respeito à diversidade de vivências, opiniões e saberes; coleta de informações sobre comunidade e parceiros; concepção e gestão de eventos; busca e contratação de prestadoras/es de serviço (transporte, alimentação, por exemplo); prestação de contas; e consolidação e apresentação de resultados.

Também ressaltamos que, para a realização de projetos de extensão com maior impacto, é importante a identificação de parcerias externas, mas é vital que a própria Universidade garanta a sustentabilidade das ações de extensão provendo recursos de forma direta. É importante desenvolver capacidades e recursos institucionais relacionados à gestão da extensão, provendo infraestrutura para a condução de ações, para a identificação e a gestão de parcerias externas, bem como para a orientação de contratações e prestações de contas.

Diversos desafios têm sido enfrentados pelo projeto, entre eles o diálogo e a determinação da melhor forma de parceria com as comunidades. Muitas vezes a equipe deparou com necessidades diferentes, inclusive básicas, daquelas que o projeto havia definido. Por exemplo, ao propormos oficinas sobre o acesso à Universidade, deparamos com relatos de analfabetismo funcional, falta de creches e de escolas em tempo integral e fome. Outro ponto que merece destaque é o fato de as/os moradoras/es utilizarem principalmente o aplicativo WhatsApp para troca de mensagens, atualização de notícias e informações.

Sendo assim, entendemos que o papel da Universidade é de estabelecer parcerias com outros órgãos que atuam no território (poder público, organizações não governamentais, entre outros), bem como de pressionar por políticas e programas públicos mais consistentes.

A verdade é que os processos, as burocracias e as regras da Universidade muitas vezes dificultam a realização de cursos e oficinas com as comunidades parceiras. Outro desafio encontrado relaciona-se ao processo de inscrição nos cursos de extensão, por envolver diversos passos e validações, demandando acesso à internet, conta de *e-mail* e envio de documentos digitalizados. Na tentativa de facilitar o acesso, a equipe do projeto criou um tutorial detalhado com o passo a passo necessário para a realização das inscrições, que foram realizadas no dia da oficina, com auxílio da equipe. Entretanto, o sistema da Escola de Extensão da Unicamp (Extecamp) não permite inscrições no dia, o que demandou o auxílio da Secretaria de Extensão da Faculdade de Ciências Aplicadas (FCA). O sistema também não permite o cadastro de estudantes sem *e-mail* (fato comum na comunidade). Além do apoio da secretaria, outro fator positivo, no caso da FCA, é que as/os coordenadoras/es podem pedir a gratuidade do curso, pois há pelo menos o custo do certificado para cobrir. Dessa forma, acreditamos que sejam necessárias simplificações nos processos de gestão da extensão e maior infraestrutura de apoio.

6. Considerações finais

Neste capítulo, descrevemos as atividades, os desafios e os resultados do projeto de extensão Construindo Alento, colocado em prática em comunidades do entorno de dois *campi* da Unicamp, nas cidades de Campinas e Limeira, no interior do estado de São Paulo. O projeto foi estruturado e desenvolvido com atenção ao princípio da indissociabilidade entre ensino, pesquisa e extensão, considerando também os requisitos de interações dialógicas, interdisciplinares e interprofissionais.

Para a comunidade, os ganhos têm sido de uma aprendizagem interdisciplinar que poderá ser útil para o futuro desempenho profissional. Além disso, o uso de uma linguagem acessível e de abordagens lúdicas também propicia o estabelecimento da dialogicidade, que beneficia todas as pessoas envolvidas. Também o fornecimento de certificados das oficinas realizadas fortalece o currículo das/os participantes. As informações sobre emprego digno, empreendedorismo e acesso aos ensinos técnico e superior são disponibilizadas em formatos acessíveis (guias, tutoriais e vídeos) e via aplicativo de troca de mensagens, *website* de vídeos e, fisicamente, no centro comunitário.

As contribuições do projeto alcançam não apenas as comunidades parceiras, mas também a comunidade acadêmica. Para estudantes e docentes, o contato com as comunidades e sua realidade proporciona habilidades como pensamento sistêmico e interdisciplinar sobre desafios sociais e caminhos para enfrentá-los, conhecimento da realidade de população em situação de vulnerabilidade, negociação e diálogo, percepção prática de discussões teóricas dos cursos, gestão de projetos e reflexões e avaliação de ações. Além disso, os saberes da comunidade proporcionam trocas valiosas acerca das necessidades de formação estudantil e oportunidades de pesquisa, bem como sobre os diferentes tipos de conhecimentos.

No caso das/os estudantes, as atividades desenvolvidas permitem experiências formativas mais engajadas à realidade social e entendimento de aspectos específicos ligados a seus cursos, bem como à gestão de projetos comunitários, possibilitando sua atuação em equipe interdisciplinar e interprofissional. Para as/os docentes e pesquisadoras/es envolvidas/os, os ganhos estão relacionados à adoção de práticas e metodologias diferenciadas, tais como pesquisa participante e ampliação do conhecimento sobre a construção e a gestão de projetos de extensão dialógicos, interdisciplinares e interprofissionais.

Finalmente, para a Unicamp, os ganhos dizem respeito à visibilidade alcançada pela instituição e por suas iniciativas com as comunidades, a atração de parcerias externas, o olhar mais atento para o entorno e o conhecimento da realidade circundante, além da geração de produção científica e intelectual e materiais diversos.

Embora o trabalho apresente limitações, por descrever um projeto ainda em andamento, acreditamos que as informações aqui descritas constituem uma importante fonte de informações para orientar estudantes e docentes no desenvolvimento de projetos engajados com comunidades. Esperamos também que os desafios apontados possam sensibilizar gestoras/es universitárias/os, formuladoras/es de políticas e agências de fomento sobre a importância de valorizar, estimular e prover recursos para apoiar programas e projetos de extensão crítica.

7. Agradecimentos

A equipe do Projeto Alento agradece o financiamento da Pró-Reitoria de Extensão, Esporte e Cultura da Unicamp e da Faculdade de Ciências Aplicadas, bem como o apoio dos parceiros institucionais, incluindo o Programa Olhos no Futuro, e das comunidades participantes.

8. Referências bibliográficas

ADGER, W. N. "Social and ecological resilience: Are they related?". *Progress in Human Geography*, vol. 24, n. 3, 2000, pp. 347-364.

AGÊNCIA NACIONAL DE VIGILÂNCIA SANITÁRIA (ANVISA). *Cartilha sobre boas práticas para serviços de alimentação – Resolução-RDC n. 216/2004*. 3. ed. Brasília, 2004.

BANCO MUNDIAL. "Skills Development", 2024. Disponível em <https://www.worldbank.org/en/topic/skillsdevelopment>. Acesso em 6/6/2024.

FREIRE, P. *Extensão ou comunicação?* 8. ed. Rio de Janeiro, Paz e Terra, 1983.

GADOTTI, M. *Extensão universitária: para quê?* São Paulo, Instituto Paulo Freire, 2017.

GAVIRA, M. O.; GIMENEZ, A. M. N. & CAPITANI, C. "Construindo alento: extensão para emprego digno e autonomia produtiva". *Revista Internacional de Extensão da Unicamp*, vol. 4, e023005, 2023, pp. 1-9.

GURGEL, R. M. *Extensão universitária: comunicação ou domesticação?* São Paulo, Cortez, 1986.

INSTITUTO BRASILEIRO DE GEOGRAFIA E ESTATÍSTICA (IBGE). *Pesquisa Nacional por Amostra de Domicílios (PNAD) – covid-19*. Brasília, Ipea, 2020.

____."Aglomerados subnormais", 2021. Disponível em <https://bit.ly/3xObATP>. Acesso em 24/6/2021.

SIMET, L.; RAMACHANDRA, K. & SAADOUN, S. "The Other Pandemic: Fighting Inequality as We Beat Back Covid". *Human Rights Watch*, 2020. Disponível em <https://www.hrw.org/world-report/2021/essay/fighting-inequality-as-we-beat-back-covid>. Acesso em 21/8/2024.

TAYLOR, H. L. & LUTER, G. *Anchor institutions: An interpretive review essay*. New York, Anchor Institutions Task Force, 2013.

THIOLLENT, M. "Construção do conhecimento e metodologia da extensão". *Revista Cronos*, vol. 3, n. 2, 2002, pp. 65-71.

UNICEF – FUNDO DE EMERGÊNCIA INTERNACIONAL DAS NAÇÕES UNIDAS PARA A INFÂNCIA. "Impactos primários e secundários da covid-19 em crianças e adolescentes", 2020. Disponível em <https://uni.cf/3AFWPnM>. Acesso em 21/8/2024.

UNITED NATIONS DEVELOPMENT PROGRAMME (UNDP). "Covid-19 and Human Development: Assessing the Crisis, Envisioning the Recovery". New York, 2020.

14
Desigualdade e violência pelo olhar de crianças: contribuições da extensão universitária

Rubens Bedrikow, Helenice Yemi Nakamura

1. Introdução

Este capítulo se propõe a discutir as características do processo dialógico, singular e transformador entre estudantes de cursos da área da saúde da Unicamp e moradoras/es de uma ocupação urbana do município de Campinas (SP). Assim, optou-se pelo recorte da interação entre extensionistas e crianças moradoras da ocupação, por dois motivos. O primeiro relaciona-se ao fato de terem sido as crianças as principais interlocutoras das/os estudantes e professoras/es durante as atividades. O outro motivo é o possível diálogo desse programa de extensão universitária com o Programa Olhos no Futuro, em andamento na escola frequentada pelas mesmas crianças, conduzido por outro grupo extensionista da mesma instituição de Ensino Superior.

O lugar de destaque que as crianças vieram, paulatinamente, a ocupar decorre da forma como ocorreu a entrada do grupo de estudantes no território. Decidiu-se por interagir primeiro com as crianças, como estratégia de aproximação com a comunidade, mediante atividades lúdicas e continuadas que, aos poucos, propiciaram a criação de vínculos relativamente fortes e duradouros, como a ponta de um novelo a correr pelo território. Em seguida, vieram as mães e as demais mulheres, e, somente depois, aproximaram-se os homens, já quando o programa ganhara razoável legitimidade na comunidade. Essa escolha teve como principais consequências a valorização e a criação de espaços para que meninas e meninos se expressassem e "dissessem", à sua maneira, como é a vida naquela comunidade. Assim, ao nos aproximarmos das crianças, começamos a conhecer o dia a dia das famílias, os hábitos e as formas de organização para a estruturação da vida.

A valorização das falas, das opiniões, das vivências e dos saberes das crianças partiu da concepção freiriana de que não estamos sozinhas/os, de que não devemos falar ao outro e sim com o outro, e de que a condição *sine qua non* para alcançar isso é saber escutar e conviver mais de perto, estar mais tempo com nossas/os interlocutoras/es.[1] Se isso é necessário e desafiador para a educação de pessoas adultas, provavelmente o é muito mais para compreender e mudar a realidade de crianças em situação de vulnerabilidade e de violência social.

O *modus operandi* das/os extensionistas, quando em contato com as crianças, aproxima-se muito mais da maneira de proceder da educação popular do que da pedagogia bancária que ainda predomina na instituição de Ensino Superior que frequentam. Essas aproximações aconteceram em um "diálogo autêntico", quando falas e silêncios não importavam – quando as/os participantes têm a "intenção de estabelecer uma reciprocidade viva".[2] E assim foi se tramando um conjunto de pontos altos e pontos baixos na criação de uma peça. O saber científico foi colocado no local de começo e de intermediação, à disposição das ações, mas não no centro da

1 Brasil, 2007, pp. 35-39.

2 Bubber, 2009, pp. 53-54.

interação dialógica. Nesse encontro, entre pontos que muitas vezes não se tocam, as crianças e as/os estudantes da saúde convivem. Além disso, há o convite para que as crianças se expressem a partir de seu repertório de vivências e saberes que, em grande medida, são desconhecidos da academia e, em geral, distantes culturalmente de significativa parcela da sociedade.[3]

O convite ao diálogo e a disposição para a escuta interessada permitem classificar o programa dentro da concepção social-acadêmica,[4] retirando as crianças de um indesejável alto grau de passividade e aproximando-as do polo participativo da interação com a universidade.

Tendo em vista a diversidade de ações e encontros realizados durante mais de cinco anos, pode-se afirmar que o programa tem múltiplas facetas ou caras, mas certamente

> [...] se destacam as carinhas infantis [...]. Há também a cara dos extensionistas, [...] que a cada encontro foram tocados pela vida. Nos dois casos, são rostos, quase sempre, decorados com sorrisos e brilho nos olhos, mas, por vezes, encharcados de lágrimas.[5]

Das atividades extensionistas, todas/os saem inundadas/os do humano, do vivo, do socialmente construído. Na, pela e com a linguagem, enquanto expressão de subjetividade e de alteridade,[6,7] as particularidades dos sujeitos estão colocadas e respeitadas em uma produção contínua das relações na sociedade, na construção de histórias, na compreensão e na ação sobre o mundo.

Escutar as crianças, considerar e valorizar suas falas, planejar e agir a partir, inclusive, das opiniões delas impôs algumas preocupações

[3] Gomes & Merhy, 2011.
[4] Jezine, 2004.
[5] Bedrikow, 2022, p. 70.
[6] Fedosse, 2008.
[7] Vygotsky, 1991.

e cuidados éticos relacionados ao fato de que não é frequente a criança ser a protagonista de seu encontro com profissionais ou estudantes da área da saúde. Em geral, suas demandas ou seus problemas são constituídos por relatos de uma pessoa adulta responsável por ela. Essa proposta de atuação diretamente com crianças, em seus territórios de existência, exigiu clareza por parte do grupo extensionista de quais questões éticas próprias ao modo singular do processo dialógico em curso emergiram e deveriam ser analisadas e consideradas na construção continuada do programa. Fizeram sentido, então, o conceito de eticidade,[8] que passa pela percepção da questão ética na ação a ser realizada, e a adoção, ativa e autônoma, de medidas concretas e coerentes.

O interesse pela história de vida das/os moradoras/es e pela relação destas/es com o território onde vivem, buscando compreender a determinação social e ambiental de seus problemas, suas demandas e suas potências, amplia o arsenal de habilidades e saberes das/os estudantes extensionistas na lógica da formação de profissionais críticas/os e engajadas/os na defesa da justiça social. As diretrizes curriculares nacionais de vários cursos, em particular da área da saúde, pressupõem que as/os profissionais estejam preparadas/os para implementar ações de promoção de saúde, educação e desenvolvimento comunitário, com responsabilidade social e compromisso com a dignidade humana, a cidadania e a defesa da democracia e do direito universal à saúde.[9]

Se, por um lado, há o sujeito que conta e reconta sua história, no local onde vive, há aquele outro sujeito que atentamente escuta e se emociona com o que vê e ouve, o que não é, necessariamente, ruim, haja vista o papel benéfico da afetividade nos resultados de práticas de ensino e extensão.[10]

[8] Segre & Cohen, 2002.

[9] Brasil, 2017.

[10] Leite, 2012.

Por fim, uma característica importante do programa de extensão em andamento diz respeito ao predomínio de estudantes e docentes dos cursos de Fonoaudiologia e Medicina, não obstante a contribuição de graduandas/os de Ciências Sociais, Enfermagem e Midialogia, além de pós-graduandas/os com formação em Psicologia, Enfermagem, Fonoaudiologia e Nutrição. Esse atributo deve ser considerado no momento da análise dos produtos da interação entre a universidade e o grupo social em apreço.

2. Contextualização

O processo que será analisado deve ser compreendido considerando características da população e do território, do grupo de estudantes e docentes, além dos paradigmas escolhidos para a prática em saúde e da extensão universitária.

A favela é relativamente recente, pois surgiu em 2015, e já conta com cerca de 500 moradoras/es, sem que houvesse um grupo previamente estruturado responsável pela entrada no território. Isso explica certa fragilidade da organização daquele grupo social e sua vulnerabilidade diante das ameaças de despejo e da imposição legal para que não se construíssem casas de alvenaria, sendo toleradas apenas moradias de madeira, mais fáceis de serem derrubadas. Existe elevada densidade de barracos, pouco iluminados, úmidos, tão próximos uns dos outros que a luz do sol dificilmente penetra no interior deles. As/os moradoras/es são tolhidas/os, em grande medida, da privacidade e da segurança que paredes de alvenaria e um maior distanciamento entre as casas poderiam lhes proporcionar. Mesmo assim, encontramos no caminho flores plantadas em baldes e tambores no chão que alegram a triste paisagem. Também há barracos com cores vibrantes; há um barraco, em especial, que é pintado de um azul tão claro e penetrante que nos lembra o céu, em um dia de verão sem nuvens. O contraste entre a terra dura e o lar instável também marca a dureza da vida de quem habita o lugar.

O terreno público localiza-se às margens de uma estreita estrada municipal e próximo a um conjunto habitacional do Estado, onde residem pouco mais de dez mil pessoas. O solo é irregular, de terra, sem esgotamento de água ou esgoto. A água usada nos banhos e na lavagem de roupas e louças é lançada nas ruas, por onde escorre, de acordo com maior ou menor declive das diferentes partes daquele território. O acesso à água dependia, até quase a metade de 2021, do fornecimento que a companhia da cidade garantia a três grandes caixas d'água. Diariamente, ou a cada dois ou três dias, quando havia racionamento de água, as famílias transportavam o recurso até suas casas, com baldes ou mangueiras, pois não possuíam caixas d'água individuais. Posteriormente, estas foram instaladas na maioria das moradias. Durante muito tempo, o banho era tomado com ajuda de canecas. A energia elétrica é relativamente precária, incapaz de garantir o funcionamento dos chuveiros a todas as casas no início da noite.

Predominam pessoas adultas, jovens e crianças. Uma porcentagem muito pequena de moradoras/es é composta de pessoas idosas, número bem inferior ao da média nacional. Trata-se, a grande maioria, de pessoas negras, desempregadas ou com subempregos, obrigadas a morar nessa nova ocupação em razão do aumento da taxa de desemprego e da impossibilidade de pagar aluguel.

O grupo extensionista ofertou às/aos moradoras/es espaços para expressar opinião sobre cidadania, democracia e saúde e sobre o cotidiano na favela, além de atendimentos em saúde baseados no paradigma da Clínica Ampliada e Compartilhada,[11] que se interessa pelos sujeitos concretos, singulares, com valores, cultura, crenças, desejos e medos, considerando o contexto sócio-histórico, e não apenas suas doenças.

[11] Campos, 2003.

As atividades aconteceram, na maioria das vezes, aos sábados. Começavam pela manhã e se estendiam até o começo da tarde, com periodicidade semanal, contando com cerca de 10 a 30 extensionistas a cada semana.

3. Ações e reflexões

Ao longo de mais de cinco anos, as crianças interagiram com os extensionistas mediante desenhos, pinturas, brincadeiras, oficinas, rodas de conversa e rodas de leitura. Elas conheciam e chamavam as/os extensionistas por seus nomes. Seja sentadas lado a lado, no colo, nas costas ou dando as mãos, houve proximidade e espontânea criação de vínculo, o que se revelou fundamental para enriquecer o processo dialógico que ali se instalou, de forma continuada, singular e diversificada. Tanto o número de crianças como o de extensionistas estiveram, aproximadamente, entre 15 e 30 em cada encontro.

O relato de alguns encontros ajudará a compreender o significado e a pertinência da experiência socioacadêmica em curso no que se refere à percepção da desigualdade e da violência social das quais as crianças são vítimas.

Ainda no primeiro semestre de 2018, mais de 40 moradoras/es, entre crianças e pessoas adultas, desenharam como era morar naquela favela. Dedicaram-se a produzir suas "obras de arte" em folhas de rascunho, sentadas/os em papelões dispostos no chão de terra da praça no centro do território, sob as sombras de três árvores. Improvisou-se uma exposição daquelas criações artísticas em varais construídos, entre as árvores. Foi durante uma visita guiada pelas/os "artistas" ao varal que as/os extensionistas souberam do incômodo e do medo provocados pela presença de cobras e ratos no território, da existência de muitos cachorros e do desconforto que seus excrementos depositados em demasia nas ruas e nas vielas causavam na população, do pavor de crianças diante de policiais de arma em punho no interior do lar, do sonho de uma casa de alvenaria e de um banho de chuveiro. Foi uma atividade de extensão coletiva, capaz de despertar interesse nas/os moradoras/es para que refletissem e expressassem seu olhar sobre aspectos do cotidiano.

Sentada por cerca de 40 minutos no colo de uma estudante para ouvir a leitura de história infantil, a menina de quatro anos sentiu-se acolhida e segura o suficiente para expor o medo que sentiu quando o policial apontou a arma na direção da cabeça de seu pai, dentro de casa. Coube à sensível extensionista, mais tarde, longe dali, produzir um desenho e um texto sobre esse encontro, ainda sob o impacto da violência recente do assassinato da vereadora Marielle Franco, no Rio de Janeiro. O episódio resultou em rodas de conversa sobre violência, realizadas entre as/os extensionistas, na Universidade, com ajuda de profissionais e residentes de saúde mental que montavam, à época, um ambulatório de violência no hospital universitário. Decidiu-se acolher bem de perto a menina durante as visitas seguintes ao território. Observou-se a reação de pavor quando ela avistou o carro da polícia passando perto da favela. Ao analisar o ocorrido, foram destacados alguns elementos presentes naquela singular interação. A menina "teve coragem" ou sentiu-se à vontade para relatar o fato grave que havia presenciado somente após um contato próximo – estava no colo – e relativamente demorado com a estudante. Tais condições, muito provavelmente, contribuíram para sua iniciativa. É muito possível que essa fala não aparecesse em outros cenários, como a sala de aula da escola – onde a presença de muitas/os outras/os estudantes e a menor disponibilidade da/o professor dificultam esse tipo de conversa –, o consultório do centro de saúde – mais habituado a diagnósticos e prescrições normativas –, ou mesmo os ambientes domésticos.

O menino de oito anos pediu para apontar os lápis de cor com o professor enquanto seus amiguinhos desenhavam e conversavam mais adiante com as/os estudantes, dividindo a longa mesa colocada sob a copa da árvore. Correu para buscar o apontador e concentrou-se nessa atividade, em sossego aparente, apenas desfrutando do momento e da companhia. De repente, quebrou o silêncio com a seguinte frase: "A polícia prendeu minha irmã". Queria conversar. Explicou que a irmã tinha quatro anos, e não sabia que sua jovem mãe levara a menina junto para pedir dinheiro em Barão Geraldo, o que incomodou deveras algumas/uns moradoras/es desse bairro, que intervieram e desencadearam ações que culminaram na separação entre mãe e filha, com o respaldo e a intervenção de autoridades constituídas, preocupadas com o bem-estar da menor. Tudo isso sem a opinião dele, do menino de oito anos. Mas ele queria ou precisava falar disso, e, ao que parecia, não havia muitos outros espaços de escuta. Aquele lugar e a companhia das/os extensionistas lhe pareceram adequados.

Um terceiro exemplo ilustra a relevância da extensão universitária como dispositivo capaz de dar voz às crianças neste mundo dominado por pessoas adultas, quando o fenômeno ainda não pode ser detectado pelo complexo e desafiador universo escolar ou por profissionais de saúde, mais acostumadas/os a lidar com doenças ou com a patologização de determinadas experiências sociais.

Uma menina de dez anos, órfã de mãe havia cerca de um ano, transparecia tristeza apesar do belo sorriso exibido durante as atividades. Passara a morar com a irmã mais velha, seu cunhado e três sobrinhos – um menino pequeno e duas meninas. De tanto conversar com a garota, o extensionista ficou sabendo que ela dividia uma cama com as duas sobrinhas. Estranhou o fato de a menor dormir do lado desprotegido do colchão, com maior risco de cair da cama, e a tia, maior, do lado que ficava encostado na parede. Ela justificou o fato explicando que, se fosse o inverso, ela correria o risco de ser novamente molestada pelo cunhado. Trouxe, portanto, à tona uma situação grave de violência e risco, desconhecida de professoras/

es, profissionais de saúde e familiares, mas passível de ser apreendida e trabalhada em ambiente favorável, de vínculo e confiança não obtidos em encontros isolados, superficiais ou desinteressados de sua história.

Os três casos apresentados têm em comum o cenário propício – encontros repetidos no território – para que crianças expressem seus medos e suas impressões sobre o mundo. Diante de experiências como essas relatadas, ficou claro para as/os extensionistas que valeria a pena valorizar ainda mais as falas das crianças, permitindo-lhes expressar suas visões de mundo.

Uma das medidas concretas adotadas foi ouvi-las numa disciplina do primeiro ano dos cursos de Fonoaudiologia e Medicina – integração entre extensão e ensino – que prevê o acompanhamento de uma família durante algumas semanas, explorando histórias de vida e a relação das famílias com o território. Cada docente tem sob sua responsabilidade cerca de 15 estudantes divididas/os em grupos de quatro e são encarregadas/os de entrevistar os membros de uma família, habitualmente pessoas adultas, a respeito de sua história de vida, sua experiência de adoecimento e sua relação com o território e com a Unidade Básica de Saúde. Para um dos grupos de estudantes do sexo feminino, foi dado o desafio de conversar com quatro meninas em cinco visitas quinzenais ao território, buscando saber como era a história delas na favela. Entre os diversos aprendizados, está a forma como crianças relatam suas histórias, não respeitando, necessariamente, a cronologia dos fatos, mas sim a relevância de cada um deles em sua vida, seus assuntos de interesse e seu universo escolar e familiar, prioritariamente. Uma dica é não ter expectativa de que os relatos sejam semelhantes aos das pessoas adultas, pois não o são, já que apresentam visão própria do mundo.

Nas leituras em pequenos grupos, as crianças mais velhas debatiam o tema do livro, algumas identificavam as letras e relatavam como era a escola e a relação, nem sempre amistosa, com as/os professoras/es. Muitas queriam mostrar o que tinham aprendido e, invariavelmente, colocavam o cabeçalho da escola nas páginas. Ao serem questionadas sobre o que estava escrito, algumas diziam que estava escrito o que haviam copiado da lousa. Desenhar letras não ajuda a entender o mundo das palavras. Em seguida, muitas crianças pediam para as/os extensionistas escreverem essa ou aquela palavra, como escribas. Quanto há de violência no ensino sem sentido, quanto é deixado de fora da conversa quando boa parte da população não tem na linguagem oral uma forma de comunicação? Essas e tantas outras reflexões foram temas de debate e de discussão por parte de professoras/es e extensionistas.

4. Contribuições da extensão universitária

É possível reconhecer contribuições do programa de extensão universitária desenvolvido na comunidade da Vila Paula, em particular na interação dialógica com as crianças, em três diferentes vertentes: conhecimentos adquiridos, habilidades desenvolvidas e atitudes.

As crianças disseram, por diversos meios, como é viver na favela, as relações que estabelecem, medos, dificuldades, necessidades, desejos e sonhos. A violência, de diferentes ordens, ocupa parte significativa da vida delas, se não em tempo, pelo menos em relevância, seja na relação com a polícia, na relação com a educação, seja nas brincadeiras com outras crianças e no contato com pessoas adultas, em quem se espelham, para também agir de forma violenta em determinadas situações. A violência, determinada em grande medida por pobreza, desemprego, baixa escolaridade, infraestrutura e moradias precárias, machismo e preconceito de diversos matizes ideológicos, manifesta-se por meio de insegurança alimentar, fome, baixo desempenho escolar, medo, agressividade entre crianças e entre estas e pessoas adultas, exposição a situações de risco, como pedir dinheiro nas ruas de bairros ricos, e vulnerabilidade decorrente da proximidade com usuárias/os de drogas (i)lícitas. No cotidiano, existe algum grau de solidariedade e convivência em grupo, notadamente entre crianças que brincam ao ar livre, nos espaços coletivos. No que tange a habilidades desenvolvidas, destaca-se a realização de entrevistas com crianças, com as peculiaridades que lhes estão associadas, tanto do lado das/os estudantes universitárias/os como do das crianças. Alguns fatores considerados facilitadores para o sucesso dessa iniciativa dizem respeito ao contato frequente, continuado e próximo com as crianças, valorizando abraços, o colo e brincadeiras integradoras, além do entendimento de que elas têm muito a dizer e que cabe às/aos interlocutores extensionistas desenvolver a habilidade de escuta singular, considerando o contexto e a história de vida das crianças e de suas famílias.

As transformações conceituais, de atitudes e de formas de cuidado representam desafios às/aos profissionais de saúde na formação cidadã, que "articulam os avanços técnico-científicos e práticas com sujeitos e com populações".[12] Nesse sentido, o programa de extensão universitária analisado apresenta resultado promissor no que diz respeito a formar profissionais com atitude democrática, crítica e compromissada com a justiça social, em sintonia com as diretrizes curriculares nacionais de diversos cursos superiores.

5. Considerações finais

O programa de extensão universitária na Vila Paula há mais de cinco anos tem contribuído significativamente para compreender como transcorre a vida naquele território e incentivar de forma

[12] Chun & Nakamura, 2014.

democrática o exercício da cidadania de suas/seus moradoras/es, de estudantes universitárias/os e de professoras/es, tendo como meta a redução de desigualdades sociais e a melhoria do estado de saúde da população, conforme dois importantes Objetivos de Desenvolvimento Sustentável das Nações Unidas, o ODS 3 ("Saúde e bem-estar") e o ODS 10 ("Redução das desigualdades"), dando particularidade à meta 10.2:[13] "Até 2030, empoderar e promover a inclusão social, econômica e política de todos, de forma a reduzir as desigualdades, independentemente da idade, gênero, deficiência, raça, etnia, nacionalidade, religião, condição econômica ou outra".

6. Referências bibliográficas

BEDRIKOW, R. *Extensão universitária na Vila Paula: contribuições para a integração entre ensino e extensão na formação médica*. Campinas, Editora da Unicamp, 2022.

BRASIL. *Cadernos de educação popular e saúde*. Brasília, Ministério da Saúde, 2007.

____. "Resolução CNS n. 569", de 8 de dezembro de 2017. Aprova os pressupostos, princípios e diretrizes comuns para a graduação na área da saúde. Brasília, DOU/Ministério da Saúde, 2017.

BUBBER, M. *Do diálogo ao dialógico*. São Paulo, Perspectiva, 2009.

CAMPOS, G. W. S. *Saúde Paideia*. São Paulo, Hucitec, 2003.

CHUN, R. Y. & NAKAMURA, H. Y. "Cuidado na produção de saúde – questões para a fonoaudiologia". *In*: MARCHESAN, I. Q.; SILVA, H. J. & TOMÉ, M. C. *Tratado das especialidades em fonoaudiologia*. São Paulo, Guanabara Koogan, 2014, pp. 744-749.

FEDOSSE, E. *Processos alternativos de significação de um poeta afásico*. Campinas, Universidade Estadual de Campinas, 2008 (Tese de doutorado).

GOMES, L. B. & MERHY, E. E. "Compreendendo a educação popular em saúde: um estudo na literatura brasileira". *Cadernos de Saúde Pública*, vol. 27, n. 1, 2011, pp. 7-18.

[13] Ipea, 2019.

INSTITUTO DE PESQUISA ECONÔMICA APLICADA (IPEA). "10 - Redução das desigualdades", 2019. Disponível em <https://www.ipea.gov.br/ods/ods10.html>. Acesso em 28/3/2024.

JEZINE, E. "As práticas curriculares e a extensão universitária". *Anais* do 2º Congresso Brasileiro de Extensão Universitária, 2004.

LEITE, S. A. S. "Afetividade nas práticas pedagógicas". *Temas em Psicologia*, vol. 20, n. 2, 2012, pp. 355-368.

SEGRE, M. & COHEN, C. "Definição de valores, moral, eticidade e ética". *In*: SEGRE, M. & COHEN, C. *Bioética*. São Paulo, Edusp, 2002, pp. 17-26.

VYGOTSKY, L. S. *Pensamento e linguagem*. 2. ed. São Paulo, Martins Fontes, 1991.

15
Caminhos para a internacionalização do Programa Olhos no Futuro

Roberta Silva Machado, Patricia Capelini Borelli, Patrícia Nogueira Rinaldi, Rúbia Marcussi Pontes

1. Introdução

O Programa Olhos no Futuro, como plano de ensino, pesquisa e extensão, busca integrar a Unicamp com escolas e sociedade, promovendo o pensamento crítico e melhorias na qualidade de vida da comunidade local. Para tanto, baseia-se na Agenda 2030 para o Desenvolvimento Sustentável da ONU e em seus 17 ODS, mobilizando essa agenda global adotada em 2015 como uma abordagem para o ensino e a prática de seus subprojetos.[1]

Esse programa é um exemplo bem-sucedido de internalização da Agenda 2030 por uma instituição de ensino superior (IES), no sentido de contribuir com a implementação de objetivos e metas globais por meio da ação local. Contudo, a internacionalização das atividades

[1] Ferreira *et al.*, 2022.

de implementação da Agenda 2030 por meio do Programa Olhos no Futuro é igualmente importante. Tal internacionalização não deve estar restrita às modalidades tradicionais de pesquisa internacional e mobilidade acadêmica. Neste capítulo, definimos internacionalização a partir de três processos: o engajamento dos atores do Programa nos processos internacionais de seguimento e revisão da Agenda 2030, a institucionalização de relações com a ONU, e a participação formal em reuniões, fóruns e conferências da organização.

Com base nessa definição, apresentamos recomendações estratégicas para internacionalizar o Programa Olhos no Futuro com o intuito de levar suas experiências para a arena internacional. Nesse processo, o Programa pode não apenas contribuir para o processo global de avaliação dos ODS, mas, sobretudo, colaborar com a negociação da agenda da ONU para o pós-2030 por meio das boas práticas e dos saberes locais desenvolvidos pelo Olhos no Futuro.

Para tanto, o capítulo está dividido em três seções. A primeira discute os meios de implementação, seguimento e revisão da Agenda 2030 com foco na importância da internacionalização das IES nesses processos. A segunda aborda o potencial de internacionalização do Programa Olhos no Futuro, considerando características relevantes que lhe permitem adotar uma estratégia *bottom-up* de internacionalização. Por fim, a terceira seção propõe três caminhos complementares para o Programa: potencializar a internacionalização de suas boas práticas na United Nations Academic Impact (Unai), participar de campanhas da ONU e garantir a presença de suas/seus representantes em fóruns de diálogo da juventude.

2. A implementação da Agenda 2030 e seus 17 ODS: da internalização para a internacionalização

Um dos aspectos inovadores da Agenda 2030 é a definição de meios de implementação, seguimento e revisão de seus 17 ODS. Trata-se de um compromisso global duramente negociado entre os 193 Estados-membros da ONU com o propósito de estabelecer mecanismos capazes de mobilizar globalmente todas as partes interessadas no cumprimento dessa agenda focada nas pessoas, no planeta, na prosperidade, na paz e em parcerias.[2]

Os meios de implementação da Agenda 2030 englobam atores, estratégias e planos de ação relevantes para o alcance de suas 169 metas. Em virtude do caráter universal da Agenda, sua implementação deve ser feita com o engajamento não apenas de governos, mas de múltiplas partes interessadas da sociedade civil e do setor privado, nos âmbitos global, regional, nacional e local. Como consequência, a implementação da Agenda 2030 segue o princípio de apropriação nacional, isto é, não há um único caminho rígido para a definição de estratégias e planos de ação. A Agenda pode ser apropriada de diferentes maneiras por esses atores, considerando suas realidades, seus interesses e seus saberes locais.[3]

Já o seguimento e a revisão foram concebidos não como atividades *ex-post*, e sim como processos conjuntos para acelerar o alcance de metas e objetivos até 2030 e informar o processo futuro de negociação da Agenda pós-2030. O seguimento envolve atividades de monitoramento e acompanhamento do progresso da Agenda, por meio de indicadores e outras evidências reportadas de maneira

[2] Assembleia Geral das Nações Unidas, 2015, pp. 1-2.

[3] *Idem*, p. 44.

sistemática. Já a revisão avalia os esforços feitos na implementação para que objetivos e metas sejam de fato atingidos.[4]

As IES foram fortemente encorajadas pela Organização das Nações Unidas para a Educação, a Ciência e a Cultura (Unesco)[5] a internalizar a Agenda 2030 e seus 17 ODS – isto é, realizar a incorporação sistemática da Agenda em seus objetivos e suas atividades educacionais e de pesquisa – com o propósito de catalisar e acelerar a transição para a sustentabilidade. Para isso, a Unesco recomenda que as IES adotem meios de implementação da Agenda 2030 focados em três pilares: inter e transdisciplinaridade, expansão de saberes, e parcerias.

O primeiro pilar envolve incorporar a inter e a transdisciplinaridade na educação e na pesquisa, por meio de iniciativas que integrem todos os ODS com uma abordagem baseada em busca de soluções para problemas globais. O segundo pilar encoraja a maior abertura das IES para estabelecer diálogos epistêmicos e fazer uso de outros paradigmas, baseados em conhecimento experimental e pesquisa participativa, valorizando os saberes locais e não hegemônicos. O terceiro pilar baseia-se no fortalecimento de projetos de extensão universitária por meio de parcerias com o setor público e privado, a sociedade civil e IES de outros países, incentivando um diálogo internacional para o intercâmbio de conhecimentos e soluções para os problemas globais apontados na Agenda.[6]

Nesse último pilar, é interessante notar que a internalização da Agenda 2030 pelas universidades precisa também envolver uma dimensão internacional das atividades de extensão universitária relacionadas à implementação dos ODS. Para isso, é importante

4 Persson; Weitz & Nilsson, 2016, p. 61.

5 Unesco, 2022, p. 13.

6 *Idem*, pp. 25-26.

que as IES pensem na internacionalização de suas atividades de implementação da Agenda 2030.

Tradicionalmente, a internacionalização dessas instituições é definida pelas atividades de pesquisa internacional e mobilidade acadêmica.[7] Entretanto, da perspectiva da implementação da Agenda 2030, essa definição é limitada, pois não contempla o compromisso das IES de efetivamente contribuir para a resolução de problemas globais. Por isso, com base na literatura que discute a internacionalização de organizações não governamentais (ONGs), e mais especificamente inspirados no trabalho de Simèant,[8] definimos a internacionalização das IES como implementadora da Agenda 2030 por meio de três processos:

1. A definição de meios de implementação, seguimento e revisão da Agenda 2030 que permitam que estratégias e planos de ação locais contribuam para a resolução de problemas globais;
2. A institucionalização de relações com a ONU para que as atividades de implementação da Agenda 2030 sejam reconhecidas e legitimadas em âmbito global;
3. A participação formal em reuniões, fóruns e conferências da ONU, com o propósito de influenciar e contribuir no seguimento e na revisão global da Agenda 2030 e também no processo de negociação da Agenda pós-2030.

Atuando com base nesses três processos, as IES deixarão de realizar uma internalização passiva dos ODS e serão reconhecidas como atores integrais da Agenda 2030. Assim, as universidades não apenas contribuirão para a implementação dos ODS, mas levarão para a arena internacional suas melhores práticas, suas lições aprendidas

[7] *Idem*, p. 19.

[8] Simèant, 2005, p. 852.

e seus saberes locais para a própria negociação e progressiva revisão da Agenda 2030 e pós-2030 em âmbito global.

3. Programa Olhos no Futuro e implementação dos ODS: por uma estratégia *bottom-up* de internacionalização

Na sua concepção, o Programa Olhos no Futuro foi ao encontro de uma demanda do Ministério Público do Trabalho da 15ª Região em Campinas para a promoção específica do ODS 8 ("Trabalho decente e crescimento econômico"). Mas, ao envolver diferentes unidades de ensino e pesquisa da Unicamp, o Programa foi organizado em oito projetos que se ancoraram em outros objetivos da Agenda 2030, para além do ODS 8, primordialmente o ODS 4 ("Educação de qualidade"), o ODS 7 ("Energia limpa e acessível") e o ODS 17 ("Parcerias e meios de implementação"). Por meio da implementação conjunta desses objetivos, o Programa Olhos no Futuro visa propiciar a educação crítica, na qual a promoção dos direitos humanos e a promoção da sustentabilidade se inter-relacionam.[9]

Com base nas recomendações propostas pela Unesco[10] para a implementação da Agenda 2030 por parte das IES (inter e transdisciplinaridade, expansão de saberes e parcerias), evidencia-se que o Programa Olhos no Futuro mobiliza de maneira efetiva o ensino, a pesquisa e a extensão universitária na implementação dos ODS, integrando diferentes áreas do conhecimento através de uma abordagem interdisciplinar em ações extensionistas na comunidade, mobilizando os saberes locais. Ademais, o Programa estabelece parcerias locais, direta ou indiretamente, com a sociedade civil e os setores público

[9] Ferreira *et al.*, 2022, pp. 265-266.

[10] Unesco, 2022.

e privado. Nota-se, assim, que o Programa cumpre adequadamente com a internalização da Agenda 2030 e seus objetivos.[11]

No entanto, o Programa Olhos no Futuro internalizou a Agenda 2030 por um processo *top-down* (de cima para baixo), ou seja, toma a Agenda 2030 e seus 17 ODS como algo já dado pelo âmbito global, sendo apenas passível de implementação local. A visão *top-down* limita a internacionalização do Programa, pois o impede de incluir, em sua abordagem, atividades de seguimento e revisão em âmbito global, por meio do diálogo e do intercâmbio de conhecimentos e experiências sobre a implementação dos ODS.

O potencial inexplorado do Programa para contribuir internacionalmente com o seguimento e a revisão da Agenda 2030 poderia ser desenvolvido a partir de uma visão *bottom-up* (de baixo para cima). Essa visão é definida a partir da perspectiva de que os atores locais que implementam os ODS têm um papel ativo em levar suas soluções, suas melhores práticas e seus saberes para o âmbito global, participando do processo internacional de avaliação crítica da própria Agenda. Da perspectiva do Programa Olhos no Futuro, incorporar a visão *bottom-up* passaria necessariamente pela internacionalização de suas atividades de implementação da Agenda 2030 no sentido proposto neste capítulo.

Existem duas características do Programa Olhos no Futuro que lhe permitem adotar uma estratégia *bottom-up* de internacionalização. A primeira é sua metodologia qualitativa, que vai na direção oposta ao enfoque quantitativo proposto pelos *rankings* que avaliam a implementação dos ODS.[12] De forma geral, as universidades acabam por privilegiar a implementação quantitativa dos ODS para se adequar

[11] Ferreira *et al.*, 2022, p. 256.

[12] Dalbelo *et al.*, 2022, pp. 6-7. A Unicamp participa de alguns *rankings*, como o Universitas Indonesia Green Metric e o The Impact Rankings, que medem a implementação dos ODS nas universidades de forma quantitativa – através de índices de sustentabilidade.

aos *rankings* regionais e internacionais, o que limita a possibilidade de uma visão crítica da Agenda 2030. O problema desses *rankings* é que eles apenas pontuam as instituições e nem sempre refletem a real situação da universidade, do país e das desigualdades entre Norte e Sul Globais.

O Programa Olhos no Futuro, em vez de pensar em *rankings* e indicadores, privilegia a promoção dos direitos humanos, especialmente do direito ao trabalho decente, com foco na realidade social dos estudantes de escola pública. Ademais, tem o propósito de apresentar resultados que possam ser replicados em outras escolas e, consequentemente, embasar políticas públicas de educação.[13]

A segunda característica é sua abordagem holística, evitando o chamado *cherry-picking*[14] dos ODS. Por meio de uma parceria entre a Universidade e a comunidade local, o Programa tem o objetivo de estimular a apropriação da Agenda pelas/os estudantes de forma autônoma e crítica. Segundo Danúsia Arantes Ferreira, em conversa com as autoras a respeito da formação do Programa Olhos no Futuro, os ODS são vistos como uma "abordagem conceitual e metodológica", em que esses objetivos são transpostos para fora da Universidade por meio de programas de extensão universitária, incentivando a pesquisa acadêmica sobre a implementação desses objetivos e fomentando o caráter de um "laboratório vivo de aprendizagem colaborativa". O Programa Olhos no Futuro gera um conhecimento que se traduz em políticas e projetos, os quais buscam soluções práticas para problemas

13 Ferreira *et al.*, 2022, p. 274.

14 Forestier & Kim, 2020, p. 1269. *Cherry-picking* é o termo usado para descrever a prática dos Estados-membros da ONU, criticada por especialistas e pela própria organização, de priorizar apenas alguns ODS em suas políticas nacionais de implementação, com base em seus interesses e suas necessidades domésticas, em detrimento da Agenda como um todo. O foco nessa prática pode comprometer o caráter integral, interdependente e indivisível da Agenda 2030. Nesse sentido, a prática de *cherry-picking* pode ser reproduzida por outros atores, como as universidades e o setor privado.

que afetam a comunidade, valorizam os saberes locais e promovem bem-estar, justiça social e transformação.

A metodologia qualitativa e a abordagem holística do Programa Olhos no Futuro demonstram seu potencial para adotar uma estratégia *bottom-up* de internacionalização, ao realizar a implementação da Agenda 2030 por meio de uma apropriação crítica, em vez de ser refém de indicadores quantitativos e escolhas unitárias dos ODS que não necessariamente atenderiam à solução dos problemas locais.

4. Três caminhos para a internacionalização do Programa Olhos no Futuro

Considerando o potencial de internacionalização do Programa Olhos no Futuro, a partir de uma visão *bottom-up*, propomos três caminhos para que a iniciativa da Unicamp participe efetivamente das etapas de seguimento e revisão, indo além da implementação da Agenda 2030. Em outros termos, propomos caminhos para que o Programa e suas/seus participantes tenham um papel mais ativo, influenciando essa e as futuras agendas da ONU, aproveitando os canais estabelecidos entre a organização e as entidades ou as/os representantes da sociedade civil.

Caminho 1: Potencializar a internacionalização das boas práticas do Programa Olhos no Futuro na Unai[15]

O primeiro canal para a internacionalização do Programa Olhos no Futuro é a maior participação da Unicamp na Unai, uma rede entre institutos de pesquisa e IES do mundo todo promovida pela ONU desde 2010. O objetivo dessa iniciativa é produzir conhecimento

15 As autoras agradecem as contribuições concedidas por Thalita Dalbelo para esta seção.

científico e desenvolver e implementar projetos que dialoguem com os propósitos e os pilares da ONU, a serviço da humanidade.[16] Desde 2015, com o lançamento da Agenda 2030, a Unai tem incentivado sua rede a trabalhar em iniciativas que respondam aos ODS, entendendo que as universidades e as instituições de pesquisa e educação podem "servir como incubadoras para novas ideias e soluções para os diversos desafios globais que enfrentamos".[17]

Para fazer parte da rede, as universidades devem assumir compromissos com os dez princípios básicos da Unai, entre eles: buscar soluções para a pobreza por meio da educação; garantir oportunidade de educação para todas as pessoas, independentemente de gênero, raça, religião ou etnia; encorajar a cidadania global e promover a sustentabilidade por meio da educação. Tais compromissos dialogam diretamente com os objetivos e o escopo do Programa Olhos no Futuro. Em janeiro de 2019, a Unicamp associou-se à Unai com o compromisso de promover pelo menos uma atividade relacionada aos princípios dessa rede e entregar relatórios que descrevam tais atividades e demais iniciativas promovidas, assim como seus resultados.[18]

Somente em outubro de 2023, o Programa Olhos no Futuro foi divulgado no *site* da Unai[19] como uma atividade da Unicamp para implementar a Agenda 2030. Quando essa instituição descreve as atividades e os resultados obtidos pelo Programa, abre-se uma oportunidade para que o Olhos no Futuro seja reconhecido e legitimado perante a própria Unicamp e toda a comunidade universitária.

[16] United Nations, 2023b.

[17] *Idem*. Do original: "serve as incubators of new ideas and solutions to the many global challenges we face". Tradução nossa.

[18] Alves Filho, 2019.

[19] Unai, 2023.

A descrição das atividades nesses relatórios, entretanto, não é o suficiente para a internacionalização do Olhos no Futuro.[20] O Programa pode desenvolver de forma ativa outras atividades cooperativas com a Unai. Por meio do *Bulletin Board*, por exemplo, é possível divulgar chamadas para artigos e eventos que discutam as boas práticas e promovam a troca de experiências entre especialistas de diferentes países.[21] É possível solicitar também a colaboração ou a assistência da Unai na busca por coautores, colaboradores ou voluntários. O Olhos no Futuro pode, ainda, participar de eventos organizados pela ou associados à Unai que permitam a divulgação de iniciativas implementadas em nível local.[22] Por fim, o Programa pode solicitar à Unai a divulgação de suas atividades e suas boas práticas em seu *website*.

Portanto, o Olhos no Futuro pode fornecer exemplos concretos para a difusão e a implementação dos ODS, assim como exemplos de diálogo entre múltiplas partes interessadas (jovens estudantes, universidade e setores público e privado) para esse fim. Quando apoiadas pela Unai, as atividades não apenas passam a ser reconhecidas pela ONU, como também contribuem para os processos de seguimento e revisão da Agenda 2030.

[20] É válido reconhecer que os relatórios funcionam apenas como um meio para "prestação de contas" das IES e não como um meio para seguimento e revisão dos ODS, a partir das práticas locais. Os relatórios enviados pelas universidades não ficam disponíveis para o público em geral, e a submissão desse documento se dá por meio de um formulário eletrônico cujo espaço para discussão sobre a implementação é limitado.

[21] Isso pode ser feito por meio do preenchimento do formulário disponível no *site*: https://www.un.org/en/academic-impact/bulletin-board (acesso em 28/3/2025).

[22] Em 2022, por exemplo, a Unai organizou o evento "The Role of Higher Education Institutions in the Transformation of Future-Fit Education", com painéis dedicados à discussão das boas práticas estimuladas pelas IES para a implementação dos ODS (United Nations, 2023c).

Caminho 2: A participação do Programa em campanhas e premiações da ONU

Outro caminho para a internacionalização do Programa Olhos no Futuro é por meio da inscrição e da participação em campanhas e premiações da ONU. Desde o lançamento da Agenda 2030, a organização tem direcionado um olhar mais atento para as iniciativas da sociedade civil. Para tanto, em 2015, a ONU lançou o "UN SDG Action Campaign", uma campanha para estimular o compartilhamento de ideias e experiências, com o objetivo de implementar os ODS também "de baixo para cima".[23]

Desde 2018, a campanha conta com uma premiação, o "UN SDG Action Awards", realizada anualmente, que busca e divulga projetos que "mobilizam, inspiram e conectam" pessoas engajadas na implementação dos ODS. Entre 2022 e 2023, por exemplo, a premiação esteve voltada a iniciativas da sociedade civil engajadas em "mudar o roteiro" para acelerar a implementação dos ODS em nível local, servindo como estímulo e exemplo para outras iniciativas ao redor do mundo.[24] No geral, os projetos são analisados e julgados por especialistas de diferentes setores e áreas, como funcionárias/os da própria ONU, ativistas, cientistas, empresárias/os e representantes de Estados e governos, e as/os finalistas são apresentadas/os em uma cerimônia transmitida para todo o mundo.[25]

Propomos, portanto, inscrever os projetos do Programa Olhos no Futuro em premiações ou outras iniciativas inseridas no escopo do "UN SDG Action Campaign" nos próximos anos. Essa medida contribuiria para a internacionalização do Programa, ao institucionalizar a sua relação com a ONU e permitir o reconhecimento e a legitimação

[23] United Nations, 2023a.

[24] Entre 2022 e 2023, o tema da campanha e da premiação foi o "Flip the Script" e as inscrições ficaram abertas até 30 de abril de 2023 no *site*: https://sdgactionawards.org/apply/ (acesso em 28/3/2025).

[25] United Nations, 2022.

das suas atividades em âmbito global. Com isso, a participação do Programa nas campanhas promovidas pela organização poderia ser benéfica não apenas pela troca de aprendizado com outros projetos, mas por poder contar com a visão e o reconhecimento de especialistas da própria ONU.

Ao mesmo tempo, essa seria uma medida que permitiria divulgar para a comunidade internacional e colocar em discussão os exemplos de boas práticas obtidas por meio dos subprojetos, o que poderia contribuir para os processos de seguimento e revisão da Agenda 2030, assim como para a negociação da Agenda pós-2030.

Caminho 3: A participação de representantes do Programa Olhos no Futuro em fóruns de diálogo da juventude ligados à ONU

Um terceiro caminho para a internacionalização do Programa Olhos no Futuro é por meio da participação formal das/os jovens estudantes envolvidas/os em algum dos projetos em reuniões, conferências e/ou fóruns de diálogo da juventude ligados às agências e aos programas da ONU. O objetivo é estimular o intercâmbio e o compartilhamento de experiências e aprendizagem entre a juventude. Entre as/os jovens estudantes, podemos considerar tanto aquelas/es matriculadas/os na Unicamp como aquelas/es matriculadas/os na Escola Estadual Dr. Telêmaco Paioli Melges.

Além de possibilitar a difusão dos exemplos e dos resultados obtidos pelo Programa, a participação dessas/es jovens em fóruns de diálogo contribui para o objetivo maior de torná-las/os verdadeiras/os "agentes de transformação", não somente em nível local, mas também em nível global. Representar o Programa e dialogar sobre os seus objetivos como uma liderança jovem na ONU pode contribuir para o desenvolvimento da autonomia e do pensamento crítico das pessoas envolvidas. Ademais, a troca entre as/os jovens pode ser uma experiência enriquecedora para o próprio Programa, uma vez que escutar e aprender sobre outras iniciativas pode trazer inovações e contribuições importantes para cada um dos projetos apresentados.

Considerando o escopo do Programa Olhos no Futuro, destacamos os seguintes fóruns e iniciativas voltados para a juventude:

1. Engajamundo: uma rede criada em 2012, no contexto da Rio+20, para promover o engajamento e a liderança da juventude em temas e decisões relacionados com a promoção do desenvolvimento sustentável.[26] Ainda que não seja uma iniciativa da ONU, a rede auxilia jovens brasileiras/os a participar de conferências da organização.
2. Sustainable Development Solutions Network Youth (SDSN Youth): uma plataforma lançada em 2015, vinculada à ONU, com o objetivo de reunir pessoas e projetos voltados à implementação dos ODS.[27] A plataforma permite que projetos locais sejam parte de uma rede global de jovens interessadas/os em desenvolver ações práticas direcionadas à sustentabilidade.
3. UN Climate Change Conference of Youth (COY): são conferências sobre mudanças climáticas voltadas exclusivamente para jovens e crianças. As conferências globais (COY) ocorrem anualmente, desde 2005, antes ou durante a Conferência das Partes (COP), organizada pela Convenção-Quadro das Nações Unidas para Mudanças Climáticas. Para preparar as delegações da juventude para as COY, são organizadas conferências locais (LCOY) e regionais (RCOY) que, normalmente, antecedem as conferências globais.[28]

Considerando o interesse do Olhos no Futuro em participar das COPs, recomendamos incluir as/os jovens que integram o

[26] Engajamundo, 2019.
[27] Sustainable Development Solutions Network Youth, 2023.
[28] Young LCoy Working Group, 2023.

Programa no planejamento. A inscrição da Unicamp na COP não exclui o envolvimento dessas/es jovens na COY. Pelo contrário, envolver essas/es estudantes nessas conferências contribui para a sua profissionalização e seu papel enquanto "agentes de transformação".

A experiência do Olhos no Futuro em promover a implementação dos ODS de forma interdisciplinar, combinando a estrutura de ensino e pesquisa da Unicamp com as ações extensionistas na comunidade local, dá-lhe instrumentos para se tornar um ator internacional ativo. Isso pode ser feito pela internacionalização, mais especificamente, pelo reforço da institucionalização das relações com a ONU via Unai e pela participação do Programa em campanhas, fóruns e conferências, especialmente aquelas que envolvem a juventude. Essa estratégia *bottom-up* de internacionalização possibilitará que o Programa dê um retorno à ONU, contribuindo tanto para o seguimento e a revisão da Agenda 2030 quanto para a própria negociação da Agenda pós-2030.

5. Referências bibliográficas

ALVES FILHO, M. "Unicamp é admitida na UNAI", 2019. Disponível em <https://www.unicamp.br/unicamp/noticias/2019/01/30/unicamp-e-admitida-na-unai>. Acesso em 14/3/2023.

ASSEMBLEIA GERAL DAS NAÇÕES UNIDAS (AGNU). "Transformando nosso mundo: a Agenda 2030 para o Desenvolvimento Sustentável". Resolução adotada em 25 de setembro de 2015, A/RES/70/1. Trad. Centro de Informação das Nações Unidas para o Brasil (Unic-Rio) e rev. Coordenadoria Geral de Desenvolvimento Sustentável (CGDES) do Ministério das Relações Exteriores do Brasil. Disponível em <https://www.mds.gov.br/webarquivos/publicacao/Brasil_Amigo_Pesso_Idosa/Agenda2030.pdf>. Acesso em 18/3/2023.

DALBELO, T. S. *et al.* "Universidades latino-americanas e Caribe: panorama geral". *In*: SILVA, L. C. P. *et al.* (org.). *Campus Sustentável: um modelo de inovação em gestão energética para a América Latina e o Caribe*. Rio de Janeiro, Synergia, 2022, pp. 3-16.

ENGAJAMUNDO. "Quem somos", 2019. Disponível em <https://engajamundo.org/sobre/#quem-somos>. Acesso em 14/3/2023.

FERREIRA, D. A. *et al*. "Programa interdisciplinar de extensão comunitária Olhos no Futuro: caminhos para implementação dos Objetivos de Desenvolvimento Sustentável (ODS)". *In*: SILVA, L. C. P. *et al*. (org.). *Campus Sustentável: um modelo de inovação em gestão energética para a América Latina e o Caribe*. Rio de Janeiro, Synergia, 2022, pp. 263-275.

FORESTIER, O. & KIM, R. E. "Cherry-picking the Sustainable Development Goals: Goal prioritization by national governments and implications for global governance". *Sustainable Development*, vol. 28, 2020, pp. 1.269--1.278.

PERSSON, A.; WEITZ, N. & NILSSON, M. "Follow-up and Review of the Sustainable Development Goals: Alignment vs. Internalization". *Review of European Community & International Environmental Law*, vol. 25, n. 1, 2016, pp. 59-68.

SIMÈANT, J. "What Is Going Global? The Internationalization of French NGOs 'Without Borders'". *Review of International Political Economy*, vol. 12, n. 5, 2005, pp. 851-883.

SUSTAINABLE DEVELOPMENT SOLUTIONS NETWORK YOUTH. "Our story", 2023. Disponível em <https://www.sdsnyouth.org/about-us>. Acesso em 14/3/2023.

UNITED NATIONS. "About the Festival", 2021. Disponível em <https://globalfestivalofaction.org/about/>. Acesso em 14/3/2023.

____. "UN SDG Action Awards", 2022. Disponível em <https://sdgactionawards.org/>. Acesso em 14/3/2023.

____. "About the Campaign", 2023a. Disponível em <https://www.sdgactioncampaign.org/about/>. Acesso em 29/3/2023.

____. "About Unai", 2023b. Disponível em <https://www.un.org/en/academic-impact/page/about-unai>. Acesso em 14/3/2023.

____. "The Role of Higher Education Institutions in the Transformation of Future-Fit Education", 2023c. Disponível em <https://www.un.org/en/academic-impact/role-higher-education-institutions-transformation-future-fit-education>. Acesso em 14/3/2023.

UNITED NATIONS. "Youth", 2023d. Disponível em <https://social.desa.un.org/issues/youth>. Acesso em 14/3/2023.

UNITED NATIONS ACADEMIC IMPACT (UNAI). "Eyes on the Future: Social Transformation Through Energy Education in Brazil", 2023. Disponível em <https://www.un.org/en/academic-impact/academic-impact-search?query=eyes+on+the+future>. Acesso em 9/7/2024.

UNITED NATIONS EDUCATIONAL, SCIENTIFIC AND CULTURAL ORGANIZATION (UNESCO). *Policy paper for change and development in higher education.* Paris, 1995.

____. *Knowledge-driven actions: Transforming higher education for global Sustainability. Independent Expert Group on the Universities and the 2030 Agenda.* Paris, 2022.

YOUNG CLIMATE LEADERS. "Sobre a YCL", 2023. Disponível em <https://www.redeycl.org/sobre-a-ycl>. Acesso em 14/3/2023.

YOUNG LCOY WORKING GROUP. "About COY", 2023. Disponível em <https://www.lcoy.earth/about-coy>. Acesso em 29/3/2023.

16
Extensão universitária e a formação para uma mentalidade de sustentabilidade ecojusta: ambiência para internacionalização com a Universidade de Coimbra

Dulce Cornetet dos Santos Pomilio, Danúsia Arantes Ferreira, Carlos Francisco de Sousa Reis, Ivani Catarina Arantes Fazenda

1. Introdução

Considerando a potência do Programa Olhos no Futuro, como espaço indissociável de ensino-pesquisa-extensão, e o compromisso do cumprimento da meta 12.7 do Plano Nacional de Educação (2014/2024), lei 13.005/2014,[1] que trata da curricularização da extensão universitária, o presente capítulo discorre sobre as possibilidades de formação de professoras/es universitárias/os e acadêmicas/os extensionistas, assim como educadoras/es das escolas de Educação Básica que participam ou venham a participar do Programa.

[1] PNE, 2014.

O estudo parte do resgate histórico da extensão universitária no Brasil e percorre a síntese dos possíveis espaços de diálogo, no contexto social no qual a universidade está inserida. Pauta-se, no seu tempo presente, pelos princípios da extensão, considerando o processo interdisciplinar, educativo, cultural, científico e político, que promove a interação transformadora entre universidade e outros setores da sociedade, primando pelo desenvolvimento da tríade ensino, pesquisa e extensão.

A abordagem teórica aqui empreendida considera a conceituação de educação segundo Freire e Gadotti, a interdisciplinaridade fundamentada em Japiassu e Fazenda, a Teoria da Complexidade, de Morin. Também aborda a ecopedagogia e a cidadania planetária, de Cruz e Gutiérrez, alinhando a proposta formativa da Ecojustiça, de Martusewicz, Edmundson e Lupinacci, e o pensamento sobre reciprocidade e coletividade, de Airton Krenak. Ademais, busca alternativas para superar o silenciamento muitas vezes presente na relação da comunidade acadêmica com a comunidade externa, majoritariamente sem acesso ao Ensino Superior.

O Programa Olhos no Futuro embasa a concepção do projeto de formação continuada, "formação para a mentalidade de sustentabilidade ecojusta", integrado a ele e fundamentado na parceria entre Universidade Estadual de Campinas e Universidade de Coimbra.

2. Percurso histórico da extensão universitária no Brasil

Nem sempre a extensão universitária no Brasil esteve associada ao ensino e à pesquisa. Diferentes concepções, influenciadas por governos, pelas origens históricas das universidades e pelos movimentos sociais, constituem essa história. Para Pimentel Nogueira,[2] a extensão universitária no Brasil recebe influência de duas vertentes: a de oferta de cursos, oriunda da Inglaterra, e a da prestação de serviços, vinda dos Estados Unidos. Considerando a trajetória da educação universitária no Brasil, a extensão possui uma existência ainda recente que está apresentada cronologicamente, em linha do tempo (Figura 16.1), com o objetivo de apontar os marcos temporais relevantes para o contexto formativo de professoras/es e estudantes extensionistas.

Segundo Nogueira[3]

> [...] a primeira mudança significativa na conceituação da extensão na América Latina surge com base nas reflexões do educador brasileiro Paulo Freire. Inicialmente, à frente do departamento de extensão, na Universidade do Recife (hoje Universidade Federal de Pernambuco/ UFPE), onde desenvolve importante trabalho de alfabetização de adultos e, mais tarde, no final da década de 1960, quando exilado no Chile, publica o livro *Extensão ou Comunicação?* com reflexões em função de seu trabalho com os extensionistas rurais chilenos.
> Durante a década de 80, com o fortalecimento da sociedade civil, começa a se configurar um novo paradigma de universidade, de sociedade e de cidadania. A população deixa de ser percebida pela comunidade acadêmica como mera receptora de conhecimentos e de práticas produzidas no interior da academia.[4]

Já no século XXI, os Planos Nacionais de Educação, lei n. 10.172/2001, PNE 2001/2010,[5] definem implantar o Programa de Desenvolvimento da Extensão Universitária em todas as instituições

[2] Nogueira, 2019.
[3] *Idem*, p. 27.
[4] Forproex, 2006, p. 19.
[5] PNE, 2001.

federais de Ensino Superior e assegurar que o mínimo de 10% do total de créditos da graduação seja reservado para a atuação das/os alunas/os em ações extensionistas; e a lei n. 13.005/2014, PNE 2014/2024,[6] define assegurar no mínimo 10% do total de créditos de graduação para programas e projetos de extensão universitária, orientando sua ação, prioritariamente, para áreas de grande pertinência social.

Fica, assim, evidente a tentativa de se aproximar dos conhecimentos produzidos fora da academia, de compreender melhor as necessidades e as demandas das diferentes populações e culturas do país. Os programas e os projetos de extensão tornaram-se mais abrangentes, e a universidade, mais inserida nas comunidades externas, trazendo-as para a função de protagonistas e não somente de receptoras. Há um temor de que a curricularização da extensão seja reduzida à disciplinarização,[7] e que isso represente um retrocesso no processo de aproximação da universidade com o seu entorno.

Para Gadotti,[8] o currículo não é apenas a soma de disciplinas; ele demanda conectar ensino, pesquisa e extensão para ter um caráter integral, e, para isso, a curricularização da extensão precisa superar e substituir a prática de projetos fragmentados, de forma a traduzir um projeto político e pedagógico. O autor também ressalta o caráter polissêmico do conceito de curricularização e afirma que, para além de envolver professoras/es e acadêmicas/os com a comunidade externa, potencializando o conhecimento das áreas, é necessário que os currículos assumam a lógica do diálogo entre saberes das disciplinas e as questões de outras instâncias da sociedade. Assim, a extensão universitária precisa ter um "caráter interprofissional e interdisciplinar".

6 PNE, 2014.

7 Oliveira; Tosta & Freitas, 2020.

8 Gadotti, 2017.

Figura 16.1 – Linha do tempo com os marcos temporais mais relevantes da extensão universitária no Brasil.

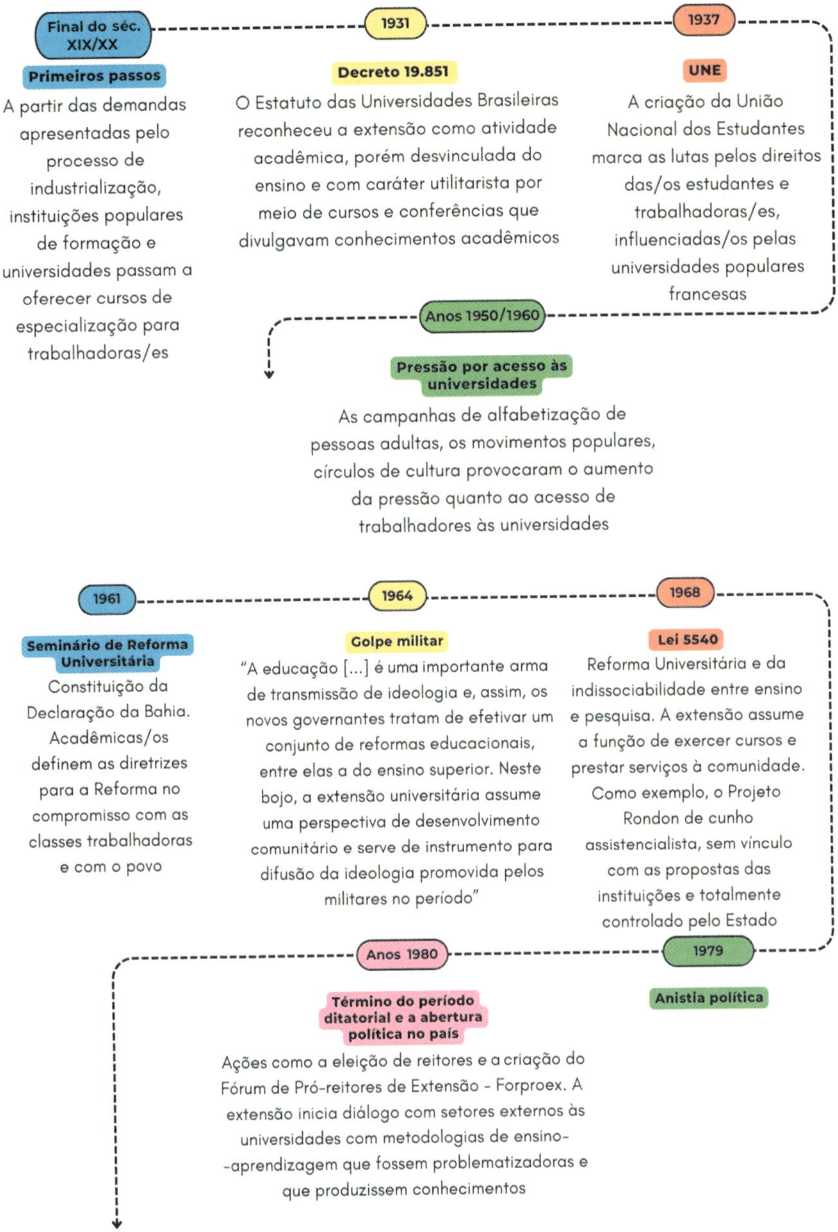

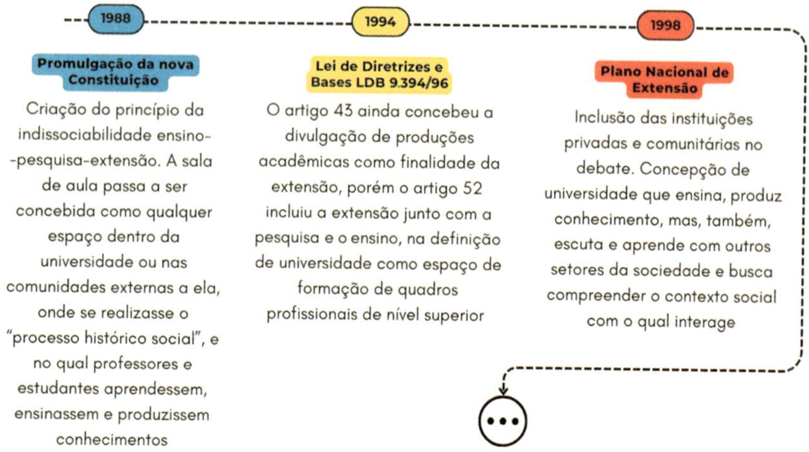

Dubeux[9] apresenta importante contribuição ao produzir o quadro comparativo da transição da extensão difusionista para extensão dialógica, apresentado na Tabela 2.

Ademais, entre 2018 e 2022, as políticas participativas conquistadas após a abertura política do país foram desconstruídas ou enfraquecidas, comitês gestores participativos foram desativados, grupos minoritários foram excluídos dos processos de gestão, e os investimentos nas universidades públicas, na pesquisa, foram reduzidos drasticamente. A ciência enfrentou o negacionismo e tentativas de desqualificação. Um processo que pode ser percebido no avanço da degradação ambiental no país, no crescimento do garimpo e do desmatamento ilegais, no desamparo das populações indígenas, assim como na imensa quantidade de mortes relacionadas à pandemia de covid-19.

[9] Dubeux, 2018.

TABELA 2. COMPARAÇÃO DA EXTENSÃO DIFUSIONISTA E DA EXTENSÃO DIALÓGICA.

Elemento	Extensão difusionista	Extensão dialógica
Princípios	Ciência linear cartesiana, logo a extensão tem o objetivo de difundir o conhecimento que as/os pesquisadoras/es produzem.	Processo dialógico de construção do conhecimento, em que o diálogo de saberes está na centralidade.
Objetivos	Difundir conhecimentos.	Refletir com a comunidade sobre as problemáticas do território e agir para transformá-lo.
Objeto da extensão	O conhecimento produzido pela universidade.	O diálogo de saberes popular e científico.
Articulação com o ensino e a pesquisa	Acontece de maneira indireta pela difusão dos conhecimentos da pesquisa.	Atrelada à indissociabilidade. A extensão é o ponto de partida do ensino e da pesquisa.
Articulação com o território	Pode acontecer, mas de maneira pontual.	É essencial, pois se trata da reflexão sobre as problemáticas encontradas.
Transformação social	Não há uma intencionalidade.	Como a ação se dá a partir das problemáticas do território, existe a intencionalidade na sua transformação.

Ao permear um breve contexto histórico da extensão universitária no Brasil, é relevante destacá-la como um importante espaço de resistência e de conexão com a população não acadêmica e reforçar a importância de o conhecimento ser produzido de forma desemparedada e dialógica. Ambiência que promove o ensino e a pesquisa indissociáveis da extensão e que dá visibilidade às/aos invisíveis ao dar presença às/aos ausentes e provocar o diálogo entre o conhecimento academicamente legitimado pelas hegemonias e os saberes do senso comum.

3. Educação como prática de liberdade: caminho para a curricularização da extensão

Vivemos um tempo de transição, em que a constatação da decadência de um modelo social que trouxe conforto, saúde, bem-estar e riqueza para uma parcela da população também contribuiu absurdamente para o empobrecimento de outra e para um dramático avanço da degradação de todas as formas de vida. Adquirimos consciência da necessidade de mudanças no modo colonizador e antropocêntrico de estar no mundo, mas pouco avançamos na realização de novos modos de nos relacionarmos com a diferença "mais que humana".[10,11] Algumas das mudanças necessárias para evitar um colapso são substituir a mentalidade consumista predatória por uma mentalidade sustentável global; e substituir a lógica colonizadora das relações sociais por uma lógica de reciprocidade e legitimação das diferentes culturas humanas nas relações sociais.[12]

A concepção ecopedagógica de educação, de Gutiérrez e Prado,[13] apresenta a cidadania planetária como forma de estar no mundo, em uma comunidade global na qual a educação deve acontecer na tessitura das relações de interdependência da vida cotidiana e de forma

[10] Martusewicz & Johnson, 2016.

[11] Martusewicz *et al.*, 2011.

[12] Rimanoczy, 2020.

[13] Gutiérrez & Prado, 1999.

ética, na qual o local e o global se interligam, e a cidadania assume-se ecológica e comprometida com a redução das desigualdades.

Essa proposta de mudanças é assumida, no contexto educacional, por Paulo Freire,[14] cujo conceito apresenta relevantes contribuições ao afirmar "a educação como prática de liberdade em seu pensamento pedagógico", argumentando que a educação deve ser uma ferramenta para a libertação dos indivíduos da opressão e da dominação. Freire considera que a educação não deve ser apenas um processo de transmissão de conhecimento, mas sim uma prática que permita às/aos estudantes desenvolverem consciência crítica e se tornarem "agentes de transformação" social. O educador e filósofo brasileiro acredita que a educação é um caminho para a libertação não apenas das condições materiais, mas também das condições sociais e políticas que limitam a liberdade individual e coletiva.[15]

Ademais, faz-se necessário atuar na formação universitária para além da preparação técnica e profissional, oportunizando a formação integral das/os acadêmicos de forma a auxiliá-las/os a compreender o meio no qual vivem, a participar no desenvolvimento social, a estar atentas/os e atualizadas/os sobre os problemas do mundo, colaborando com a comunidade e estabelecendo com ela uma relação de reciprocidade.

Realidade desafiadora, descrita no Programa das Nações Unidas para o Desenvolvimento (Pnud) 2021/22. Seu "Relatório de Desenvolvimento Humano 2021-22: tempos incertos, vidas incertas: Moldando nosso futuro em um mundo em transformação"[16] aponta que, apesar de as avaliações convencionais de bem-estar sugerirem "que, em geral, a vida nunca foi melhor para a nossa espécie", [17]

[14] Freire, 1999.

[15] *Idem.*

[16] Pnud, 2022, p. 29.

[17] *Idem, ibidem.*

uma nova crise de incerteza está emergindo. De fato, o relatório assinala ainda o retrocesso no desenvolvimento "com tendências de agravamento da pobreza, insegurança alimentar, deslocações forçadas e agravamento de um conjunto de outras desigualdades".[18] O Complexo de Incerteza, descrito no relatório, é oriundo de três fontes que interagem globalmente:

> A primeira está associada à perigosa mudança planetária da era do Antropoceno e à sua interação com as desigualdades. A segunda representa os esforços e intenções deliberados de transição rumo a novas formas de organização da sociedade industrial, propondo transformações análogas às da transição da sociedade agrícola para a sociedade industrial. A terceira é a intensificação da polarização política e social entre e no interior dos países – e das percepções erradas tanto acerca da informação como nos grupos, facilitada pela forma como as novas tecnologias digitais são frequentemente utilizadas.[19]

A educação superior precisa atentar para a crise de incerteza destes tempos instáveis e promover a formação das/os acadêmicas/os para viver nesse contexto, complexificando o conhecimento hiperespecializado de forma crítica e inclusiva de todas as formas de vida, sem esquecer o significado do próprio todo. Sobre esse aspecto, Morin fundamenta que:

> O conhecimento das informações ou dos dados isolados é insuficiente, é preciso situar as informações e os dados em seu contexto para que adquiram sentido de modo global. O global é mais que o contexto, é o conjunto das diversas partes ligadas a ele de modo inter-retroativo ou organizacional. Uma sociedade é mais do que o contexto: é o todo organizador de que fazemos parte.[20]

[18] *Idem, ibidem.*

[19] *Idem*, p. 30.

[20] Morin, 2000.

Apesar de desigual e agravador de desigualdades, o Complexo de Incerteza afeta todas as pessoas de forma universal, na medida em que complexo é tudo o que foi tecido junto, aquilo que tem plexo, que está conectado; como terá de ser entendida a nossa sociedade parte de uma ecologia que a engloba e, em simultâneo, a transcende, sem que possamos arrogar a compreensão liminar dessa transcendência, relativa a um cosmos que, se bem finito, a cada instante dado, está sempre em uma expansão sem limites. Morin,[21] ao tratar da complexidade, cita o princípio de Pascal para inspirar a educação "do futuro":

> [...] sendo todas as coisas causadas e causadoras, ajudadas e ajudantes, mediatas e imediatas, e sustentando-se todas por um elo natural e insensível que une as mais distantes e as mais diferentes, considero ser impossível conhecer as partes sem conhecer o todo, tampouco conhecer o todo sem conhecer particularmente as partes.[22]

Para Harari,[23] a educação do futuro é agora. Os temas emergentes estão presentes no cotidiano e já estamos vivenciando aquecimento global, desertificação em muitas partes do planeta, enchentes e destruição em outras, esgotamentos de recursos naturais que considerávamos infinitos, êxodos de refugiados ambientais, racismo ambiental, proliferação digital de desinformação, desemprego.

Esses temas não são novos; já na segunda metade do século XX, a discussão sobre a crise ambiental se intensificou, e concluiu-se que não havia como apartá-la da discussão sobre os problemas sociais. Em 1992, a Conferência das Nações Unidas para Meio Ambiente e Desenvolvimento, Eco/92 ou Rio/92, reuniu governantes de 175 países dos cinco continentes para, coletivamente, discutir os problemas ambientais do planeta e buscar alternativas de superação. A fome e a

21 *Idem*.

22 *Idem*, p. 37.

23 Harari, 2018.

miséria humana passaram a ser tratadas como problemas ecológicos. O evento deu início à criação da Agenda 21. Os Objetivos de Desenvolvimento Sustentável, culminando na Agenda 2030, tiveram, então, sua gênese.

Essa ideia de construção coletiva, de ouvir, dialogar, conhecer os problemas e as experiências das populações de diferentes culturas e lugares do mundo, e não apenas da Europa e da América do Norte, remete-nos ao pensamento decolonial que busca reconhecer e legitimar diferentes saberes e modos de estar no mundo.

É um modo de olhar o saber reafirmado pela extensão universitária, enquanto indissociada da pesquisa e do ensino, e como lócus potente de contato e conhecimento dos saberes que não são reconhecidos pelas culturas hegemônicas, porque não foram construídos por elas. Daí o interesse em que o enraizamento na realidade seja a via de oportunizar que os conhecimentos acadêmicos ganhem contexto, escutem, aprendam outros modos de vida, compreendam as demandas sociais por outra ótica, descubram superações por outros caminhos, outras possibilidades de mundo.[24]

Krenak[25] explica que a lógica colonizadora, ao invadir lugares e submeter populações, era baseada numa certeza de que "havia uma humanidade esclarecida que precisava ir ao encontro da humanidade obscurecida, trazendo-a para essa luz incrível". Tempos depois, o próprio conceito de humanidade passa a ser questionado, ao constatar-se que quase 70% da população mundial vive em condições indignas.

Ao propor-se uma formação que seja sensível aos saberes não acadêmicos, não se está desqualificando a produção científica, mas destinando um olhar atento ao tempo de incertezas que vivemos, às vidas instáveis que habitam o planeta, acreditando que isso possa oportunizar que o conhecimento científico amplie possibilidades

[24] Escobar, 2018.

[25] Krenak, 2019, p. 11.

de melhorar a qualidade de vida ao compreender a diversidade de saberes e culturas que existem para além dos muros da universidade. "A percepção parcial da realidade rouba ao homem a possibilidade de uma ação autêntica sobre ela".[26]

Essas concepções têm aderência ao Programa Olhos no Futuro, seguindo a abordagem dos capítulos introdutórios deste livro.

A epistemologia da interdisciplinaridade fundamenta a concepção de educação integradora cuja sustentação está descrita nas contribuições de Japiassu e Fazenda.

Para Japiassu,[27] a especialização excessiva e a fragmentação do conhecimento geram uma "patologia do saber", que impede a compreensão integral dos fenômenos complexos da realidade. Ele defende que é necessário estabelecer diálogos entre diferentes disciplinas e abordagens de conhecimento, a fim de promover uma visão mais ampla e integrada dos problemas e das questões que enfrentamos. Além disso, o autor destaca que a interdisciplinaridade também implica uma transformação do sistema educacional e da produção do conhecimento, levando em consideração a complexidade, a incerteza e a interdependência dos problemas que enfrentamos. Ele argumenta também ser fundamental promover a formação de pensadoras/es flexíveis e capazes de lidar com a complexidade e a incerteza.

Fazenda,[28] por sua vez, apresenta uma série de argumentos em favor da interdisciplinaridade no contexto educacional brasileiro, e alguns desses argumentos estão fundamentados na concepção do Programa Olhos no Futuro e nos seus respectivos projetos. Os argumentos são estes:

- Melhoria da qualidade do ensino;
- Preparação para a vida real;

[26] Freire, 1977, p. 34.
[27] Japiassu, 1976.
[28] Fazenda, 1996.

- Estímulo ao pensamento crítico;
- Promoção da criatividade e da inovação;
- Desenvolvimento de competências transversais;
- Rompimento com a fragmentação do conhecimento.

Para a autora, a interdisciplinaridade se pauta na busca de uma compreensão mais ampla e completa dos fenômenos estudados, por meio da articulação entre conhecimentos e metodologias de diferentes disciplinas. Enfatiza a importância de se estabelecerem diálogos e conexões entre os saberes, incentivando o trabalho conjunto entre as/os professoras/es e a realização de projetos que envolvam múltiplas áreas do conhecimento. Argumenta que interdisciplinaridade promove uma transformação profunda no modo de pensar e ensinar, indo além da mera soma de conteúdo, favorecendo o desenvolvimento de habilidades e competências transversais, como a capacidade de fazer conexões, de trabalhar em equipe e de resolver problemas.

4. Programa Olhos no Futuro: ambiência para internacionalização

O Programa Olhos no Futuro é a base da comunhão institucional e acadêmica que estabelece a parceria entre a Universidade Estadual de Campinas e a Universidade de Coimbra com o objetivo de internacionalizar estudos e pesquisas e promover o ensino, a extensão e a produção de conhecimentos. A ambiência para a construção da parceria está alicerçada, por um lado, nas bases do Programa Olhos no Futuro, que integra o Escritório Campus Sustentável da Unicamp e o CPTEn da Unicamp, no seu eixo V: "Educação, formação e capacitação para a sustentabilidade socioambiental". Como uma das linhas de investigação desse eixo, busca-se promover a educação interdisciplinar para a transição energética justa ao considerar que a escola pública é um dos espaços legítimos de diálogo e construção de interfaces entre a universidade e a sociedade, para desenvolvimento de projetos compromissados com a formação continuada de professoras/es e de estudantes, alinhando ações para o desenvolvimento de comunidades escolares sustentáveis. Por outro lado, a Universidade de Coimbra está no âmbito das políticas de sustentabilidade e, em consequência, vem investindo e continuará a investir na sua capacidade inovadora. Para tanto, tem buscado uma compreensão de mundo para além de seus muros, por meio de diferentes processos de interação com universidades de países lusófonos.

Cabe aqui ressaltar que as pesquisas que embasam os projetos de extensão na estrutura do Programa Olhos no Futuro também são pautadas por estudos e leituras críticos sobre as formas de implementação dos 17 ODS e de suas respectivas metas, e para isso considera o ODS 4 ("Educação de qualidade"), o ODS 7 ("Energia limpa e acessível"), o ODS 8 ("Trabalho decente e crescimento econômico") e o ODS 17 ("Parcerias e meios de implementação"), como seus eixos estruturantes, promovendo o diálogo entre as diferentes áreas que fundamentam a concepção de cada um dos seus projetos de extensão, na busca de contribuições para mitigar problemas complexos. Nesse sentido, o contexto da transição energética é investido do exercício da interdisciplinaridade, observada a sua complexidade, que não cabe em uma única área do conhecimento.

Encontra-se em fase de desenvolvimento, na Universidade de Coimbra, no Programa de Pós-Graduação em Ciências da Educação, a pesquisa de doutoramento na Especialidade em Organização do Ensino, Aprendizagem e Formação de Professores, sob a orientação do professor Carlos Sousa Reis. O objeto da pesquisa visa perspectivar uma Paideia Ecológica como educação ecojusta, comprometida com um educar crítico para uma vida democrática incorporadora de experiência ecológica planetária profunda, assente no cuidado ativo e no sentido de comunhão.[29] Em 2022, a pesquisadora Dulce Cornetet teve acesso às informações do Programa Olhos no Futuro para compreender a concepção, as metodologias e os projetos de extensão em execução. Também participou de uma vivência na Escola Estadual Dr. Telêmaco Paioli Melges no município de Campinas (SP), um dos espaços de desenvolvimento dos projetos de extensão. Na oportunidade, acompanhou o desenvolvimento de uma oficina do projeto SustentavelMente, coordenado por Bárbara Teruel, da Faculdade de Engenharia Agrícola (Feagri) da Unicamp, e a atuação de estudantes da graduação, no ambiente escolar, com a participação de estudantes do Ensino Fundamental II.

A participação presencial da pesquisadora, juntamente com a coordenação do Programa Olhos no Futuro, e o acompanhamento remoto do seu orientador propiciaram diálogos, reflexões, identificação da oportunidade e demanda latente identificada na escola para a concepção e o desenvolvimento de um projeto de extensão pautado no objetivo de promover a formação continuada de professoras/es, com ênfase na educação e na sustentabilidade, que também dialogasse com os objetivos dos projetos de extensão já existentes e, especialmente, que pudesse colaborar com a formação de todas as pessoas envolvidas com o Programa.

Compreender qual o potencial da educação no combate à degradação de todas as formas de vida no planeta tem sido tema de interesse da doutoranda e de seu orientador – o que também os motivou para o diálogo e a construção da parceria acadêmica fomentada a partir do Programa Olhos no Futuro –, no sentido de elaborar o projeto de formação de educadoras/es para uma mentalidade de sustentabilidade ecojusta.

A sinergia presente nas ações das duas universidades, Universidade Estadual de Campinas e Universidade de Coimbra, pode ser observada

[29] Kahn, 2010.

na promoção de ações inseridas na temática do *campus* sustentável. A Rede Campus Sustentável Portuguesa (RCS-PT) foi criada em 2018, por membros de instituições de ensino superior, universidades e politécnicos no Encontro Campus Sustentável (ECS) que aconteceu na Universidade de Coimbra. A intenção é compartilhar conhecimentos e realizar ações conjuntas por meio de uma rede de cooperação entre pessoas de instituições de ensino superior. Nessa mesma direção, a Unicamp estabelece um marco pioneiro ao conceber e lançar em 2017 o Escritório Campus Sustentável Unicamp, ancorado em pesquisas e projetos cujos resultados foram fundamentais para a criação do CPTEn.

Ademais, é compreensível o alinhamento dos objetivos que catalisam a tomada de decisão e a concretização da parceria internacional entre Unicamp e Universidade de Coimbra para o desenvolvimento de projetos do Programa Olhos no Futuro.

5. A internacionalização: um projeto em construção

O projeto em construção diz respeito à educação, à formação e à capacitação de agentes para o combate à degradação de todas as formas de vida. Tendo nas vertentes teóricas apresentadas anteriormente os fundamentos para analisar as realidades e as possibilidades, utiliza as propostas da Ecojustiça para estruturar os planos de ação.

> A Ecojustiça é tanto uma estrutura para pensar sobre nossas responsabilidades éticas como educadores e membros da comunidade, quanto um movimento socioecológico e político. É uma forma de formar professores, uma forma de analisar as raízes culturais dos problemas sociais, ecológicos e educacionais e um conjunto de princípios para a reforma da educação.[30]

[30] Martusewicz, 2018, p. 17.

A proposta parte de uma estrutura comum organizada por perguntas sobre o cotidiano de cada comunidade escolar ou seu entorno e da criação de espaços e coletivos de pessoas que busquem ouvir e analisar viabilidade nas diferentes respostas. Em particular, pretende-se realizar encontros com docentes e acadêmicas/os participantes do Programa Olhos no Futuro com o objetivo de compreender quais os pontos de aderência dos diferentes projetos e as possibilidades de articulação entre eles, com vistas a mapear os princípios comuns que norteiam o Programa.

O exercício da escuta permite estruturar a proposta de formação para sustentabilidade. As ideias suscitadas indicam a oferta de cursos, passando pela criação de coletivos, com e para as comunidades acadêmicas e não acadêmicas, fundamentando projetos bilaterais entre as duas universidades. Por outro lado, antevemos constituir coletivos de formadoras/es sobre temas relacionados à temática da sustentabilidade, tais como:

- Ecoalfabetização, Ecojustiça, Cidadania Planetária, Educação Ambiental Crítica e outras vertentes que possam contribuir para uma educação emancipadora e não fragmentada às/aos professoras/es das escolas públicas;
- Projetos de pesquisa embasados na tríade ensino-pesquisa-extensão com foco na formação de docentes e acadêmicas/os;
- Gestão democrática para gestoras/es das escolas públicas;
- Criação de espaços virtuais de partilha com foco nas experiências e nas discussões de dilemas baseados na realidade de cada comunidade;
- Disciplinas embasadas nos fundamentos da extensão universitária com execução compartilhada entre a Universidade de Coimbra e a Unicamp.

A proposta formativa precisa ter coerência entre forma e conteúdo, portanto a análise de contexto, a escuta das/os envolvidas/os e o conhecimento da trajetória do Programa precisam anteceder a finalização do projeto, sendo, assim, o inacabamento da proposta a alternativa mais coerente para esse estágio de tratativas.

6. Conclusão

O projeto de extensão universitária e a formação para uma mentalidade de sustentabilidade ecojusta propiciam a internacionalização entre a Unicamp e a Universidade de Coimbra e representam um marco significativo no fortalecimento das relações acadêmicas e culturais. Através da colaboração e da troca de conhecimentos, as/os estudantes e as/os professoras/es terão a oportunidade de expandir horizontes, adquirir novas perspectivas e desenvolver habilidades internacionais essenciais para a formação acadêmica e profissional.

Esse projeto permitirá não apenas o intercâmbio de estudantes e pesquisadoras/es, mas também a realização de atividades conjuntas, como projetos de pesquisa, disciplinas compartilhadas, projetos de extensão, congressos, palestras e *workshops*, que contribuirão para o avanço científico e a inovação em ambas as instituições.

Além disso, a internacionalização proporcionará às/aos acadêmicas/os envolvidas/os uma experiência enriquecedora, permitindo-lhes imergir em uma nova cultura, aprender outro idioma e adquirir competências interculturais cruciais para o desenvolvimento pessoal e profissional. Por fim, esse projeto é um passo importante na formação de cidadãs/ãos globalmente competentes e conscientes, capazes de enfrentar os desafios e aproveitar as oportunidades de um mundo cada vez mais interconectado. Portanto, a parceria entre as duas universidades é um compromisso estratégico que proporcionará benefícios duradouros para todas as pessoas envolvidas, impulsionando o progresso acadêmico, científico e social para o Programa Olhos no Futuro.

7. Referências bibliográficas

CARDOSO, F. H. "Diretrizes e base da educação, Lei n. 9494/96", 1996. Disponível em <https://www.planalto.gov.br/ccivil_03/leis/l9394.htm>. Acesso em 10/7/2024.

DUBEUX, A. "Extensão universitária no Brasil: democratizando o saber da universidade na perspectiva do desenvolvimento territorial". *Sinergias – Diálogos educativos para a transformação social*, n. 6, 2018.

ESCOBAR, A. *Designs for the pluriverse. Radical interdependence, autonomy, and the making of worlds.* Durham, Duke University Press, 2018.

FAZENDA, I. C. A. *Integração e interdisciplinaridade no ensino brasileiro: efetividade ou ideologia?* 4. ed. São Paulo, Edições Loyola, 1996.

FÓRUM DE PRÓ-REITORES DE EXTENSÃO DAS INSTITUIÇÕES PÚBLICAS DE EDUCAÇÃO SUPERIOR BRASILEIRAS (FORPROEX). *Indissociabilidade ensino-pesquisa-extensão e a flexibilização curricular: uma visão da extensão.* Porto Alegre/Brasília, UFRGS/MEC Sesu, 2006.

FREIRE, P. *Extensão ou comunicação?* Rio de Janeiro, Paz e Terra, 1977.

____. *Educação como prática de liberdade.* 23. ed. Rio de Janeiro, Paz e Terra, 1999.

GADOTTI, M. *Extensão universitária: para quê?* São Paulo, Instituto Paulo Freire, 2017.

GUTIÉRREZ, F. & PRADO, C. *Ecopedagogia e cidadania planetária.* São Paulo, Cortez, 1999.

HARARI, Y. N. *21 lições para o século 21.* São Paulo, Companhia das Letras, 2018.

JAPIASSU, H. *Interdisciplinaridade e patologia do saber.* Rio de Janeiro, Imago, 1976.

KAHN, R. V. *Critical pedagogy, ecoliteracy & planetary crisis.* Lausanne, Peter Lang Publishing, 2010.

KRENAK, A. *Ideias para adiar o fim do mundo.* São Paulo, Companhia das Letras, 2019.

MARTUSEWICZ, R. A. "EcoJustice for Teacher Education Policy and Practice The Way of Love". *Issues in Teacher Education*, vol. 27, n. 2, 2018, pp. 17-35.

MARTUSEWICZ, R. A.; EDMUNDSON, J. & LUPINACCI, J. *EcoJustice education: Toward diverse, democratic and sustainable communities.* New York, Routledge, 2011.

MARTUSEWICZ, R. A. & JOHNSON, L. "EcoJustice Education". *In*: VAN DER TUIN, I. (org.). *MacMillan Interdisciplinary Handbooks: Gender*, vol. 2: *Nature*. New York, MacMillan Publishers, 2016, pp. 57-71.

MORIN, E. *Os sete saberes necessários à educação do futuro*. Trad. Catarina Eleonora F. da Silva e Jeanne Sawaya. 2. ed. São Paulo/Brasília, Cortez/Unesco, 2000.

NOGUEIRA, M. D. P. *A participação da extensão universitária no processo de descolonização do pensamento e valorização dos saberes na América Latina*. Belo Horizonte, Universidade Federal de Minas Gerais, 2019 (Tese de doutorado).

OLIVEIRA, C. V. N. C.; TOSTA, M. C. R. & FREITAS, R. R. "Curricularização da extensão universitária: uma análise bibliométrica". *Brazilian Journal of Production Engineering*, vol. 6, n. 2, 2020, pp. 114-127.

PLANO NACIONAL DE EDUCAÇÃO (PNE). "Lei n. 010172/2001", 2001. Disponível em <http://portal.mec.gov.br/arquivos/pdf/L10172.pdf>. Acesso em 10/7/2024.

____. "Lei n. 13.005/2014", 2014. Disponível em <http://pne.mec.gov.br/18-planos-subnacionais-de-educacao/543-plano-nacional-de-educacao-lei-n-13-005>. Acesso em 17/3/2023.

PROGRAMA DAS NAÇÕES UNIDAS PARA O DESENVOLVIMENTO (PNUD). "Relatório de Desenvolvimento Humano 2021-22: tempos incertos, vidas incertas. Moldando nosso futuro em um mundo em transformação", 2022. Disponível em <https://reliefweb.int/report/world/human-development-report-20212022-uncertain-times-unsettled-lives-shaping-our-future-transforming-world-enruzh?gad_source=1&gclid=CjwKCAjwoJa2BhBPEiwA0loImJR7wM6itCSsq09697SFJ_aWlwXMPPYs9c4uYaZ62PdCt_mJhnRTQxoCLkcQAvD_BwE>. Acesso em 21/8/2024.

RIMANOCZY, I. *The Sustainability Mindset Principles: A Guide to Developing a Mindset for a Better World*. New York, Routledge, 2020.

SEÇÃO IV

ENTREVISTAS CONCEDIDAS AO JORNALISTA ANTÔNIO INÁCIO DOS SANTOS DE PAULA

De Olhos no Futuro com o Campus Sustentável Entrevista com Luiz Carlos Pereira da Silva

(Inácio de Paula)

O que é o Campus Sustentável Unicamp e qual o seu papel na Universidade Estadual de Campinas?

(Luiz Carlos Pereira da Silva)

O Campus Sustentável Unicamp é uma iniciativa que busca ganho de eficiência na gestão de energia para grandes clientes públicos. No primeiro momento, buscando uma aplicação específica para a Unicamp, mas também desde o início com a intenção de inspirar outros grandes clientes públicos, sejam universidades ou agentes da administração pública, municipal, estadual, federal, na aplicação de estratégias mais eficientes nesse tema de gestão de energia.

Então, durante os últimos seis, sete anos, a gente tem trabalhado em várias frentes, por exemplo, como contratar a energia da melhor forma possível, no caso do Brasil, no mercado livre de energia, podendo inclusive ser energia incentivada, ou seja, proveniente de fontes renováveis, usinas solares, eólicas, biomassa, pequenas centrais hidrelétricas. Como também contratar o transporte da energia com a distribuidora local da melhor forma possível. Esse é um primeiro aspecto a ser levado em conta em um sistema de gestão de energia.

Também muito importante é a busca por eficiência energética, tentando modernizar a infraestrutura de iluminação interna e externa do *campus*, a infraestrutura de climatização dos ambientes, e outros equipamentos elétricos, de forma a diminuir o desperdício de energia.

Outra frente de trabalho é relacionada com a produção interna, a produção própria de energia renovável dentro das instalações do *campus*, no nosso caso utilizando usinas fotovoltaicas. Usando a energia solar, a gente tem a possibilidade de gerar uma boa parte da energia que a gente consome dentro do *campus*. A energia solar também tem crescido bastante aqui no Brasil e é uma solução explorada também no Campus Sustentável. Hoje a gente já conta com a geração própria de 10% da nossa energia consumida anualmente e temos projetos para expandir esse número para 20% nos próximos dois anos.

A Unicamp é uma grande universidade, o nosso *campus* tem a dimensão de uma cidade de pequeno porte, temos mais de 50 mil pessoas circulando diariamente pela Universidade, então temos também um sistema de mobilidade interna, que é importante para que nossos estudantes, professores e professoras possam se locomover dentro do *campus*. É um outro ponto de atenção do Campus Sustentável: tentar desenvolver na Unicamp um sistema de mobilidade de baixa emissão. No primeiro projeto, a gente conseguiu introduzir um ônibus elétrico no *campus*, que já está circulando há quatro anos, é um projeto de grande sucesso. E temos ainda planos para introduzir ônibus a hidrogênio, a biogás, estudar tecnologias para mobilidade urbana de baixo carbono, transformando o *campus* em um laboratório vivo para desenvolvimento de sistemas de mobilidade urbana sustentáveis.

Falamos de energia, falamos de mobilidade, mas temos também desafios no tema de gestão de água e recursos hídricos, gestão de resíduos de diferentes tipos, gestão de fauna e flora, entre outros. Então, no âmbito do Campus Sustentável, a nossa missão é identificar os principais processos que a gente tem dentro da Universidade e tentar desenvolver estratégias, políticas e projetos que possam diminuir nossos impactos ambientais em torno desses processos.

(Inácio de Paula)

Como ocorreu a elaboração do Programa Olhos no Futuro no Campus Sustentável Unicamp?

(Luiz Carlos Pereira da Silva)

Inicialmente, a elaboração do Olhos no Futuro surgiu de uma frustração que nós vivenciamos durante os primeiros anos de execução do Campus Sustentável. Apesar de termos ônibus elétrico no *campus*, apesar de termos usinas fotovoltaicas em vários prédios, a gente percebeu que os nossos estudantes, funcionários e professores ainda mostravam baixo conhecimento e baixo engajamento com os esforços da Universidade, com a Agenda de Sustentabilidade da ONU, com os Objetivos de Desenvolvimento Sustentável. Nós percebemos que faltava ainda um esforço muito grande em educação socioambiental. Por isso que nós começamos a pensar no Olhos no Futuro como uma ação de extensão principalmente voltada para escolas públicas de áreas periféricas.

Ficou claro que, para atingir os objetivos plenos do Campus Sustentável, a gente precisava de mais engajamento de estudantes, principalmente estudantes mais conhecedores dos desafios da Agenda de Sustentabilidade, da emergência climática e do aquecimento global. Então, nós aliamos a isso uma oportunidade que surgiu de trabalhar com o Ministério Público do Trabalho utilizando recursos de termos de ajustamento de conduta em ações do ministério, e começamos a desenvolver uma proposta para aplicar em uma escola pública da Vila San Martin, aqui em Campinas, uma área periférica e carente, a Escola Estadual Telêmaco Paioli Melges.

Começamos a trabalhar com o ODS número 7, "Energia limpa e acessível". Então, desenvolvendo atividades a serem realizadas com estudantes da escola, para trazer maior conhecimento e maior engajamento com as temáticas da energia renovável, da eficiência energética, dos impactos ambientais do uso de energia, do uso consciente e racional de energia, das dificuldades da vida humana sem o acesso à energia, uma realidade que a gente ainda tem um pouco no Brasil, na região amazônica, mas que é muito forte no continente africano. Foi o primeiro tema do nosso trabalho sobre o ODS 7.

Criamos, então, o "Energizar" como um projeto do Programa Olhos no Futuro, para fazer toda essa discussão em torno da energia, dos impactos da energia em termos de emissões de gases de efeito estufa e, assim, do impacto do setor energético no aquecimento global. Com isso, foi possível implementar várias atividades aos estudantes. Em função da parceria com o Ministério Público do Trabalho, desde o início, o Programa Olhos no Futuro precisa e deve olhar para o ODS 8, "Trabalho decente e crescimento econômico". Então, em todas as nossas atividades, nós incluímos a discussão e o debate sobre o trabalho decente.

Falamos de energia, falamos de mobilidade, mas temos também desafios no tema de gestão da água e recursos hídricos, gestão de resíduos de diferentes tipos, gestão da fauna e da flora, entre outros. Então, no âmbito do Campus Sustentável, a nossa missão é identificar os principais processos que a gente tem dentro da Universidade e tentar desenvolver as estratégias, as políticas e os projetos que possam diminuir nossos impactos ambientais em torno desses processos. Tivemos também a sorte de encontrar uma escola e pessoas nessa escola muito interessadas e abertas a fazer esse experimento junto com a Universidade. Então, desde o primeiro momento do Programa Olhos no Futuro, a gente já conseguiu estabelecer essa parceria entre Universidade, Ministério Público e escola pública.

Assim, foi possível trabalhar com representantes dessas três instituições no desenvolvimento das atividades e, rapidamente, agregar outras faculdades da Unicamp; não somente a Faculdade de Engenharia Elétrica, mas várias outras faculdades começaram a participar propondo diversos projetos e ações, configurando um programa de extensão robusto e permitindo a experimentação com diversos ODS em seus diferentes projetos.

(Inácio de Paula)

Quais tipos de ações foram inicialmente projetados para ser realizados por meio do Olhos no Futuro?

(Luiz Carlos Pereira da Silva)

Nós planejamos dois tipos de ações, primeiro a Universidade iria para dentro da escola realizar atividades diretamente com os estudantes ou em sala de aula ou em ambientes dentro do espaço escolar, visando à discussão dos ODS e experimentando com as temáticas dos diversos projetos. A outra estratégia seria trazer a escola para dentro da Universidade também, desenvolvendo na Universidade atividades em que os estudantes pudessem participar, visitando laboratórios, tendo a experiência de fazer um passeio pelo *campus* em um ônibus elétrico, visitando usinas solares fotovoltaicas e tendo a oportunidade de desenvolver experimentos associados com os diversos projetos.

No entanto, nós fomos surpreendidos pela pandemia de covid-19. Tivemos que repensar o Programa como um todo por esse período de dois anos e iniciar a implantação dos seus projetos através de atividades remotas, vídeos e vários tipos de mídias, de tal maneira que a gente conseguisse manter a equipe que estava trabalhando no desenvolvimento das atividades e que a gente conseguisse impactar da melhor maneira possível os estudantes, mas sem essa vivência que a gente gostaria de ter desde o início. Nós da Universidade frequentando a escola e também os estudantes da escola frequentando a Universidade, a gente teve que adiar esse plano por dois anos.

Com o fim da pandemia, nós retomamos o plano original, todos os projetos já foram desenvolvidos dentro da escola, já tivemos diversas atividades com os estudantes da escola dentro da Universidade, isso já por um período de três anos. A gente finalmente conseguiu implantar o nosso plano inicial, com momentos riquíssimos de troca e de enriquecimento, tanto para os professores da Universidade, que puderam ter essa vivência na escola, como também para os estudantes da escola, que passaram a vivenciar esse ambiente de uma universidade pública de alto nível, como é a Unicamp.

(Inácio de Paula)

Qual a importância de criar iniciativas como o Olhos no Futuro para a sociedade?

(Luiz Carlos Pereira da Silva)

A realidade, nua e crua, é que existe um grande distanciamento, um grande abismo entre a universidade pública e a sociedade mais ampla aqui no Brasil, o que é muito ruim, já que, na universidade, se desenvolve pesquisa com o objetivo de melhorar a qualidade de vida das pessoas, de fazer a humanidade avançar nos seus desafios. Então eu vejo que iniciativas como essa permitem a diminuição desse abismo, a construção de pontes entre a universidade e os outros atores da sociedade, principalmente quando se trata das camadas menos favorecidas, que muitas vezes não têm acesso a essas grandes universidades públicas.

No caso da Unicamp, é comum que a Universidade seja identificada por essas camadas da sociedade como um hospital, porque é esse o contato que essas pessoas têm com a Universidade. Quando vai para a Unicamp, está indo para o hospital, para nascer ou para uma situação de doença. Então, o Programa Olhos no Futuro, apesar de estar sendo desenvolvido em uma única escola como piloto, tem conseguido transformar essa realidade e aproximar de forma incrível os estudantes dessa escola pública, bem como seus professores, de profissionais e pesquisadores, estudantes de graduação e pós-graduação da Universidade. Essa convivência, essa experimentação conjunta, tem proporcionado momentos de muita troca de conhecimentos e contribuído para a transformação de projetos de vida para ambos os lados.

Graças ao Programa Olhos no Futuro, hoje os estudantes da Escola Telêmaco sabem que a Unicamp é uma universidade pública e que pode ser também deles. Hoje, esses estudantes conhecem as várias formas de acesso à Unicamp, conhecem os vários programas de acesso, e a maioria dos estudantes que participam do Programa hoje sonha, acredita que um dia pode também estudar nessa grande universidade pública que é a Unicamp, enquanto, no primeiro dia que nós começamos essa interação com eles, pouquíssimos tinham essa ambição de um dia estudar na Unicamp, e pouquíssimos tinham esse conhecimento do que representa a Unicamp como universidade pública de excelência no Brasil e na América Latina. Por outro lado, foi possível também observar que essa vivência está transformando a forma como os professores e os pesquisadores da Unicamp pensam, organizam e desenvolvem seus projetos de ensino, pesquisa e extensão, uma vez que o contato mais próximo e mais intenso com os problemas reais vivenciados pela sociedade invariavelmente os torna mais presentes e claramente visíveis em todas as atividades realizadas. Assim, lentamente, constrói-se a tão sonhada ponte entre a Universidade e a sociedade mais ampla.

(Inácio de Paula)

Gostaria de mencionar alguma coisa que considere importante sobre algo que não foi perguntado, ou mesmo reforçar alguma questão que já mencionou?

(Luiz Carlos Pereira da Silva)

Estamos agora em um estágio também muito importante: a transformação do Olhos no Futuro em um programa institucional de extensão universitária da Unicamp, apoiado pela Pró-Reitoria de Extensão, Esporte e Cultura. Com isso, o Programa Olhos no

Futuro passará a ter um orçamento fixo, uma estrutura mais robusta e permanente, de forma que poderemos ambicionar a sua replicação em outras escolas. Então, o nosso grande desafio no momento é sair dessa fase inicial e começar a desenvolver uma fase de expansão do Programa Olhos no Futuro, principalmente visando à parceria com outras escolas públicas.

Estamos também em processo de expansão do programa dentro da Unicamp, com a participação de um número maior de unidades e faculdades da Universidade. Com isso, nós poderemos atingir mais ODS, explorar de forma mais ampla e mais profunda toda a Agenda de Sustentabilidade da ONU. Então, hoje nós temos esses dois grandes desafios. Expandir internamente o Programa Olhos no Futuro com o objetivo de, em um futuro próximo, atingir todos os ODS. E também expandir externamente a aplicação do Programa Olhos no Futuro em mais escolas.

De Olhos no Futuro com a Escola Estadual Telêmaco Paioli Melges Entrevista com Mario Ferreira Sarraipa

(Inácio de Paula)

O que é a Escola Estadual Dr. Telêmaco Paioli Melges?

(Mario Ferreira Sarraipa)

A minha história com a Telêmaco começa em 2010. Eu era coordenador pedagógico de outra escola aqui em Campinas e ouvia muitas histórias daqui do bairro, da escola. Algumas histórias não tão boas, um pouco negativas sobre o trabalho, o próprio ambiente da comunidade, a dificuldade de trabalhar aqui. Resolvi trazer o meu cargo de professor para a Escola Telêmaco. Antes, o meu cargo era na Escola Sérgio Porto, na Unicamp.

Vim como professor em 2012. Em maio desse ano, a diretora efetiva acabou saindo. Foi quando surgiu a vaga e a possibilidade de me tornar diretor designado. Assumi a gestão. Trabalhei em 2012 e, ao final, eu a deixei. Somente em 2020, pouco antes da pandemia, voltei como diretor. Por quê? Eu acredito na comunidade! Acredito que é um local bom de trabalhar e em que eu me sinto seguro. Apesar de a comunidade ser muito carente, ela é participativa, carinhosa, atenciosa. A população tem bastante dificuldade de espaço físico, um local, um ambiente para poder se desenvolver.

Eu resolvi vir para a Telêmaco e tentar ajudar essa comunidade nesse seu desenvolvimento. A escola é o local das melhores possibilidades de transformação dessa comunidade. É um bairro isolado, com apenas uma entrada e uma saída. Agora é que estão ampliando e construindo uma nova rua. Ele é afastado do centro de Campinas, quase próximo de outra cidade. Então, vejo que, por nossa comunidade ser muito carente de recursos, tanto financeiros quanto de informação, acho que aqui é o melhor local de transformação para essas crianças. Recentemente, foi iniciado o projeto de implementação da escola de Ensino Integral. Este é o segundo ano em que os nossos estudantes do Ensino Fundamental passaram a estudar o dia inteiro, ou seja, das 7h30 até as 16h30. Além do direito a três refeições diárias, esses estudantes estão sempre acompanhados de um profissional, nunca ficam sozinhos na escola, podendo desenvolver práticas que normalmente não existem no ensino regular. No mais, o Ensino Médio funciona no período noturno. Hoje, nós temos um número superior de estudantes ao que tivemos nos últimos nove anos. A quantidade de pessoas que estão procurando a escola é uma das maiores que já tivemos em nossa comunidade. Então, vejo que aqui é um local de transformação; e todo projeto que vem agregar, todas as parcerias que podem ser feitas com instituições de ensino, eu acredito que é para possibilitar a essa criançada ter esse acesso.

(Inácio de Paula)

Como ocorreu a aproximação do Programa Olhos no Futuro e a Escola Telêmaco?

(Mario Ferreira Sarraipa)

Entraram em contato comigo, acredito que foi a professora Danúsia Arantes, há um tempo, informando que havia um projeto relacionado à sustentabilidade, com o qual já possuía um primeiro contato, e que gostaria de desenvolvê-lo. E eu sei da necessidade dessa questão de sustentabilidade aqui na nossa escola, referente ao cuidado do meio ambiente. Acredito que a ideia de cuidado do meio ambiente é uma coisa muito importante. Eu vejo que aqui na periferia as pessoas não têm muito cuidado com isso devido às condições em que vivem. Por exemplo, aqui do nosso lado [da escola], havia uma comunidade que não tinha rede de esgoto, nem água, e a energia elétrica era algo complicado de obter. Então, a gente vê que não é por má-fé ou por má vontade, mas por desconhecimento. A escola, sozinha, tem o papel de fazer isso, mas também é muito importante quando eu tenho alguém que possui recursos, conhecimento com propriedade de causa, todo o *know-how* (saber-fazer) de uma instituição como a Unicamp, para vir desenvolver um projeto aqui.

Eu estudei na Unicamp, fiz mestrado, e uma das minhas discussões com o meu orientador foi justamente a ausência da Universidade dentro das escolas públicas. Eu até falava para ele que, se cada laboratório da Unicamp cuidasse de uma escola pública, realizasse a parceria, isso com certeza mudaria o ambiente das escolas públicas em Campinas. Nós temos um grande centro que é a Unicamp, e, quando a professora me apresentou o projeto envolvendo diversas faculdades, diversos institutos, diversas professoras de várias áreas, eu falei: "Vamos desenvolver o projeto!". Acredito que isso é uma coisa boa para a comunidade, e os estudantes daqui acabam tendo contato com estudantes da Unicamp, a ponto de poderem conversar e verem que a Universidade não é um mundo distante deles. Eles conseguem acesso, basta um pouquinho de esforço. E aí, esse projeto veio para ajudar nesse sentido de aproximar a Universidade da escola, e, associado a isso, implementar uma cultura de cuidado do meio ambiente, de aprender a cuidar das coisas, de modo a se tornarem, vamos dizer, sustentáveis, ajudando a cuidar do nosso planeta. Então, essa foi a ideia e o contato, via professora Danúsia, e após o diálogo com o professor Luiz Carlos.

(Inácio de Paula)

Qual é a relação da Escola Telêmaco com o Olhos no Futuro? Tem alguma ação concreta para exemplificar?

(Mario Ferreira Sarraipa)

Dentro da escola do Programa de Ensino Integral (PEI), há projetos com uma parte de horário de estudo que se chamam "clubes juvenis", que ocorrem no período da manhã. Dentro do PEI, que atende estudantes do 6º ao 9º ano, há uma parte dos momentos de estudo em que, por duas horas, os estudantes desenvolvem projetos que gostariam de estudar.

Desse grupo, partem os projetos, a implementação, a estruturação, a organização e a elaboração do conteúdo programático, ou seja, a elaboração de tudo o que vai acontecer naquele clube. Percebi que vários clubes foram criados com temáticas que têm a ver com sustentabilidade, com o cuidar do meio ambiente, dos animais, da escola, e isso, para mim, foi muito importante. Acredito que essas escolhas refletem o impacto do próprio Programa Olhos no Futuro permeando as discussões dos estudantes. Os estudantes passaram a criar esses clubes e, a cada seis meses, eles têm uma renovação ou uma modificação.

Por exemplo, eu vou contar de um clube com o nome de Sustentabilidade. Ele não está funcionando neste semestre, mas funcionou no semestre anterior. Uma estudante perguntou para mim se poderíamos cuidar das áreas verdes da escola. Disse que tudo bem, bastava criar o projeto. Há uma ficha de inscrição, os estudantes se inscrevem, inserem a temática, procuram professores e parceiros para poderem orientá-los, conhecidos como "padrinhos/madrinhas" do clube, que criam todo um conteúdo a ser oferecido para os estudantes, que se inscrevem para participar desses clubes. Então, os estudantes podem escolher e avisar se querem ou não participar do clube de sustentabilidade. Depois, organizam-se, elegem o presidente, fazem chamadas de participação e elaboram as regras do clube (como vai funcionar e as atividades que serão desenvolvidas). Tudo isso tem a ver com o próprio clube juvenil.

Nesses clubes juvenis, previstos no PEI, começaram a aparecer clubes relacionados à sustentabilidade, o que eu acho que tem sido um impacto dos projetos que constituem o Olhos no Futuro. Outro impacto foi a questão da aproximação dos estudantes com a Universidade, como já havia comentado anteriormente. A possibilidade de eles irem à Unicamp, conhecerem e verem o seu funcionamento, entendendo que é uma instituição pública, como se fosse a Telêmaco, só que para o Ensino Superior, abre portas para que mais desses estudantes busquem acesso à continuidade de suas formações, para, quem sabe, entrarem futuramente na Unicamp.

(Inácio de Paula)

Qual a importância de iniciativas como o Olhos no Futuro e o que se espera desse apoio?

(Mario Ferreira Sarraipa)

Vejo que o acesso a essas várias instituições da Universidade trouxe esse apoio para a Telêmaco, tanto na área ambiental quanto na área de desenvolvimento (cultural, artístico), em que o ramo de contatos possibilitou o desenvolvimento de vários projetos oriundos das suas unidades. No teatro escolar, há universitários-artistas que estão nos ajudando nas atividades cênicas e nos clubes de leitura; já recebemos até uma escritora. Então, a tudo isso que a Unicamp pode oferecer, a escola teve acesso por meio do Programa Olhos no Futuro. Isso para a escola é muito bacana. Hoje, nós estamos com o desenvolvimento de um projeto relacionado à análise do ribeirão Quilombo, rio que corre atrás da escola. Queremos desenvolver um projeto de iniciação científica com análise da água. E, com isso, almejamos acompanhar o cuidado desse rio, com os estudantes, de uma forma longitudinal. Então, acredito que o Olhos no Futuro também pode ajudar nesse quesito de desenvolvimento de projetos que partem dos próprios professores [da Telêmaco]. As universidades, não só as públicas, precisam expandir e adotar as escolas. As universidades privadas também deveriam ter algum incentivo para adotar escolas públicas, e, assim, tenho certeza de que teríamos uma melhor formação. O estudante, tendo acesso a quem está formando professores, se aproxima do desenvolvimento, compreendendo que o estudo é um caminho para o novo mundo.

(Inácio de Paula)

Gostaria de mencionar alguma coisa que considere importante sobre algo que não foi perguntado, ou mesmo reforçar alguma questão que já mencionou?

(Mario Ferreira Sarraipa)

Eu acredito que todo projeto precisa de recursos, e não só recursos humanos, mas também recursos financeiros. Portanto, os órgãos de fomento que possuem recursos para investir, que invistam também em ações como o Olhos no Futuro, para garantir sua continuidade, para não ser algo pontual, que aconteça, funcione e logo acabe. Para possibilitar aos estudantes da universidade também acesso à escola pública, porque muitos deles não estudaram em escola pública e não entendem a realidade desse ambiente. Nesses espaços, é possível pensar projetos de mestrado e de doutorado envolvendo soluções para os problemas do cotidiano dentro da escola. Então, eu acredito que fomentar a pesquisa, distribuir recursos, implementar recursos para que isso aconteça e continue é um papel fundamental para que o Programa possa ser ampliado. Compreendo que uma das principais dificuldades não é o conhecimento, é o recurso financeiro para que as pessoas possam dedicar o seu tempo para fazer algo bom para essa comunidade. Sei que tem a parte voluntária, mas não só de voluntariado. É preciso equipamentos, materiais, e isso depende de recursos. Caso os governos não enviem recursos para a universidade, fica difícil que ações assim aconteçam. Do mesmo modo, que envie incentivo para as universidades particulares, motivando-as para que façam também ações similares ao Olhos no Futuro.

De Olhos no Futuro com a Pró-Reitoria de Extensão, Esporte e Cultura (Proeec) Entrevista com Fernando Antonio Santos Coelho

(Inácio de Paula)

O que é a Pró-Reitoria de Extensão, Esporte e Cultura (Proeec) da Universidade Estadual de Campinas?

(Fernando Antonio Santos Coelho)

A Pró-Reitoria de Extensão, Esporte e Cultura é um órgão da administração central da Universidade Estadual de Campinas, responsável pela discussão e pela implementação da política de extensão e cultura da Universidade. Cabe à Proeec interagir com o ambiente externo à Universidade para promover a aproximação com todos os segmentos da sociedade civil levando o ensino e a pesquisa nessa interação. A Proeec é um dos elos políticos da administração superior – aquele que traz para a Universidade as demandas da sociedade e leva a Universidade para encontrar e dialogar com a sociedade.

(Inácio de Paula)

Como ocorreu a aproximação do Programa Olhos no Futuro e a Proeec da Unicamp?

(Fernando Antonio Santos Coelho)

Essa interação aconteceu em conversas com a professora Danúsia e o professor Luiz Carlos nas várias oportunidades em que estivemos conversando na Proeec. O Programa Olhos no Futuro é uma atividade de extensão muito exitosa e precisa ser expandida para outros territórios da cidade de Campinas e talvez para a região metropolitana. Devido à qualidade da proposta, as conversas na Proeec vão na direção de garantir um suporte financeiro para que a proposta possa ser expandida.

(Inácio de Paula)

Qual é a relação da Proeec com o Programa Olhos no Futuro? Tem alguma ação concreta para exemplificar?

(Fernando Antonio Santos Coelho)

Estamos no início do processo de interação. No momento, a área administrativa da Proeec está trabalhando na montagem do dossiê necessário para transformar o Programa Olhos no Futuro em um programa institucional da Pró-Reitoria de Extensão, Esporte e Cultura. A Proeec já está financiando o programa com bolsas de extensão para dez estudantes, visando expandir o Programa para escolas do município de Campinas e também com recursos para a sua continuação.

(Inácio de Paula)

Qual a importância de apoiar iniciativas como o Olhos no Futuro e o que se espera desse apoio ao Programa?

(Fernando Antonio Santos Coelho)

O Programa Olhos no Futuro é uma proposta que objetiva promover o conceito de trabalho decente para crianças e adolescentes em idade escolar por meio dos Objetivos de Desenvolvimento Sustentável, da Agenda 2030 da ONU, a fim de empoderar esses jovens e combater o trabalho infantil e a exploração no trabalho entre jovens e adultos, esclarecendo sobre o que caracteriza o trabalho análogo ao escravo. Atividades dessa natureza fazem parte de uma estratégia da Universidade, operada pela Pró-Reitoria de Extensão, Esporte e Cultura, que visa aproximar ainda mais a Universidade da sociedade.

(Inácio de Paula)

Gostaria de mencionar alguma coisa que considere importante sobre algo que não foi perguntado, ou mesmo reforçar alguma questão que já mencionou?

(Fernando Antonio Santos Coelho)

O mais importante no contexto do Programa Olhos no Futuro é a sua abrangência para crianças e adolescentes, com desdobramentos diretos na formação centrada nos princípios do desenvolvimento sustentável. Esse Programa dá subsídios aos jovens para entender os objetivos e incorporá-los ao desenvolvimento das potencialidades intelectuais e humanas.

De Olhos no Futuro com a Diretoria Executiva de Direitos Humanos (Dedh) Entrevista com Silvia Maria Santiago

(Inácio de Paula)

O que é a Diretoria Executiva de Direitos Humanos (Dedh) da Universidade Estadual de Campinas?

(Silvia Maria Santiago)

A Diretoria Executiva de Direitos Humanos é um órgão da Reitoria da Universidade que tem por objetivo abordar os temas relevantes que compõem o pensamento sobre os direitos da pessoa humana do ponto de vista da formação, das ações diretas na comunidade, no sentido de diminuir as iniquidades, e também do ponto de vista da produção de conhecimentos, para que ajudem a comunidade acadêmica a avançar no tema.

A Dedh foi constituída em 2019 e é composta de sete comissões assessoras, que colaboram nas ações e na formulação dos temas que mais se aproximam. São elas:

- Observatório de Direitos Humanos;
- Comissão de Gênero e Sexualidade;
- Comissão Assessora de Diversidade Étnico-Racial;
- Comissão Assessora de Inclusão e Participação dos Povos Indígenas;

- Comissão de Mudança Ecológica e Justiça Ambiental;
- Comissão de Acessibilidade;
- Comissão Assessora para Refúgio e Migrações Externas, em criação.

Pelos nomes, já se intuem os temas centrais e necessários para serem tratados na comunidade, de forma a propiciarem diversidade e inclusão na Universidade.

Além disso, a questão de inclusão é seguida pelas políticas de permanência, para que a experiência na Universidade seja completa, significativa, verdadeiramente formadora e transformadora, de forma que o futuro profissional seja emanador de novos ares na nossa sociedade, com tantas iniquidades sociais e econômicas.

A Dedh abriga ainda o Serviço de Atenção à Violência Sexual, o Savs, que desde 2020 vem ampliando sua atividade de atendimento aos casos de assédio e violência sexual nos *campi* da Universidade.

Estamos neste momento organizando um novo serviço, também uma reivindicação da comunidade, o Serviço de Atenção e Encaminhamento dos Casos de Racismo da Universidade, de forma a prover atendimento adequado e desenvolver políticas e atividades de formação antirracista na comunidade, bem como a produção de pesquisas que iluminem as melhores decisões e caminhos.

(Inácio de Paula)

Como ocorreu a aproximação da Dedh com o Programa Olhos no Futuro?

(Silvia Maria Santiago)

A Dedh foi uma das primeiras incentivadoras do Programa, fomentando financiamento, especialmente do Ministério Público do Trabalho de São Paulo, na 15ª Região, cuja sede é em Campinas. Essa aproximação com o MPT/Campinas permitiu o desenvolvimento inicial das ações do Programa e os recursos necessários para a sua implantação.

Desde seu funcionamento, viemos utilizando, sempre que possível, a estrutura da Dedh para encontros, seminários, de forma a tornar o Programa conhecido e reconhecido pelo seu enorme valor.

(Inácio de Paula)

Qual é a relação da Dedh com o Programa Olhos no Futuro? Tem alguma ação concreta para exemplificar?

(Silvia Maria Santiago)

Mesmo após o final do financiamento do MPT, que permitiu a organização das ações, a Dedh se esforça para que uma das atividades significativas do Programa não sofra solução de continuidade: a visita dos estudantes das escolas ao *campus* de Campinas, onde as atividades ocorrem. Esta tem sido uma atividade esperada e de grande impacto para os estudantes; tem sido um momento de vivência da comunidade do *campus* esperado pelos estudantes da escola acolhida pelo Programa.

(Inácio de Paula)

Qual a importância de apoiar iniciativas como o Olhos no Futuro e o que se espera com esse apoio ao projeto?

(Silvia Maria Santiago)

A Universidade deve sempre se voltar para a comunidade, de forma que suas ações também persigam o diálogo com o que acontece fora, atualizando as necessidades a serem atendidas e formando profissionais melhores e preparados no sentido de contribuir para as transformações sociais. Ainda, essa ação de extensão universitária tem também a função de formar profissionais criativos e que não se intimidem com as condições adversas do entorno próximo e distante da Universidade. Formar e produzir conhecimento.

(Inácio de Paula)

Gostaria de mencionar alguma coisa que considere importante sobre algo que não foi perguntado, ou mesmo reforçar alguma questão que já mencionou?

(Silvia Maria Santiago)

Conheço bem a região do bairro San Martin, onde trabalhei no estágio do quarto ano da formação médica da Faculdade de Ciências Médicas da Unicamp, e o centro de saúde onde desenvolvíamos nossas atividades se situa exatamente ao lado da Escola Dr. Telêmaco Paioli Melges. Dessa forma, há muito tempo conheço a comunidade, suas carências e seu enorme potencial, a partir dos saberes locais e de sua juventude, que muito deseja que o conhecimento seja o motor propulsor das mudanças necessárias. Mudanças no âmbito individual, das famílias no enfrentamento da pobreza e da violência, mas também mudanças na comunidade como um todo para que seja mais solidária e acolhedora com os jovens e suas famílias. A Unicamp é muito valorizada em Campinas e ocorre o mesmo no bairro San Martin. Nossa presença lá e a presença dos estudantes e professores na Universidade são motivos de alegria, incentivo e impulso para que o ensino e a formação desses jovens possam ocorrer de forma que o propósito de transformações possa acontecer. Esse é o mais genuíno desejo da Dedh.

De Olhos no Futuro com o Centro Paulista de Estudos da Transição Energética (CPTEn) Entrevista com Carla Kazue Nakao Cavaliero

(Inácio de Paula)

O que é o Centro Paulista de Estudos da Transição Energética (CPTEn) e como está estruturado o eixo V, que trata da educação, da formação e da capacitação para a sustentabilidade?

(Carla Kazue Nakao Cavaliero)

Para nós, o CPTEn é um centro integrador que trabalha para promover efetivamente a transição energética. Muito se fala sobre o tema e muitas pesquisas relevantes estão sendo desenvolvidas, focadas especialmente em aspectos técnicos, econômicos e ambientais. Porém, a apropriação desse conhecimento não pode ficar restrita aos centros de pesquisa, aos cientistas e aos acadêmicos. Esse conhecimento precisa chegar à sociedade.

Assim, todo conhecimento produzido nos demais eixos do CPTEn, cujos resultados podem ser mais específicos em suas temáticas, precisa ser conectado, destacando a urgência do tratamento interdisciplinar da transição energética. Em seguida, todo conhecimento deve ser traduzido para a sociedade.

É nesse sentido que enxergamos a contribuição do eixo V:

1) Integrar as temáticas fundamentais que visam à transição energética: temos como objetivo promover a transferência de conhecimento compartilhado pelas pesquisas dos demais eixos, proporcionando interação entre suas ações e inovação na formação e na capacitação dos agentes.
2) Promover a disseminação do conhecimento para que a sociedade atue nesse processo: sem que a sociedade tenha a percepção do problema que as mudanças climáticas geram, tanto para si quanto para a coletividade, será impossível sensibilizá-la para consumir de forma consciente, ser eficiente no uso da energia e até para buscar alternativas que reduzam as emissões de gases de efeito estufa.

Assim, as atividades do eixo V foram direcionadas inicialmente à formação de educandos, bem como à capacitação de educadores de escolas públicas paulistas para aspectos fundamentais à transição energética: educação, ética, energia e interdisciplinaridade. E tudo isso dentro de uma percepção de contexto, de pano de fundo: os 17 ODS. Como menciona a professora Sônia Seixas: os ODS são uma verdadeira carta civilizatória!

(Inácio de Paula)

O Olhos no Futuro surge no âmbito do Escritório Campus Sustentável da Universidade Estadual de Campinas e desemboca agora no CPTEn. O que se espera dessa adesão do Olhos no Futuro para as estratégias e os trabalhos do eixo V?

(Carla Kazue Nakao Cavaliero)

O Programa Olhos no Futuro é a porta de acesso e a ferramenta para que o eixo V possa atingir seu objetivo! Sem essa adesão, seria muito difícil atingir os resultados no curto prazo, porque firmar parcerias institucionais leva tempo e depende da oportunidade política e institucional do momento. A princípio, as ações do eixo

V foram definidas em quatro frentes investigativas, concebidas interdisciplinarmente em sinergia com os demais eixos e valores do CPTEn, e direcionadas à formação de agentes de transformação em escolas públicas paulistas e de agentes públicos, bem como à capacitação de agentes comunitários.

A parceria com a Escola Estadual Dr. Telêmaco Paioli Melges, firmada através do Programa Olhos no Futuro, vem permitindo implantar vários projetos relacionados às temáticas dos eixos do CPTEn, como o Energizar, o SustentavelMente, o ReciclaMente, o CANAlise e o Nosso Busão, e ainda incorporou outros novos, como o projeto ComunicAção, o Dignidade Menstrual e o Educação para a Sustentabilidade (em elaboração).

Assim, temáticas como reciclagem, produção de bioetanol, emissões de poluentes no transporte por ônibus etc. vêm sendo desenvolvidas visando garantir a formação dos educandos para que sejam agentes de transformação na transição energética. Outras ações com os educandos, fora da escola, permitiram uma aproximação das discussões teóricas em sala com a ação prática. Isso ficou claro com as visitas técnicas realizadas à Unicamp e o uso do ônibus elétrico. Questões como impacto sonoro, poluentes, condição de trabalho etc. foram destacadas.

Por outro lado, as ações do Olhos no Futuro permitiram iniciar o estabelecimento da parceria estratégica com a Diretoria de Ensino da Regional Leste de Campinas, que administra 79 escolas da rede e reconhece a relevância dos trabalhos desenvolvidos. Essa ampliação de atuação será fundamental para promover a pesquisa investigativa do eixo V.

Por fim, a partir da avaliação das atividades executadas através do Programa Olhos no Futuro, a equipe do eixo V identificou a necessidade de promover uma reformulação das frentes investigativas, tornando-as mais objetivas e aderentes ao público-alvo das ações. As novas frentes são: i) Educação, ética, energia e interdisciplinaridade:

possibilidades a partir dos ODS; e ii) Formação e capacitação de gestores, agentes e usuários: energia e sustentabilidade. Assim, acreditamos que o Olhos no Futuro será nosso universo experimental para desenvolver todas as ações do eixo V.

(Inácio de Paula)

Como as ações do Olhos no Futuro colaboram para o processo de transição energética do estado de São Paulo?

(Carla Kazue Nakao Cavaliero)

A equipe entende que o caminho da transição energética passa necessariamente por uma ação integradora que promova mudança de comportamento, incorporação de novos hábitos, visão empática por parte da sociedade, ação colaborativa – além, obviamente, do desenvolvimento de todo o conhecimento técnico, econômico, social, ambiental, político, regulatório, que os demais eixos vão contemplar. O Programa Olhos no Futuro é a ferramenta promotora das ações de educação, formação e capacitação para a transição energética, ou seja, do eixo V.

A partir dele, será possível realizar várias atividades, entre as quais, podem-se destacar:

1) Adequar ou desenvolver metodologias mais adequadas para promover a difusão de conhecimento aos diferentes agentes (intermediários e finais);
2) Exercitar ferramentas modernas de divulgação e discussão de ideias com os educandos;
3) Aplicar a comunicação não violenta e a escuta empática como forma de expressão dos sentimentos e das percepções socioambientais;
4) Praticar a participação colaborativa na identificação de problemas socioambientais;
5) Debater a temática da sustentabilidade como promotora do trabalho decente e da infância e juventude;

6) Discutir consumo consciente, educação energética e educação ambiental em várias dimensões, entre elas a ética, a cidadã etc.;
7) Analisar a contribuição da aprendizagem autorregulada para promover mudanças de hábitos, ganho de consciência e adoção de comportamentos que favoreçam a pró-sustentabilidade na transição energética.

(Inácio de Paula)

Qual a importância de estimular iniciativas como o Olhos no Futuro e o que se espera desse apoio?

(Carla Kazue Nakao Cavaliero)

Ações imediatas devem ser tomadas para promover avanços tecnológicos e dar as condições para que a transição energética ocorra. No entanto, resultados perenes só deverão surgir quando conceitos como consumo consciente, eficiência energética, educação energética e ambiental forem internalizados pela sociedade. Esse é um trabalho que deve ser feito com as novas gerações, desde a infância, reforçando a importância do acesso à energia, da justiça social, da transição inclusiva, da capacidade de mitigação das emissões de resíduos, poluentes e gases de efeito estufa, entre outras temáticas.

A iniciativa do Olhos no Futuro segue exatamente nesse sentido, permitindo exercitar com os educandos todas as possibilidades de inclusão, tanto energética quanto social, econômica, cultural etc.

Além disso, o Olhos no Futuro já começou a colher os frutos das ações realizadas e está prospectando novas parcerias com a Diretoria de Ensino da Regional Leste de Campinas.

Por isso, para o eixo V, o Programa Olhos no Futuro é fundamental para a efetividade das ações de transição energética referentes à educação e às temáticas que os demais eixos do CPTEn estão desenvolvendo.

Título	Princípio educativo e práticas extensionistas do Programa Olhos no Futuro
Organização	Danúsia Arantes Ferreira Roberta Ceriani Luiz Carlos Pereira da Silva
Coordenador editorial	Ricardo Lima
Secretário gráfico	Ednilson Tristão
Preparação dos originais	Vinícius Emanuel Russi Vieira
Revisão	Lúcia Helena Lahoz Morelli
Editoração eletrônica	Ednilson Tristão
Design de capa	Ana Basaglia
Formato	14 x 21 cm
Papel	Avena 80 g/m² – miolo Cartão supremo 250 g/m² – capa
Tipologia	Minion Pro
Número de páginas	392

ESTA OBRA FOI IMPRESSA NA GRÁFICA CS
PARA A EDITORA DA UNICAMP EM JULHO DE 2025.

Série EXTENSÃO UNIVERSITÁRIA

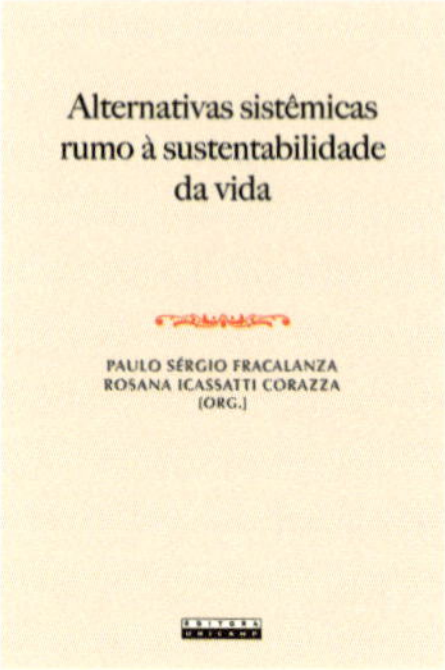

Alternativas sistêmicas rumo à sustentabilidade da vida

Paulo Sérgio Fracalanza
Rosana Icassatti Corazza
(org.)

Arranjo aplicado à música brasileira

Paulo Tiné

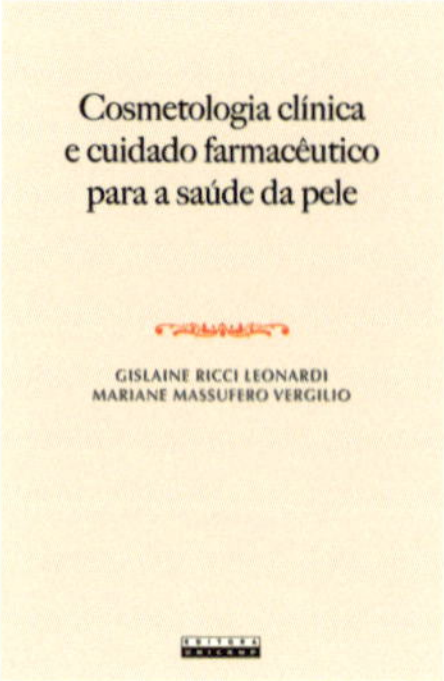

Cosmetologia clínica e cuidado farmacêutico para a saúde da pele

Gislaine Ricci Leonardi
Mariane Massufero Vergilio

Divulgação científica, produção textual e práticas extensionistas

Anna Christina Bentes
Caio Mira
Anderson Carnin

Fundamentos interdisciplinares da musicologia sistemática

José Eduardo Fornari Novo Junior

Gramática e formação de professores de língua portuguesa

Aquiles Tescari Neto

Música e educação na trajetória da Orquestra Sinfônica da Unicamp

Lenita Waldige Mendes Nogueira

Princípio educativo e práticas extensionistas do Programa Olhos no Futuro

Danúsia Arantes Ferreira
Roberta Ceriani
Luiz Carlos Pereira da Silva
(org.)

Uma abordagem interdisciplinar da gestão do conhecimento

Antonio Carlos Zambon
Gisele Busichia Baioco
Pedro Fernandes da Anunciação